Gerhard Szczesny

Das sogenannte Gute

Vom Unvermögen der Ideologen

Rowohlt

Schutzumschlag- und Einbandentwurf von Werner Rebhuhn

1.–15. Tausend August 1971

Gesamtherstellung Clausen & Bosse, Leck/Schleswig
Das Papier lieferte die Firma Temming AG, Glückstadt/Elbe
Printed in Germany
ISBN 3 498 06097 X

Die elitären Gassenjungen wissen noch nicht, daß der nach-marxistische Individualismus, weil er überfällig ist, mit der Geburtszange herausgeholt werden muß.

Ludwig Marcuse

Inhalt

1
Abschied von der Linken

An Stelle eines Vorworts

Im Mai 1945 schlug ich mich in einem Tag- und Nachtmarsch an den eindringenden amerikanischen Truppen vorbei quer durch Oberösterreich zur Salzach durch. Es war ein wunderbarer strahlender Mai. Ich ließ mich vor Erschöpfung manchmal fallen, aber ich habe nie zuvor und auch niemals danach ein solches Glücksgefühl empfunden: die Hitlerei war zu Ende, dieser widerwärtige Spuk ein für allemal vorbei.

Nun also konnte das Leben beginnen. Wir lasen, was uns zwölf Jahre lang vorenthalten wurde, wir sprachen aus, was wir zwölf Jahre lang unterdrückt hatten. Weder die zerstörten Städte, die wir vorfanden, noch die kargen Essensrationen, von denen wir existieren mußten, konnten das überwältigende Erlebnis der plötzlichen Abwesenheit von Furcht, Lüge, Verstellung beeinträchtigen. Wahrscheinlich wissen nur Generationen, die unter einer Diktatur gelebt haben, daß Freiheit nicht eine Phrase ist, sondern unmittelbarste Wirklichkeit sein kann. Manche haben es im Lauf der Zeit wieder vergessen. Die meisten von denen, die 1945 zwanzig, fünfundzwanzig, dreißig Jahre und älter waren, vergaßen es nicht.

Natürlich haben auch sie sich an die Freiheit gewöhnt und begannen nach und nach die Wunder, die die Bundesrepublik ihnen bescherte, skeptisch zu betrachten. Der Maßstab aber, der es erlaubt, einen Unrechtsstaat von einem Rechtsstaat, wirklichen Terror von Unterdrückungen aller Art zu unterscheiden, blieb denjenigen, für die ich hier spreche, immer gegenwärtig. Es kam eine Phase, in der wir den Adenauer-Staat für ein gefährliches Übel hielten. Wir befürchteten, daß auch diese neue deutsche Demokratie in einen Zustand zurückfallen könnte, der jenem glich, aus dem das Jahr 1933 hervorgegangen war. Die um sich greifende Restauration von Verhältnissen und Anschauungen, die Hitler möglich gemacht hatten, zwang uns, die Wirklichkeit der Bundesrepublik nicht mehr nur an den ihr voraufgegangenen zwölf Jahren, sondern an den Forderungen des Grundgesetzes zu messen. Ohne die Sicherstellung der Autonomie des einzelnen vor der Machtanmaßung der Mehrheiten und ohne Verwirklichung der sozialen Demokratie war das Versprechen gleichen Rechts und gleicher Chancen für alle nicht einzulösen.

Aus den Demokraten und Liberalen der ersten Stunde wurden «Linke». Wir bestritten den Herrschaftsanspruch der Kirchen, der bürgerlichen Sozial- und Sexualmoral, forderten die Abschaffung jeder Zensur, ein neues Strafrecht, eine gerechte Eigentumsverteilung, Mitbestimmung in allen Bereichen und auf allen Ebenen.

Inzwischen wuchsen Generationen heran, für die der Hitler-Staat und der Krieg historische Daten, aber keine Erfahrung mehr waren. Sie entdeckten den Mangel an Gerechtigkeit, ohne jemals die Abwesenheit von Freiheit erfahren zu haben, und es scheint hoffnungslos, ihnen klarzumachen, daß Freiheit ohne Gerechtigkeit ein Übel ist, ein Leben ohne Freiheit aber, auch wenn es materiell keine Wünsche übrigließe und sozial gerecht zuginge, das Ende menschenwürdigen Existierens bedeutet. Soweit diese Nachkriegsgenerationen ein kritisches Bewußtsein entwickelten, maßen sie die Mängel der bundesdeutschen Demokratie am Ideal einer Gesellschaft, in der Zwang und Ungerechtigkeit endgültig beseitigt waren. Es begann die Renaissance des Marxismus und Anarchismus, der Siegeszug jener aus Spekulation und Schwärmerei zusammengebrauten Heilslehre, die ein Herbert Marcuse am eingängigsten artikulierte. Und so wurde für die Linke auch der Kommunismus wieder interessant. Stalin war – wie Hitler – schon in weite Ferne gerückt, eine Art Zwischenfall, der die «wahre Lehre» gar nicht berühren konnte.

Vielleicht drei, vier, fünf Jahre lang empfand und handelte die Linke als Einheit. Der CDU-Staat hielt sie zusammen. Erst mit dem Regierungsantritt der Großen Koalition brach der Zwiespalt auf. Nun war tatsächlich eine Entscheidung zu treffen: für eine Opposition, die sich nicht nur als Opposition gegen eine bestimmte Regierung, sondern gegen den parlamentarischen Staat überhaupt verstand oder für eine Opposition, die die Verfassung dieses Staates gerade verwirklicht sehen wollte, also bereit war, eine Regierung, die solches anstreben sollte, zu unterstützen.

Die auf Revolution setzenden Widerstandsgruppen formierten sich so rasch, daß die Trennung zwischen den Liberalen und den Radikalen vollzogen war, ehe sich die verschiedenen Lager über Ausmaß und Endgültigkeit der Scheidung recht klar wurden. Dieser Prozeß hat sich inzwischen so weltweit vollzogen, daß an der Unvereinbarkeit der Positionen kein Zweifel mehr besteht. Was die Linken der älteren Generationen in ihrer Mehrzahl von den Linken der jüngeren Jahrgänge trennt, ist – unbeschadet aller theoretischen Argumente – ihre Erfahrung mit der Diktatur. Die Älteren wissen, was die Jüngeren nicht wissen: daß die westlichen Demokratien trotz aller ihrer schwerwiegenden Mängel Oasen der Freiheit, des Friedens und der Sicherheit sind. Und sie wissen, daß die Idealität politischer Ideale nichts über die Idealität der Zustände besagt, die sich einstellen, wenn man das Ideal zu verwirklichen trachtet.

Es läßt sich leicht beweisen, daß die Radikalen sich zu Unrecht «Linke» nennen. In den Methoden und in den Konsequenzen gehören sie nach rechts. Um ihre Ziele zu erreichen, scheuen sie vor Gewalttaten nicht zurück, sind gegen Kompromisse, halten Anpassung für Feigheit und Verrat, für die höchste Tugend aber Gesinnungs- und Gruppentreue. Wie Faschisten und sonstige autoritär-konservative Bewegungen verachten sie Pluralismus, Diskussion, Abstimmung, Liberalität, Fair

Play, Loyalität, streben sie eine De-facto-Herrschaft der wenigen an, die die Macht haben, auf allen Gebieten alles zu regeln.

Die Unterschiede zwischen der radikalen Linken und der radikalen Rechten bestehen nur auf der Ebene der Motive und der Absichten. Ich sage «nur», weil weder Motive noch Absichten sich in der politischen Realität auswirken. In der Politik wie in der Moral ist die gute Absicht nichts, der Erfolg alles. Dennoch ist festzuhalten, daß die Rechte bestehende Ungleichheiten verewigen oder gar neue schaffen will, die Linke dagegen darauf aus ist, alle Ungerechtigkeiten zu beseitigen. Wenn man jedoch vom Resultat her denkt, ist die Rechte nur konsequenter und aufrichtiger rechts als die Linke: sie macht kein Hehl daraus, daß Freiheitsbeschränkung und Ungleichheit Weg und Ziel zugleich sind. Sie gibt nicht vor, daß das Ziel ihrer Gewalttätigkeit die Gewaltlosigkeit ist.

Wir werden auf die Frage zurückkommen, warum die Neulinken – mit den Rechten – glauben, daß der Mensch erst geopfert werden muß, bevor er erlöst werden kann. Hier wollen wir zunächst nur festzustellen versuchen, wem denn nun die Ehrenbezeichnung «links» zugesprochen werden soll. Den Liberalen oder den Radikalen?

Nach «rechts» gehören alle Ideologien und Programme, die entschlossen sind, sich zur Aufrechterhaltung der bestehenden oder zur Durchsetzung einer neuen Ordnung über das konkrete Wohl der konkreten Mitglieder einer Gesellschaft hinwegzusetzen. Als «links» wären nur solche Forderungen zu bezeichnen, die die tatsächliche Existenzverbesserung, Bewußtseinserweiterung, Entfaltungsfreiheit des tatsächlich hier und heute lebenden Menschen im Sinn haben. Dort, wo die Linke die Durchsetzung eines Systems über das Wohl des einzelnen stellt, wird aus ihr eine rechte Position. Die Rechte erklärt von vornherein die Unterwerfung des einzelnen unter «ideelle» Prinzipien und Ordnungen zu ihrer Absicht. Die Linke proklamiert zwar die Befreiung des einzelnen, endet dann aber faktisch-historisch wie die Rechte beim Terror und der Diktatur.

Dennoch kann man das Problem nur pragmatisch lösen und

sollte den «Linken» die Linke lassen. Da nicht nur sie selbst sich weiterhin für «links» ausgeben werden, sondern dies auch die Sprachregelung der Rechten (bis zur Mitte hin) bleiben wird, ist es einfacher und unmißverständlicher, sich vom Begriff «links» zu trennen als diese Bezeichnung für liberal-demokratische, sozial-demokratische und allgemein-reformistische Programme in Anspruch zu nehmen.

Die Unzulänglichkeiten einer solchen Lösung sind groß, aber eher in Kauf zu nehmen, als die Gefahr der Identifizierung von Positionen, die nichts miteinander zu tun haben. Unzulänglich bleibt die Lösung, weil es immer Liberale geben wird, die in eigener und in der Sicht ihrer Gegner auf der Linken stehen, und unzulänglich bleibt sie auch deshalb, weil sie nur hier bei uns zu Hause gilt. Der Liberale wird zum Radikalen und der Reformist zum Revolutionär, wenn er sich einem Gesellschaftssystem gegenübersieht, in dem die verfassungsmäßigen und politischen Voraussetzungen für eine evolutionäre Entwicklung nur durch einen Umsturz hergestellt werden können. In einem Staat, in dem der Terror herrscht oder Hunger und Elend zum Himmel schreien, wird die Gewalttat legitimes Mittel der Politik, kann man nicht auf eine Schritt-für-Schritt-Besserung hoffen. Dies aber ist sehr wohl in allen parlamentarisch regierten Rechtsstaaten möglich. Natürlich besteht in keinem westlichen Land die Gefahr einer Machtergreifung der Linken. Eine Revolution kann von einer Minderheit nur gemacht werden, wenn sie sich auf mehr stützt als nur auf sich selbst. Die wirkliche und akute Gefahr des linken Radikalismus liegt in dem intellektuell-emotionalen Sog, den er seit den Tagen der Französischen Revolution auf die politisch engagierten Intellektuellen, die Studenten und die große Masse von Halbgebildeten aus allen Schichten ausübt. Er entzieht damit einen quantitativ nicht unerheblichen und qualitativ wesentlichen Teil der Intelligenz der produktiven Teilnahme am politischen Leben.

Ein beachtlicher Teil unserer progressiv eingestellten Schriftsteller und Wissenschaftler und damit ein großer Teil der diesen Mentoren nacheifernden jüngeren Generation ist jedenfalls in die alte, verhängnisvolle Strömung idealistischen Moralisierens geraten und hat dabei das gute Gefühl, besonders realistisch und vernünftig zu sein. Es ist sicher, daß die überwiegende Zahl von ihnen tatsächlich das Gute, das Beste, das Allerbeste für uns wollen – aber die großen Übel in dieser Welt sind nicht die Folgen böser Absichten, sondern die Folgen eines unbegrenzten Willens zum Guten.

So stellen sich einer demokratischen Politik zwei Aufgaben, die man gemeinhin für unvereinbar hält. Sie muß die Grund- und Persönlichkeitsrechte gerade derjenigen verteidigen, die ohne Rücksicht auf die bestehenden Verhältnisse radikal denken, und muß gleichzeitig allen Versuchen dieser Radikalen, zur Macht zu gelangen, eine klare Absage erteilen. Rede-, Schreib- und Versammlungsfreiheit sind eine Sache, die Gründung einer Partei eine andere.

Ist das Schizophrenie? Ich denke nicht. Die offene Gesellschaft muß offen sein für alle Ideen – auch diejenigen, die ihren gegenwärtigen Status in Frage stellen. Wenn sie offen bleiben will, darf jedoch nicht die Machtergreifung einer Gruppe zugelassen werden, die eben diese Offenheit zu beseitigen trachtet. Wer die Pluralität und Mobilität der gesellschaftlichen Kräfte für unverzichtbare Werte einer humanen Ordnung hält, wird sie nicht aufs Spiel setzen.

Ich bin für einen Staat, der gesetzlich und finanziell in der Lage ist, die öffentlichen Aufgaben wirklich zu lösen. Ich bin für die Vergesellschaftung wichtiger Produktionszweige und halte einen staatlichen Gesundheitsdienst und eine staatliche Altersversorgung für die unerläßliche Voraussetzung des Lebens in einer Demokratie; ich bin für den Ausbau öffentlicher und kostenloser Verkehrsmittel, Kindergärten, Schulen und Krankenhäuser, für Schulgeldfreiheit und Studienrente; ich meine, daß es die Pflicht eines sozialen Staates ist, Boden- und Wohnungsspekulation ebenso zu unterbinden wie umweltschädigende Fabrikationsmethoden und Erzeugnisse. Ich halte die unverhältnismäßige Prämiierung wirtschaftlicher Tüchtigkeit für ein destruktives Prinzip, bin für eine Begrenzung individueller Profitmöglichkeiten und eine Gewinnbeteiligung aller an der Gütererzeugung beteiligten Personen. Ich glaube, daß eine demokratische Gesellschaft, die mehr als permanente Steigerung des Wohlstands anstrebt, nicht darauf verzichten kann, außer Theater und Museen auch noch andere unrentable Kulturgüter zu subventionieren.

Also bin ich «progressiv»?

Ich bin für die (sachlich und zeitlich befristete) Entscheidungsbefugnis einzelner, nicht für die Diskussion und Abstimmung aller über alles, ich bin der Meinung, daß es ohne Zwang des einzelnen sich selbst und der Gesellschaft dem einzelnen gegenüber ein zivilisiertes Leben nicht gibt; ich glaube, daß schon nach Erreichung eines Minimums von Wohlstand und Freiheit – also nicht erst, wenn irgendein Maximum verwirklicht ist – die Fragen der Erziehung und Selbsterziehung des einzelnen zu einem geglückten Leben wichtiger sind als die (durchaus weiterzubetreibenden) Versuche, noch mehr soziale Gerechtigkeit und materiellen Fortschritt zu bewerkstelligen. Ich bin der Meinung, daß Gewalt, dort, wo sie vermieden werden kann, vermieden werden muß, auch wenn sie «edlen» Motiven entspringt; ich halte Rassismen und Nationalismen auch dann für ein Übel, wenn sich Afrikaner oder Neger, Juden oder Araber ihrer bedienen; ich glaube, daß unterdrückte Menschen, Klassen und Rassen befreit, aber nicht glorifiziert werden sollten. Ich bin dafür, Menschen nach ihrem Verhalten, nicht nach ihrem Bekenntnis zu beurteilen und halte Sachlichkeit, Fairness und Geduld, Verständnis- und Kompromißbereitschaft für unvergleichlich höhere Tugenden als Parteilichkeit und Eiferertum.

Also bin ich «konservativ«?

Warum es den heute Zwanzig- bis Fünfundzwanzigjährigen, die sich politisch engagieren, so schwerfällt, menschenfreundlich zu sein, haben Alexander und Margarethe Mitscherlich in *‹Die Unfähigkeit zu trauern›* beschrieben. Ein humanes und vernünftiges Verhältnis zur Umwelt und zu den Mitmenschen kann sich nur dort einstellen, wo es dem heranwachsenden

Menschen möglich ist, sich von der zwischen Liebe und Haß wechselnden Identifizierung mit den Eltern zu lösen. Wenn es nicht gelingt, die eigenen Eltern als widersprüchlich wahrzunehmen, ohne dabei Vertrauen und Zuneigung zu verlieren, wird auch die eigene Widersprüchlichkeit verdrängt oder als totale Selbstentwertung erlebt. Damit aber entsteht die Gefahr der Verewigung jener Welt-Orientierung, die sich an bestimmte Personen oder Parolen entweder blind und bedingungslos bindet oder aber sie blind und bedingungslos ablehnt. Die Ich-Ideale werden in einem Idol angebetet, die eigenen Mängel in einem «Feind» rücksichtslos bekämpft. Kritik ist nicht «Denkvorgang», sondern «Ausrottungsvorgang».

«Auf dem Weg zur vaterlosen Gesellschaft» wird der die Entwicklung auf einer kindlichen Stufe festhaltende Identifizierungsmechanismus nicht abgebaut, sondern lediglich das Identifizierungsobjekt ausgetauscht. Wenn die Väter entthront sind, treten an ihre Stelle nicht die konkreten Brüder und Schwestern, die ja ebenfalls widersprüchlich und unvollkommen sind, sondern etablieren sich nun irgendwelche «reinen» Lehren, die einen klaren Auftrag erteilen: etwa den, die Herrschaft von Menschen über Menschen endgültig zu beseitigen. Hier liegt auch die Erklärung für das befremdliche Faktum, daß Lehren, die ausdrücklich als demokratisch und humanitär verstanden werden wollen, sich ohne Schwierigkeit mit Fanatismus und Intoleranz vereinbar zeigen. Das Demokratische und das Humanitäre bezeichnen in solchen Fällen nicht Haltungen, sondern sind ideologische Parolen, an denen sich Freund und Feind, die Guten und die Bösen scheiden.

Der «Epoche des zufriedenen jungen Herrn» (Ortega y Gasset) folgte zwanzig Jahre nach Beendigung des Krieges die Epoche des radikal unzufriedenen jungen Herrn. Die Väter der heutigen Revolutionäre sind in der Mehrzahl nicht autoritär, sondern liberal; sie waren darauf aus, erträgliche Lebensverhältnisse zu schaffen; jedem nach Möglichkeit das Seine zukommen zu lassen. Sie erwarteten keine Wunder. Sie wollten Wohlstand und Frieden für den Rest ihres Lebens. Sie hatten genug von hehren Prinzipien, Opfern und Entbehrungen für irgendwelche Verheißungen. Sie waren bereit, zu arbeiten – aber nicht bereit, zu kämpfen.

Diese Väter sind den Söhnen zu schlapp und indifferent; die heimliche Sehnsucht nach Ideal und Vorbild, großen Zielen, Gesten und Taten können sie nicht befriedigen. Das ist das eine Motiv. Das andere der Aufstand gegen die Leistungsgesellschaft. Die Söhne wollen die Zivilisationsgüter erben oder geschenkt erhalten – nicht aber dafür arbeiten. Die linke Vision ist auch die Vision einer Gesellschaft, in der man alles haben kann, ohne dafür etwas bieten zu müssen.

Die Welt der jugendlichen Neolinken ist die alte romantische Welt des Knabenalters: sie wollen spielen oder spektakuläre Taten tun, nicht aber acht Stunden täglich an einer Maschine stehen, an einem Schreibtisch sitzen, irgendeine banale und mühselige Kleinarbeit verrichten.

Es sind nicht die Atombombe und nicht Vietnam und nicht der Kapitalismus, die die Revolte der Jugend wirklich tragen. Völkermord und Elend hat es immer gegeben. Die Geschichte der westlichen Völker ist voll davon. Die Jugend ist der Wohlstandsgesellschaft überdrüssig. Der Aufstand gegen die Väter macht den Weg frei für den Über-Vater, der Anforderungen stellt, Opfer verlangt, zum Kampfe ruft. Die Goldenen Zwanziger Jahre erzeugten in Deutschland bei einem großen Teil der Jugend Überdruß an Liberalität, Frieden und der verwirrenden Fülle des zivilisatorischen und kulturellen Angebots. Sie wünschte sich Disziplin, Ordnung, Befehle, Männergemeinschaft, Verschwörung. Das war es, was Hitler versprach – und nicht nur versprach. Man wird – ohne böswillig zu sein – vermuten dürfen, daß viele der heute Zwanzigjährigen, die sich für rote Kaderarbeit begeistern, zumindest am Anfang der dreißiger Jahre begeisterte SA-Männer und HJ-Leute gewesen wären.

Nun ist die neue Linke aber keineswegs eine auf Angehörige der jüngeren Generation beschränkte Gruppe. Ihre politische Brisanz und Brillanz kann sie nur entfalten, weil es einen in jeder Altersgruppe anzutreffenden Menschentyp gibt, der vorbestimmt ist, idealistische, utopistische und rigoristische Ideen zu artikulieren und in Umlauf zu bringen: den Intellektuellen; und weil in jedem von uns ein solcher Intellektueller steckt.

Die Situation des Intellektuellen (hier gemeint im engeren Sinne: des Journalisten, Literaten, Philosophen) entspricht in einem wesentlichen Punkt der Situation des jungen Menschen: auch er urteilt, kritisiert und projektiert bar jeden Zwanges, seine Ideen in die Tat umsetzen und ihre Konsequenzen verantworten zu müssen. Auch er kann sich an Visionen, Denkmodelle und Planspiele halten.

Die Faszination, der die Linke erliegt und die sie selbst ausstrahlt, entspringt einer zweiten Quelle, die sowohl für das Jugendalter als auch für einen vorherrschenden Typ des Intellektuellen kennzeichnend ist: dem ästhetischen Erleben der Welt. Die Revolution würde zumindest in unserer Hemisphäre als Schlüsselbegriff nicht die Rolle spielen, die sie spielt, wenn ihrer Verehrung nicht die Begeisterung für das Extraordinäre, Dramatische, Spektakuläre zugrunde läge. Die Liebe zum revolutionären Umsturz hat keineswegs nur bei den anarchistischen Revolutionären ästhetische Motive.

Insbesondere die studentischen Aktionen der sechziger Jahre zeigten, daß am Radikalismus der Linken ein gut Teil pure Lust an der Sensation, an knalligen Effekten, theatralischen Auftritten ist. Und auch auf den oberen Rängen des revolutionären Aktivismus ist mehr Snobappeal am Werk als die betonte Nüchternheit vortäuschen will: schon der manieristische Jargon unserer revolutionären Intelligenz ist verräterisch.

Sie spreizt sich und setzt sich nicht weniger in Szene als die konservativ-reaktionäre Schickeria, die gerne gut ißt, Sinn für Dekor und Pathos hat und die Demokratie für das Ende aller höheren Genüsse hält. Die Freuden der linken Ästheten sind im allgemeinen weniger kostspielig und eher spiritueller als sinnlicher Art. Ihr Luxus ist die zelebrierte Askese oder Schlampigkeit. Sie demonstrieren Potenz durch gewaltige und gewalttätige, den Bürger recht schreckende Ideen, sie genießen Theorien und subtile Gedankengänge wie die Konservativen schwere Diners und gotische Madonnen. Mangels ausreichender finanzieller Möglichkeiten und mangels Teilhabe an der Macht muß bei den linken Intellektuellen die Lust an radikalen Formulierungen und universalen Versprechungen und die Genugtuung, dazuzugehören, viele andere Genüsse ersetzen.

Aber ob man sich eine ständische Gesellschaft zurückwünscht, weil da alles zwischen ganz arm und ganz reich, ganz machtlos und ganz mächtig so schön gegliedert ist, oder ob man die permanente Revolution anstrebt, weil da immer etwas los ist: Bomben explodieren, Feuer lodern, Helden siegen oder untergehen – bleibt sich völlig gleich. In beiden Fällen haben wir es mit Programmen zu tun, die politische Zustände oder Vorgänge nicht an ihrem humanen, sondern theatralisch-ästhetischen Effekt messen.

Da Konservative im allgemeinen nicht die Revolution verherrlichen können, feiern sie den Krieg als Vater aller Dinge oder den Kampf ums Dasein zwischen den Starken und Gesunden und den Kranken und Schwachen. «Wenn ein Staat zusammenbricht, verlieren Männer ihren Wert – auch diesen Zustand kann man Freiheit nennen», schreibt Arnold Gehlen.[1] «Der Krieg schafft – und sei es nur durch die Frage des Kommandos und der Verantwortlichkeiten – neue Strukturen, die die ersten Institutionen des Friedens sein werden. So entsteht also der Mensch bis hin zu neuen Traditionen, den zukünftigen Töchtern einer Gegenwart des Schreckens; so wird er legitimiert durch ein Recht, das täglich im Feuer des Kampfes entsteht», prophezeit Jean-Paul Sartre.[2]

Was Gehlen mit Sartre, Sorel und Fanon verbindet, ist das Mißverständnis, die moralische Qualität eines politischen Programms ließe sich an den heroischen Stimmungen messen, die es beim Entwerfer oder Betrachter auslöst. Verächtlich, da sie

1 Arnold Gehlen: ‹*Moral und Hypermoral*›, Frankfurt/M. 1970, S. 110.

2 Vorwort zu Frantz Fanon: ‹*Die Verdammten dieser Erde*›, Reinbek 1969, S. 19.

für linke oder rechte Inszenierungen des Welttheaters nichts hergeben, sind die Tugenden des Bürgers: Familiensinn, Streben nach Sicherheit und Ausgleich, nach vernünftigen und friedlichen Lösungen.

«... aber alles, was Größe hat: Staat, Religion, Künste, Wissenschaften wurden außerhalb ihres Bereiches hochgezogen, und selbst die Wirtschaft nahm erst große Dimensionen an, als sie sich aus ihrem Verbande gelöst hatte.»[1] Das, was die Rechte von der Linken unterscheidet, ist tatsächlich nur ein einziger Aspekt: die Vorstellung hier von der zu erhaltenden, weil naturgegebenen, dort von der zu beseitigenden, weil nur durch die Verhältnisse bedingten, Ungleichheit der Menschen. Mit dem Zeitalter der Aufklärung und der bürgerlichen Revolutionen beginnt im allgemeinen Bewußtsein die eine Vorstellung die andere abzulösen. In diesem Übergangsfeld entsteht der Faschismus. Er ist – wie inzwischen oft festgestellt – nicht eine rechte Bewegung, sondern eine Bewegung, in der sich rechte und linke Elemente mischen. Konservativ-institutionalistisches Denken verbindet sich mit progressiv-ideologischen Thesen, völkisch-ständische und rassische Vorstellungen mit jakobinisch-republikanischen Postulaten: «Brechung der Zinsknechtschaft», «ein Volk, ein Reich, ein Führer». Der nationalsozialistische Volksgenosse wie der Sowjetbürger stehen unmittelbar dem allein und absolut herrschenden Führungskollektiv der Staatspartei gegenüber.

Wir befinden uns offensichtlich am Schluß dieser Übergangsphase, das heißt alle auf dem Postulat der vorgegebenen Ungleichheit beruhenden Gesellschaftsbilder laufen aus. Die Vorstellung von der natürlichen und daher endlich zu verwirklichenden Gleichheit ist eine Menschheitsidee geworden, gegen die keine völkischen, rassischen und ständischen Vorstellungen mehr durchzusetzen sind. Wir stehen mitten im Aufbruch eines Zeitalters eindeutig linker Fanatismen, linker Terrorismen, linker Diktaturen (einschließlich linker Militärdiktaturen). Die

1 Arnold Gehlen, a. a. O., S. 93.

neuen Nationalismen – in den Entwicklungsländern, den Ländern im Einflußbereich der UdSSR und Chinas – sind linke Nationalismen. Gegenüber dieser weltweiten Bewegung einer radikalen, die Macht im Namen der Gleichheit und Brüderlichkeit anstrebenden Linken sind alle Noch- oder Neu-Konservativismen und -Faschismen Sekten abseits der Geschichte.

Natürlich wird es als Reaktion auf linksradikale Aktivitäten immer wieder konservative Gruppierungen geben, aber die schon heute entscheidende Polarisierung findet zwischen «Demokraten» statt: jenen, die das Reich der Freiheit nur nach einer Schreckensherrschaft anbrechen sehen und jenen anderen, die Freiheit auch nicht für eine begrenzte Zeit außer Kraft gesetzt sehen möchte.

Aber mit der Freiheit allein geht die Rechnung tatsächlich nicht auf.

Und damit bin ich bei der entscheidenden zweiten Erfahrung, die meine Generation gemacht hat. Die erste Korrektur erfuhr unsere Begeisterung für die Freiheit, als wir feststellen mußten, daß der Liberalismus das Problem der Gerechtigkeit nicht lösen konnte: der freie Wettbewerb brachte eine Gesellschaft hervor, in der einer Minderheit immer mehr ökonomische und damit auch politische Macht zuwuchs und in der zwangsläufig an die Spitze nicht die kulturell-künstlerisch oder wissenschaftlich-denkerisch oder politisch-moralisch Besten, sondern die Geschäftstüchtigsten rückten.

In der Mitte der sechziger Jahre kam dann die andere Erfahrung auf uns zu: die Eskalation des Fortschritts, an den zu glauben und den zu erstreben, die kommunistische Welt genauso kennzeichnet wie die kapitalistische, nahm mehr und mehr die Züge einer Drohung an. Nicht im Sinne jenes konservativen Zweckpessimismus, der die sogenannten Vermassungstendenzen des Fernsehens, der Freizeitindustrie und des Konsumzwangs beklagt, sondern angesichts der akuten Gefahr einer an den Giften und Abfällen der technischen Zivilisation zugrunde gehenden Menschheit.

Und seit dem gleichen Zeitpunkt sehen wir uns einem Faktum gegenüber, das für einen liberalen Standpunkt womöglich noch schwerer zu akzeptieren ist als die Einsicht in die Problematik von Wettbewerb und Fortschritt. Ich spreche von der nicht bewältigten Freisetzung der menschlichen Bedürfnisse. Es zeigt sich nämlich, daß die durchaus im Sinne eines aufgeklärten Humanismus liegende Legitimierung alles dessen, was der Mensch in sich vorfindet, eine unübersehbare Tendenz zur Desintegration und Depersonalisierung hat.

Wenn unsere Beurteilung richtig ist, muß der Fehler sehr tief sitzen. Er kann nur an der gemeinsamen Wurzel von Kapitalismus, Liberalismus und Kommunismus zu suchen sein. Dem Zeitalter der Demokratie und des Sozialismus, der Aufklärung und des wissenschaftlich-technischen Fortschritts, des unbegrenzten ökonomischen Wachstums und des ständig steigenden Lebensstandards liegt eine Idee zugrunde: die Überzeugung, daß das Heil des Menschen in der unbefangenen Entfaltung aller seiner körperlichen, seelischen und geistigen Anlagen besteht.

Diese Idee ist nicht falsch, aber sie bedarf ganz offenbar einer Ergänzung, um zu erzielen, was sie meint. Da alle Menschen von sehr verschiedenen Wünschen bewegt werden, die sich entweder ausschließen oder doch nicht zur gleichen Zeit erfüllbar sind, ist ein Leben unter dem Postulat der ungehemmten Bedürfnisbefriedigung einer ständigen Zerreißprobe ausgesetzt. Die Freisetzung der subjektiven menschlichen Bedürfnisse reguliert sich durch das Zusammentreffen der Bedürfnisse aller keineswegs von selbst und bringt das erhoffte Optimum von Selbstverwirklichung und Wohlbefinden für den einzelnen nicht hervor. Das größtmögliche Glück der größtmöglichen Zahl wird durch die universale Inthronisierung des Lustprinzips nicht erreicht, sondern verfehlt.

Ich habe zu Beginn zu skizzieren versucht, warum für die Generation, der ich angehöre, Freiheit eine unmittelbare Erfahrung und damit ein politisch-moralischer Höchstwert wurde. Hier muß ich nun hinzufügen, daß die begründete Ablehnung jeder Art von Unterdrückung, Gewalt, Autorität, Reglement und Zensur uns lange den Blick dafür verstellt hat, daß nur die an eine Rangliste und Wertordnung gebundene Freisetzung der menschlichen Talente zu einer ausgeglichenen Selbstverwirklichung führen kann.

Es ist richtig, darauf zu bestehen, daß die Versprechen des demokratischen Zeitalters eingelöst werden: freie Entfaltung der Wissenschaften wie der Künste, der Glaubensüberzeugungen wie der Verhaltensweisen, der Intellektualität wie der Sexualität – aber es ist zuwenig. Wir müssen endlich versuchen, uns darüber klarzuwerden, was uns Düsenflugzeuge, Autos und Eisschränke, was uns Sport und Unterhaltung, Literatur, Kunst und Philosophie, Geschäftigkeit und Ruhe, Wälder und Wiesen, das Bruttosozialprodukt und die Zahl der Computer, was uns Vernunft, Gefühl und Körperlichkeit bedeuten und wert sind. Auf welchen Menschen wollen wir hinaus?

Unser Abschied von der Linken ist mehr als ein Abschied vom Radikalismus der Rigoristen – es ist ein endgültiger Abschied auch vom Glauben an eine naive Freiheits- und Fortschrittsideologie.

Wie die Geschichte des Menschen ausgehen wird, dürfte sich in den nächsten Jahrzehnten entscheiden. Und diese Entscheidung hängt letztlich nicht davon ab, ob die Entwicklung in Richtung einer industriellen Leistungsgesellschaft demokratischen oder autoritären Typs verläuft. Ob in dieser oder jener Variation – wenn der Mensch sich außerstande zeigt, die von ihm in Gang gesetzten und dann sich selbst überlassenen ökonomischen, wissenschaftlich-technischen und existenziellen Prozesse zu beherrschen, d. h. zu planen, zu unterscheiden, zu verzichten – ist er am Ende, und es gibt keinen Grund zu wünschen, daß er seine Untaten und sein Unglück bis in alle Ewigkeit auf dieser Erde weiterschleppt.

2
Fünf (begründete) Vor-Urteile

1

Der elementarste Tatbestand, auf den wir bei der Erkundung unserer Situation stoßen, ist der physiologisch gegebene Vorrang des konkreten einzelnen Menschen gegenüber allen Gruppierungen von der Ehe-Partnerschaft über den Clan, die Religions- und Parteigemeinschaft bis zum Staat und zur Menschheit. Gemessen an der Wirklichkeit der lebendigen Person, die allein sich selbst als solche empfinden kann, sind alle Kollektive bloße (sich wiederum nur im Bewußtsein des konkreten einzelnen ereignende) Gedankendinge. Auch die innigste Übereinstimmung zwischen Menschen bringt keine Verschmelzung zu einem neuen Wesen mit selbständiger Empfindung und eigenem Erkenntnisvermögen hervor. Wenn man den Menschen Individuum nennt, weil er nur als Leichnam teilbar ist, muß man es für genauso charakteristisch halten, daß er sich auch nicht potenzieren läßt.

Die Welt hat so viele Mittelpunkte als es Menschen gibt. Um jeden kreist das Universum als um ein einmaliges Zentrum. Selbst in den extremsten Entäußerungssituationen bleiben Gefühl und Bewußtsein an den einzelnen gebunden: in der Umarmung wie in der Massenaktion.

Es scheint also nichts selbstverständlicher und bedeutsamer als die unvergleichliche Wirklichkeit des einzelnen Menschen. Tatsächlich aber besteht die Geschichte aus immer neuen Versuchen des Menschen, sich über sein Auf-sich-selbst-gestellt-Sein hinwegzutäuschen oder hinwegtäuschen zu lassen.

Bis heute ist er es gewohnt, Familie, Klasse, Volk, Kultur und allen möglichen anderen kleinen und großen Gruppierungen «Gefühl», «Geist», «Seele» und einen größeren Realitätsgrad und Realitätswert zuzusprechen als dem «belanglosen» einzelnen; wie wenn die Summierung von Menschen unter einem bestimmten historischen oder sozialen oder politischen Aspekt ein neues übermenschliches Lebewesen hervorbrächte. Alle diese Kollektiv«wesen» leben aber nur vom und im einzelnen Menschen: er denkt sie, er bezieht sie in sein Empfinden ein, er macht sie zu Motivationen für seine Taten und Untaten. Wenn man davon spricht, daß Völker, Kulturen, Staaten oder die Menschheit sich zum Guten oder zum Schlechten entwickeln, so wird dies immer nur von einzelnen Tätern bewirkt, und es sind immer nur einzelne Menschen, die davon betroffen werden.

Auch in allen jenen Fällen, in denen einige oder viele Individuen das gleiche empfinden, denken und wollen, empfinden, denken und wollen sie dieses gleiche als einzelne. Es gibt kein Volks«empfinden», kein Klassen«bewußtsein», keinen Gemeinschafts«geist», keine Kultur«seele». Man könnte mit der gleichnishaften Verwendung solcher Begriffe einverstanden sein, wenn ihr analogischer Charakter bei allen Folgerungen, die man aus ihnen zieht, nicht aus den Augen verloren würde. Gerade das aber ist der Fall. Diejenigen, die von uns im Namen des Volkes, der Partei, der Klasse oder Glaubensgemeinschaft Opfer verlangen, gehen bewußt oder unbewußt von der personalen Bedeutung jener Begriffe aus und sprechen den Kollektiven – damit sie dafür Opfer verlangen können – eine gesteigerte Wesenhaftigkeit und einen ganz besonderen Wert zu.

Da es Glück und Unglück nur für den empfindungsfähigen einzelnen gibt, kann aus dem Elend vieler auch nicht der Glanz irgendeines «größeren Ganzen» hervorgehen. Keine propagandistische, keine psychologische oder politische Manipulation ist imstande, das Faktum außer Kraft zu setzen, daß die menschliche Wirklichkeit immer Meier, Müller und Schulz heißt.

Damit ist eine zweite wichtige Selbstverständlichkeit ausgesprochen. Wenn nur der geist- und gefühlsbegabte einzelne wirklich ist, so handelt es sich dabei nicht um einen Menschen «an sich», sondern um eine an einem bestimmten Ort zu einer bestimmten Zeit lebende Person. Dieser Tatbestand zwingt dazu, bei der Aufstellung moralischer Prinzipien und politischer Programme den Blick auf konkrete Menschen in einer konkreten gesellschaftlichen Situation zu richten und erspart den kostspieligen Irrtum, daß sich das bestimmten Menschen Dienliche an Hand eines für alle Menschen verbindlichen Schemas verwirklichen läßt. Die eine Tatsache, daß es in der Natur des Menschen angelegte allgemeingültige Normen gibt, ändert nichts an der anderen Tatsache, daß dieses Allgemeine immer nur in einer individuell geprägten Form aktuell wird.

Es gibt im Grunde nur ein Kriterium für die humane Leistung einer Zivilisation, eines Staates, einer Gesellschaft: wie vielen ihrer Angehörigen sie auf welchem Niveau erlaubt, die Welt physisch, psychisch und geistig zu bestehen. Da der einzelne, wie man ihn auch einordnet, gruppiert, manipuliert, immer ein einzelner bleibt, läßt sich der Erfolg eines Systems nur an der Zahl der zu größerer Einsichts- und Erlebnisfähigkeit gebrachten einzelnen messen.

2

Die Menschen haben ihren tierischen Vorfahren vieles voraus, den Vorsprung aber mit dem Verlust eines wichtigen Talents bezahlt: es ist ihnen die Fähigkeit abhanden gekommen, instinktiv das für den einzelnen wie für alle Richtige zu tun. Die den Menschen vor allen anderen Lebewesen auszeichnende Begabung, sich in der Vorstellung ausmalen zu können, daß man sich in einer bestimmten Situation so, aber auch anders verhalten kann, und seine Neigung, sich ideellen Geboten ohne Rücksicht auf deren Wirklichkeits- und Humanitätswert zu unterwerfen, haben zur Folge gehabt, daß er seit Jahrtausenden immer wieder neue Sitten, Verfassungen und Lebensmodelle durchprobiert und dabei «das Gute» öfter verfehlt als getroffen hat.

Während also seine Fähigkeit, das Richtige zu tun, unterentwickelt ist, hat der Mensch Außerordentliches in der Erfindung von Mitteln geleistet, das Falsche unter immer komfortableren Umständen ins Werk zu setzen. Er entdeckte schon frühzeitig, daß sich die die Welt bewegenden Kräfte nur erkennen und nützen lassen, wenn man die Dinge nach den ihnen selbst innewohnenden Gesetzen befragte.

Hinsichtlich ihres eigenen wünschenswerten Verhaltens werden die Menschen den von Wissenschaft und Technik erreichten Entwicklungsstand vermutlich erst dann einholen, wenn sie sich nicht mehr an ausgedachten Prinzipien, sondern an Art und Aufbau der menschlichen Natur orientieren. Da diese nicht von selbst humane Umgangsformen und Lebensregeln zum Vorschein bringt und zur Pflicht macht, muß untersucht werden, was denn diese Natur als menschliche Natur vom Menschen eigentlich will.

Es waren nicht die Moralisten und Staatsmänner, sondern die Dichter, die als erste das Wesen des Menschen erfaßt und es durch die Jahrtausende und Jahrhunderte immer genauer herausgearbeitet haben. Nachdem diejenigen, die sich Gebote ausdenken und ihre Befolgung zu erzwingen versuchen, die Literatur bis auf den heutigen Tag für eine unnütze Beschäftigung halten, blieb jedoch ihr Nutzen für eine Lehre vom Guten gering. Seit etwa hundert Jahren haben sich die Wissenschaften des Menschen angenommen und in dieser kurzen Zeitspanne so viele Einsichten gewonnen, daß die Möglichkeit, auf dieser Grundlage eine der menschlichen Natur angemessene Ethik und Politik zu praktizieren, erheblich gewachsen ist.

Sie ist gewachsen, aber sie wird nicht wahrgenommen. Die Menschen scheinen vielmehr in diesem auf Vernünftigkeit und Nützlichkeit erpichtesten Zeitalter so fest wie je zuvor entschlossen, ihre Angelegenheiten weiterhin an Hand über- und gegennatürlicher Ideen, Prinzipien und Modelle zu ordnen, getreu dem sich wie eine Seuche fortschleppenden Philosophen, daß das Sollen mit dem Sein nichts zu schaffen haben könne und dürfe.

Es sind übrigens zwei Gründe, die es nötig machen, die

menschliche Natur nach ihren eigenen Wünschen zu befragen. Zum einen muß man ihre Gesetze kennen, wenn man sie beherrschen und nützen will. Zum anderen aber sind die menschlichen Fähigkeiten und Bedürfnisse nicht die Objekte und Materialien einer außer- und übermenschlichen Zwecksetzung, sondern sich selbst Zweck und Ziel. Die Natur bringt durchaus nicht nur egoistische und mörderische, sondern ebensosehr soziale Neigungen hervor. Gemeinsinn und Hilfsbereitschaft werden nicht durch Drohung dem Menschen aufgezwungen, sondern sind in ihm angelegt. Bei vielen, wenn nicht sogar bei der Mehrzahl der Triebe, auf die wir bei der Erforschung der menschlichen Natur stoßen, werden wir also nicht zu fragen haben, auf welche Weise sie einem fremden «besseren» Zweck nutzbar gemacht werden können, sondern wie sie sich als das, was sie sind, am vollkommensten entfalten lassen.

Ein solches Vorhaben ist weder so frivol noch so einfach, wie es sich hier formulieren läßt. Gerade bei der Suche nach erfolgversprechenden, das heißt, die Humanität des einzelnen wie der Gesellschaft befördernden Regeln und Einrichtungen, erweisen sich die banalsten Tatsachen wie die plausibelsten Forderungen nur dann als brauchbar, wenn man ihre Einschränkungen und Widersprüche in Rechnung stellt. Aber das Unternehmen ist durchführbar. Was der Mensch soll, ist nicht identisch mit dem, was er – einfach so – will. Ein Sollen, das nicht auf Sand gebaut ist und erreichbare Ziele setzt, läßt sich jedoch nur formulieren, wenn es dem Menschen – unbeeindruckt von dem, was Propheten und Ideologen von ihm zu sollen verlangen – gelingt, sich zu den Erfahrungen zu bekennen, die er mit sich selbst ein Leben lang zu machen Gelegenheit hat.

3

Obwohl wir inzwischen nicht nur mutmaßen, sondern nachweisen können, daß der Mensch sich keineswegs aus «Körper» und «Seele» zusammensetzt, sondern eine untrennbare Einheit von körperlichen, seelischen und geistigen Prozessen ist, spielt die Vorstellung, daß sich das Körperlich-Sinnliche vom Spirituellen sondern ließe, in Pädagogik, Moral und Politik, immer noch (und schon wieder) eine große Rolle. Seele und Geist sind aber nicht nur an den Körper gebunden, sondern auch von ihm geprägt. Zunächst in dem ganz groben Sinn, daß Intelligenzgrad wie Sensibilität von der Beschaffenheit des Gehirns abhängen, dann aber auch in dem subtileren Sinn, daß unsere Empfindungen und Einsichten von unserer jeweiligen organischen Verfassung in vielfältiger Weise beeinflußt werden. Jedes körperliche Unbehagen findet seinen Niederschlag in unseren Gefühlen und Gedanken – auch wenn dieser Zusammenhang im Einzelfall oft schwer nachweisbar ist.

Aber es gilt auch das Umgekehrte: was uns seelisch berührt und intellektuell beeindruckt, wirkt auf unseren körperlichen Zustand zurück. Was allerdings nicht heißt, daß in einem gesunden Körper ein gesunder Geist wohnt. Wenn gesund vital bedeutet, können in gesunden Körpern zwar sehr vitale, aber auch sehr undifferenzierte und unmenschliche Empfindungen zu Hause sein. Aber es ist dennoch unbezweifelbar, daß sich unsere seelischen und geistigen Kräfte voll und harmonisch nur entfalten, wenn keine schwerwiegenden körperlichen Mängel dies behindern.

Unsere Anstrengungen müssen also zugleich der Förderung der körperlichen wie der seelischen wie der geistigen Talente gelten. Ohne die bewußte Pflege einer Sport-, Eß- und Liebeskultur ist eine Gesellschaft genauso in ihrer Entfaltung behindert, wie wenn sie der Geschmacks- und Geistesbildung ermangelt. Nur die vom Geist nicht im Stich gelassenen Triebe entwickeln Sexualität zu Eros und Liebe, nur der den Körper nicht verdrängende Geist kommt zu menschenfreundlichen Ansichten.

Die Einsicht in die Unteilbarkeit des Menschen darf nicht den Blick dafür verstellen, daß die Harmonisierbarkeit der verschiedenen Schichten und Strebungen ihre unüberschreitbare Grenze hat. Zwischen unseren biologischen Antrieben, den psychischen Kräften und den Forderungen der Vernunft und Imagination gibt es Spannungen, die nur ausgehalten, aber nicht aufgelöst werden können. Irrtümer und Vergehen sind nicht Mängel, die sich bei gutem Willen restlos tilgen lassen, sondern Wesensmerkmale unserer nicht auf einen Nenner zu bringenden Existenz. Wer den Menschen mündig machen, aufklären, mit sich selbst in Übereinstimmung bringen will, muß wissen, daß ein Stück Unmündigkeit, Unaufgeklärtheit und Nichtübereinstimmung zu seinem Wesen gehört.

Und die menschliche Natur ist nicht nur vielschichtig und widersprüchlich, sie ist auch – wie alles Lebendige – in einem ständigen Wandel begriffen. Es gibt keine gleichbleibende Person, sondern nur einen unablässig fließenden Strom von sich unablässig verändernden physiologischen, psychologischen und intellektuellen Daten. Und dieser Prozeß erlebt sich nur deshalb als kontinuierliches «Selbst», weil er sich in einem definitiv gegen die übrige Welt abgegrenzten Organsystem abspielt, das alle früheren Erfahrungen als Erinnerung mitführt.

Ein Wesen, das sich nicht gleichbleibt, ist unbeständig. Es kann auf sich nur bauen – und bauen lassen, soweit es biographische Kontinuität bewahrt, das heißt die Verbindung zu dem, was war, nicht aus den Augen verliert. Aber auch dann lassen sich Unruhe und Unzuverlässigkeit nicht überwinden, sondern nur in Grenzen halten. Alle unsere Anstrengungen – seien sie auf die Vervollkommnung der eigenen Person, seien sie auf die Vervollkommnung der Gesellschaft gerichtet – werden immer und prinzipiell unzulänglich bleiben. Der Mensch kann das ihm nur als Intention vorgegebene Menschliche immer nur annähernd verwirklichen. Er wird denkend und handelnd scheitern. Er wird Fragen stellen, die niemand beantworten kann. Er gerät in Konflikte, für die es keine Lösung gibt. Und er erfährt Erfüllungen, die sich dem Verständnis jedes einfältigen Moralismus entziehen. Die Paradoxien der Leidenschaft, die Humanes ebensosehr zerstören wie hervorbringen können, machen alle schlichten Lebensrezepte zunichte.

Das reifere und reichere Leben hat einen hohen Preis. Am

Horizont einer Welt, die der Mensch mit Vernunft und Harmonie zu erfüllen wünscht, bricht immer wieder das Un-Menschliche und Absurde herein. Wer dies nicht in Rechnung stellt bei sich und den anderen, weiß nichts vom Menschen. Es gibt einen Terror des Guten, dessen Resultate schrecklicher sind als die Irrtümer und Vergehen, die er ausmerzen will.

4

Das entscheidende Ereignis in der Geschichte der Primaten war die Entwicklung des Bewußtseins; damit wurde die Automatik der Instinktregulation durch ein Orientierungssystem ersetzt, das sich als ebenso leistungsfähig wie unzuverlässig erwies.

Zunächst ist die langsam aufdämmernde Intelligenz nicht mehr als ein Umschlagplatz für Informationen gewesen, die unmittelbar dem Leben und Überleben des Wesens dienten, in dem sie sich entwickelte. Sie ergänzte den Reflexmechanismus, indem sie über den Augenblick hinaus Zusammenhänge erkennen und im Gedächtnis bewahren ließ. Nach und nach gewann dann der «Geist» ein Eigenleben. Trauminhalte mischten sich mit Wirklichkeitserfahrungen, ohne daß der Mensch das eine vom anderen klar unterscheiden konnte. Es entstand neben der Umwelt eine Innen- und Hinterwelt, in der imaginäre Gestalten und Bilder ihr Wesen trieben. Schließlich setzte mit der Sprachfähigkeit die Entwicklung abstrahierenden Denkens ein, die Verallgemeinerung von Erkenntnissen, das Zählen und Messen und In-Begriffe-Bringen.

Sachverhalte und Träume, Empfindungen und Begriffe – all dies füllt noch heute unser Vorstellungsvermögen, und es gelingt nur dann, diese verschiedenen Inhalte voneinander zu trennen, wenn wir Erfahrung und Erfolg als Probe aufs Exempel gelten lassen. Selbst Physik und Chemie haben Jahrhunderte gebraucht, sich von einem vermeintlich «wissenschaftlichen» Denken in Bildern und Symbolen zu befreien.

Nun liegt es in der Natur einer die Welt bewußt wahrnehmenden Intelligenz, auch sich selbst wahrzunehmen, das heißt Selbst-Bewußtsein entstehen zu lassen, und es ist auch zwangsläufig, daß sich ein Wesen, das durch Bewußtsein zu sich selbst kommt, eben als Bewußtseins- und Geist-Wesen versteht. Schon der in magischen Vorstellungen befangene Mensch der Frühzeit muß seine Einbildungskraft als eine so außerordentliche Fähigkeit empfunden haben, daß er im Spirituellen eine Macht verkörpert sah, die alles Materielle beherrschen und verwandeln konnte.

Da aber auch mit der weiter fortschreitenden Differenzierung und Verselbständigung des geistigen Seins die physischen und körperlich-organischen Faktoren so existent und mächtig wie zuvor bleiben, setzte ein Prozeß der fortschreitenden Selbsttäuschung des Geistes ein. Er nahm sich wichtiger, als er es im Gesamtzusammenhang der Welt war, und geriet mit seinen bloß phantasierten Inhalten ständig in Widerspruch zu einer Wirklichkeit, die unbeirrt ihren eigenen Gesetzen folgte.

Die Tatsache, daß menschliches Leben immer von Bewußtsein begleitetes Sein ist, dieses Bewußtsein dann aber ein vom Sein völlig unabhängiges Eigenleben entfalten kann, führt zu einer Irritation der Lebensdeutung und des Lebensvollzugs, die man als die spezifisch menschliche Möglichkeit der Fehlsteuerung bezeichnen muß. Die gleiche Fähigkeit, die den Vorrang des Menschen begründet und die Fülle der wissenschaftlich-technischen Errungenschaften, der künstlerischen und philosophischen Werke hervorgebracht hat, gefährdet immer wieder gerade die menschlichen Qualitäten der menschlichen Existenz, wenn nicht schließlich gar den Fortbestand der menschlichen Art überhaupt.

5

Obwohl es von scharfsinnigen Leuten bestritten wird, zeigt die Erfahrung, daß diese unsere Welt wirklich ist, und wir imstande sind, uns ein zwar beschränktes und unvollständiges, in dieser

Unvollständigkeit aber zutreffendes Bild von der Wirklichkeit zu machen. Weder ist der Mensch ein Gespenst, noch ist die Welt, in der er sich bewegt, eine Fata Morgana. Ihre Realität ist vielmehr unmittelbar gewiß. Sie besteht aus einer Vielzahl von sehr handfesten Dingen und Vorgängen: aus Erde, Wasser und Luft, aus Wärme und Kälte, aus Wiesen und Wolken, Automobilen und Raketen, aus Atomen und Molekülen, aus Pflanzen, Tieren und Menschen und aus dem verwirrenden Hin und Her, Kreuz und Quer der physikalischen, chemischen, physiologischen und psychologischen, klimatischen, historischen und sozialen Prozesse, die alle diese Phänomene hervorbringen, weitertreiben und wieder auflösen. Und diese Prozesse können wir erforschen und berechnen, uns begreiflich und nutzbar machen.

Wie weit wir die Wirklichkeit jedoch immer auch erfahren und erkennen, wie weit immer wir sie noch durchschauen und nutzbar machen werden, es gibt eine durch die Beschränktheit unseres Verstandes gegebene, unüberschreitbare Grenze unserer Erkenntnisfähigkeit. Das gleiche Talent, das uns instand setzt, die Wirklichkeit zu erfahren und zu durchschauen, läßt uns zugleich der Tatsache inne werden, daß es eine Wirklichkeit gibt, die über unsere Erfahrung hinausgeht. Das hat weder etwas mit Theologie noch auch mit Parapsychologie zu tun, sondern ist ein überaus einfacher Tatbestand. Über das Faktum, daß sich eine zeitlich oder räumlich endliche ebensowenig vorstellen läßt wie eine zeitlich oder räumlich unendliche Welt, hilft auch keine mathematische Formel hinweg. Und für unser in diesem Augenblick unleugbares Vorhandensein ist es letztlich unbegreiflich, daß wir vor kurzem nicht existent waren und in absehbarer Zeit nicht existent sein werden. Um das Sein und das Nicht-Sein zusammenzudenken, um der Dimension ansichtig zu werden, die das Rätsel einer weder endlichen noch unendlichen oder sowohl endlichen als auch unendlichen Welt lösen könnte, mangelt es uns an einem entsprechenden Organ.

Es ist also nicht nur gewiß, daß es eine Wirklichkeit gibt, sondern es ist auch gewiß, daß diese Wirklichkeit in allen Bereichen und in allen Richtungen vom Begreiflichen ins Unbegreifliche übergeht; sie hat eine uns zugewandte Seite, die wir erleben und erkennen können, und sie hat eine uns abgewandte Seite, von der wir nichts wissen als eben dies: daß sie vorhanden ist. Weder die Postulierung «ewiger Ideen» noch die Vorstellung einer «ewigen Person» führt aus dem Bereich des uns ohnehin Wißbaren heraus und gibt irgendeine, wenn auch noch so bescheidene Auskunft über das Wesen dessen, was jenseits unserer emotionalen und intellektuellen Erfahrung liegt.

«Jenseits unserer Erfahrung» heißt aber nicht: jenseits unserer Wirklichkeit. Das «große Geheimnis» befindet sich an keinem, von uns räumlich oder zeitlich oder substantiell getrennten Ort, sondern ist ein untrennbarer Bestandteil aller Erscheinungen unserer Wirklichkeit. Der Stein, über den wir stolpern, die Menschen, die uns begegnen, die Dinge, die uns zustoßen – dies alles ist Wirklichkeit, wie sie wirklicher gar nicht sein kann.

Wenn wir sie jedoch ins Bewußtsein zu heben und zu beschreiben versuchen, entgleitet uns eine Dimension, das heißt die Wirklichkeit ist immer ganz wirklich, die Wahrheit jedoch (also das, was wir über die Wirklichkeit aussagen können) immer nur beschränkt wahr. Es gibt für den Menschen keine Wahrheit im Sinne der möglichen Beschreibung der ganzen Wirklichkeit. Und deshalb sind unsere Wahrheiten nur dann wahr, wenn sie einerseits das Unbeschreibbare unbeschrieben lassen, es aber andererseits als Vorhandenes mitdenken. Wer das Unbeschreibbare zu beschreiben sucht – alle Theologien –, kommt genauso zu falschen und irreführenden Ansichten über Welt und Dasein wie derjenige, der das Unbeschreibbare als nicht vorhanden einfach ausklammert – alle materialistisch-positivistischen Theorien. Wer aus der Gesetzlichkeit eines erkennbaren Teiles der Welt das Grundgesetz für den ganzen Weltzusammenhang macht, verfehlt die Wirklichkeit genauso wie jene Philosophen, die das ens realissimum in der Aufhebung der empirischen Realität gefunden zu haben glauben. Soweit wir existieren, existieren wir in der ganzen Wirklichkeit. Soweit wir unserer Existenz bewußt werden, existieren wir nur dann in der Wirklichkeit und in der Wahrheit, wenn wir in unser Dasein, in unseren Lebensvollzug jene unbekannte Dimension miteinbeziehen.

Miteinbeziehen heißt aber nicht: etwas davon wissen. Alles, was uns begegnet, bleibt rätselhaft. Wir leben in Widersprüchen, wir leiden, wir werden schuldig. Wir wissen nicht woher, wissen nicht wohin, und wissen nicht wozu.

3

Warum der Mensch Geist hat, aber nicht Geist ist

Sigmund Freud hat im Verlauf des Ausbaus der Psychoanalyse und im Zusammenhang mit seinen Versuchen, die psychoanalytische Theorie auf allgemeine Phänomene der Kultur anzuwenden, die Rolle der Phantasie betont. Die von der Analyse zutage geförderten infantilen Erinnerungen beziehen sich zum größten Teil nicht auf tatsächliche Erlebnisse, sondern auf Wunsch- und Angstphantasien. Tatsächlich belehrt uns die eigene Erinnerung und Erfahrung, daß die Verdrängung und Ersetzung nicht lebbaren durch vorgestelltes Leben schon sehr früh einsetzt. Wenn wir mit Freud (und den Erkenntnissen der Verhaltensforschung) die Trennung von der Mutter für das entscheidende Kindheitserlebnis halten, beginnt dieser Prozeß mit den Phantasien des Säuglings, die ihm die Wiedererlangung des verlorenen Liebesobjektes vorspiegeln.

Unsere Augen wollen sehen, unsere Ohren wollen hören, unsere Hände wollen greifen. Dieser Drang, uns mit allen Sinnen der Welt zu bemächtigen, Lust an der eigenen Existenz durch den Kontakt mit anderen Menschen und Dingen zu gewinnen, erwacht sehr früh und wird sehr früh gehemmt. So lernen wir sehr bald die Zielobjekte aller Sinne zum Inhalt unserer Tagträume zu machen. Unsere Phantasie ist jederzeit imstande, das Leben in allen seinen Bereichen und Dimensionen nachzubilden und besitzt diese Imaginationskraft in einem solchen Maß, daß die Einsicht in die Notwendigkeit wirklichen Lebensvollzugs verlorengehen kann.

Fehlt es an einer vor solcher Entwicklung warnenden Instanz, wird das vorgestellte Leben immer größere Teile des gelebten Lebens verdrängen. Und das nicht nur im quantitativen, sondern im qualitativen Sinn. Die von keiner Realität eingeschränkten Phantasien erdenken ein Leben, dessen Sensationen jedes wirkliche Erlebnis schal erscheinen lassen. Der Mensch wird das träumende, das literarische, das theoretisierende Tier. Vor der Vision der großen Leidenschaft verblaßt jede Alltags-Liebe genauso, wie vor den vorwärts oder rückwärts gewandten Utopien die bestehenden Staaten Stätten des Elends, der Ungerechtigkeit und Unterdrückung sind. In solcher Sicht hat das zu lebende Leben nur den Charakter einer Prüfung und Vorbereitung auf das «Eigentliche» (das im Geiste immer, in der Realität niemals stattfindet).

Die solchem Verhalten und solcher Einschätzung entsprechende Philosophie besagt, daß es in der Tat die Bestimmung des Menschen sei, immer mehr Natur in Geist, Vernunft und Phantasie umzusetzen, und das Leben sich dann früher oder später diesen Entwürfen anpassen würde. Es ist dies die in unserer Hemisphäre bis zum heutigen Tage vorherrschende Philosophie; zumindest derer, die philosophieren. Sie wäre diskutabel, wenn die Konstruktion des Lebens die Omnipotenz des Geistes zuließe oder möglich machte. Eben das aber ist nicht der Fall. Die Vorstellung vom Geist als einer selbstherrlich in sich ruhenden, alles bewirkenden Kraft ist eine ehrwürdige Illusion.

In der Apotheose des Geistes zum «Heiligen Geist» der Bibel nicht nur, sondern aller idealistischen Philosophien von Plato bis Hegel, ist sie zum zentralen Mythos unserer Kultur avanciert. Aber «es gibt nicht den schwebenden Geist, aller wirklicher Geist ist getragen, und zwar vom ganzen Stufenreich der Welt bis hinab zur Materie ... Der Geist ist und bleibt leibgebunden, er kommt nur im organischen Wesen vor, ruht auf dessen Leben auf, lebt von seinen Kräften ...»[1] Ist diese Fest-

1 Nicolai Hartmann: ‹*Neue Wege der Ontologie*›, Stuttgart 1949, S. 29.

stellung richtig – und es gibt keine Erfahrung, die ihr widerspräche –, dann sind alle spiritualistischen Welt- und Menschenbilder nicht nur falsch, sondern lebensgefährlich. Sie setzen nämlich – und hier ist Hartmanns Ontologie durch Freuds Psychologie zu ergänzen – einen Prozeß in Gang, der glücklich nur ausgehen könnte, wenn der menschliche Geist tatsächlich in der Lage wäre, sich von seiner physischen Basis zu lösen, ihr gegenüberzutreten und ihre Gesetze nach Belieben abzustellen oder umzustellen. In Wahrheit ist aber auch jede Art von Sublimierung vom Geist nur überformte, nicht etwa ausgemerzte Natürlichkeit.

Weder die Produktion noch die Konsumtion von Liebesgedichten – wie schön und erhebend sie immer seien – kann wirkliches Lieben ersetzen, stillt den Hunger der Haut nach der Berührung anderer Haut. Weder das Verfassen noch das Diskutieren von Entwürfen für eine ideale Gesellschaft ist ein Ersatz für das Leben und Tätigsein in einer unvollkommenen, aber vorhandenen Gesellschaft.

Die Zukunfstbesessenheit religiöser und politischer Heilslehren ist tatsächlich nur der Ausdruck des in die Dimension der Zeit übertragenen psychologischen Faktums, daß Sein durch Bewußtsein, gelebtes durch vorgestelltes Leben verdrängt worden ist. Denn die Zeit als ein analog der räumlichen Ausdehnung zu denkendes Kontinuum zwischen Vergangenheit und Zukunft ist eine Fiktion. Es gibt erlebte Zeit nur als Gegenwart, als unendliche Folge von «Jetzt», «Jetzt» und «Jetzt». «Das Zukünftige müßte eintreffen, ohne aufzuhören, zukünftig zu sein», sagt Simone Weil.[1] Real an der Erinnerung und der Vorausschau sind nicht die imaginierten Inhalte, sondern der Vorgang des Sich-Erinnerns und Vorausschauens. Dieser Vorgang aber findet immer in der Gegenwart statt. Von den drei Zeit-Dimensionen: Vergangenheit, Gegenwart und Zukunft verbleibt als erlebbare Wirklichkeit nur die Gegenwart. Vergangenheit und Zukunft sind nicht Seins-, sondern Bewußtseinsdi-

1 Simone Weil: ‹*Schwerkraft und Gnade*›, München 1952, S. 82.

mensionen: das, was sie füllt, vollzieht sich ebenso in der Gegenwart wie diese selbst. Wenn man einen Ort verläßt, um einen anderen zu erreichen, verliert man ihn zwar aus den Augen, aber er verschwindet nicht aus der Welt. Die Dinge und Menschen aber, mit denen man an jenem Ort zu tun hatte, verharren nicht in jenem vergangenen Zustand, sondern werden wie wir von Augenblick zu Augenblick in eine immerwährende Gegenwart fortgerissen. Es bleibt niemals etwas in der Vergangenheit zurück – die Welt nimmt sich vielmehr als Ganze in die Gegenwart mit. Und mit dem, was damals geschah, nimmt sie auch das, was damals erwartet wurde, in die Gegenwart mit. Die Gegenwart allein ist der Ort, an dem auch die Zukunft stattfindet, nämlich die Versprechungen und Hoffnungen der Vergangenheit eingelöst werden können.

Sobald man vergißt, daß menschliches Leben seine volle Qualität nur entfaltet, wenn Bewußtsein und Wille auf das gerade jetzt zu bestehende Dasein gerichtet sind, kommt es zu einer wahnhaften Fixierung aller Lebenskräfte auf Zukunft und Fortschritt. Es setzt sich die Vorstellung fest, daß gegenüber den ausdenkbaren großen Möglichkeiten von morgen die Beschäftigung mit den Realitäten von heute nur ablenkt und korrumpiert. «Solange wir nicht unser gesamtes Verhältnis zur Welt, und damit zur Zeit, von Grund aus revidieren, sondern mit der biblischen Schöpfungsgeschichte und den christlichen Begründern der modernen Naturwissenschaft voraussetzen, daß die Welt der Natur für den Menschen da ist, ist nicht abzusehen, wie sich an dem Dilemma des Fortschrittes etwas ändern sollte... Nur wenn es so etwas wie eine immerwährende Weltzeit gibt, in der immer wieder Neues entsteht und Altes vergeht, würde auch der Forschritt das unverhältnismäßige Gewicht verlieren, das er zur Zeit für uns hat, weil wir nichts Bleibendes kennen.»[1]

Wenn der Geist nur noch mit sich selbst beschäftigt ist und

1 Karl Löwith: *‹Das Verhängnis des Fortschritts›*, in: *‹Zur Kritik der christlichen Überlieferung›*, Stuttgart 1966, S. 154 f.

ihm das vorstellbare mehr gilt als das gelebte Leben, übersieht der Mensch nicht nur seine eigene, sondern auch die außermenschliche Natur. Alles, was sich außer ihm noch auf der Welt vorfindet: Sterne und Tiere, Berge, Wälder und Meere – hat keinen eigenen Wert, keinen eigenen Lebensanspruch. «Die Natur ist für den Menschen nur der Ausgangspunkt, den er umbilden soll.»[1] Der Wahn, kein Naturwesen zu sein, erzeugt den weiteren Wahn, daß alles, was nicht Geist ist oder besitzt, auf den Menschen als das einzige Wesen, das damit ausgestattet wurde, hingeordnet ist.

Aber die Welt der Natur ist für sich selbst da. Der Mensch ist auf sie angewiesen, nicht sie auf ihn. Wie seine Art hervorgegangen ist und getragen wird von allen voraufgehenden Daseinsschichten «bis hinunter zur Materie», so wird der Geist des einzelnen Menschen hervorgebracht, getragen und bedingt von seinem Körper. Und wie das Erscheinen des Menschen auf der Erde die spezifischen Daseinsgesetzlichkeiten und Daseinsrechte aller anderen Lebewesen nicht außer Kraft setzt, so kann auch der Geist die eigentümliche Daseinsweise aller vorgeistigen Kräfte und Bereiche nicht außer Kraft setzen, ohne – mit diesen – sich selbst zu zerstören. Wir werden seit einiger Zeit nachdrücklich auf diesen einfachen Sachverhalt aufmerksam gemacht. Daß diese Einsicht fast zu spät kommt, verdanken wir unserem Idealismus. Platonismus wie Christentum haben jeden Ansatz zu einer Natur-Philosophie unterbunden, und der «Materialismus» der Aufklärung und Moderne war keine Hinwendung zur Welt, sondern eine neue und verschärfte Kampfansage des Homo faber, der mit der Welt alles machen zu können – und machen zu müssen – glaubte.

Das abendländische Denken ist das Opfer eines Geistbegriffes geworden, für den das Sein auch nach der Befreiung aus theologischer Vormundschaft auf Bewußtsein verengt blieb. Mit der Entwicklung der empirischen Wissenschaften ent-

1 Georg Wilhelm Friedrich Hegel: ‹*Sämtliche Werke*›, Band 8. Hg. v. Hermann Glockner, Stuttgart 1949 ff, S. 95.

schwand die Natur endgültig dem Blick und Verständnis der sich dafür nicht mehr zuständig fühlenden Philosophen, obwohl das Problem des Daseins der Natur durch die Erforschung und Nutzbarmachung ihrer Strukturen gar nicht berührt wird. Als Gegenstand des Denkens blieb nur das Denken selbst: eine, wie sich zeigte, sehr dürre Weide. Auch die Geschichts- und Gesellschaftsphilosophie wurde zum Tummelplatz der Idee-ologen, die den endlichen Sieg der Vernunft – oder dessen, was sie dafür halten – über die Natur herbeizubeweisen und herbeizuprophezeien versuchen.

4

Die bösen Folgen des Willens zum Guten

Wenn wir die bisherige Menschheitsgeschichte, insbesondere die Geschichte unserer eigenen Zivilisation betrachten, so ist eines der auffälligsten Merkmale das Mißverhältnis zwischen den von Religionsstiftern, Philosophen und Staatsmännern postulierten Idealen und der von solchen Idealen nur wenig geprägten Realität. Angesichts der Kriege und sonstigen kollektiven und individuellen Greueltaten, die die Geschichte des Abendlandes bis zum heutigen Tage begleiten, erscheinen die anspruchsvollen moralischen Prinzipien, zu denen wir uns als Erben der antiken, der jüdisch-christlichen und europäisch-kontinentalen Traditionen bekennen, wie leere Phrasen.

«Ganze Jahrhunderte lang», schreibt Frantz Fanon, «hat Europa nun schon den Fortschritt bei anderen Menschen aufgehalten und sie für seine Zwecke und zu seinem Ruhm unterjocht; ganze Jahrhunderte hat es im Namen eines angeblichen ‹geistigen Abenteuers› fast die gesamte Menschheit erstickt... Mit Energie, Zynismus und Gewalt hat Europa die Führung der Welt übernommen... Europa hat jede Demut, jede Bescheidenheit zurückgewiesen, aber auch jede Fürsorge, jede Zärtlichkeit.»[1] Man mag den Hoffnungen, die Fanon auf die Revolution setzte, zustimmen oder nicht – die kolonialistische Ausbeutung der Welt, diese wahrhaft schreckliche Geschichte der Unterdrückung, Verschleppung, Ausrottung ganzer Rassen und

1 Frantz Fanon: ‹*Die Verdammten dieser Erde*›, Reinbek 1969, S. 239.

Völker durch die Konquistadoren eines Kontinents, der zugleich die erhabensten sittlichen Ideen verkündete, ist die Bankrotterklärung abendländischer Geistgläubigkeit. Weder die christlichen noch später die aufgeklärt liberalen und demokratischen Ideale haben eine durchgreifende Moralisierung bewirkt: sie reichten nicht einmal aus, in Europa selbst Kriege und brutalste Verbrechen zu verhindern.

Wie steht es also mit dem «geistigen Abenteuer Europas», von dem Fanon spricht. Europa «hat die Führung übernommen», es hat die blühendste und produktivste Zivilisation hervorgebracht, die bisher auf dieser Erde geschaffen wurde. Hier sind Wissenschaft und Technik entstanden, haben Industrie und Wirtschaft sich entwickelt, ist ein Lebensstandard für alle möglich geworden, den vor hundert Jahren noch die Privilegierten nicht kannten. In den Ländern des Westens wurden viele der klügsten Gedanken gedacht, eine unendliche Fülle von Kunst- und Lebensstilen durchprobiert, schließlich der «mündige» Mensch entdeckt.

Was in dem «geistigen Abenteuer» nicht inbegriffen war und was Fanon meint, wenn er von der fehlenden «Demut, Bescheidenheit, Fürsorge, Zärtlichkeit Europas» spricht, war die Humanisierung des einzelnen und der zwischenmenschlichen Beziehungen. Europa hat fast alles zustande gebracht, nur eines nicht: den Angehörigen seines Kulturkreises mehr Reife und Einsicht, mehr Geduld, Verständnis und Hilfsbereitschaft zu vermitteln. Dabei ist nicht daran zu zweifeln, daß unsere Moralisten und Idealisten es durch die Jahrhunderte hindurch ehrlich gemeint haben. Es gibt kaum Menschen, die nicht das «Gute» wollen. Das meiste Übel in dieser Welt ist nicht – wie wir schon eingangs feststellten – auf böse Absichten, sondern auf die bösen Folgen eines unbegrenzten Willens zum Guten zurückzuführen.

Wo aber liegt der Fehler, wenn alle Leute immerfort das Gute wollen und so selten dabei etwas wirklich Gutes herauskommt, wenn die Menschheit seit Tausenden von Jahren die großartigsten Ethiken erdacht hat und sich dennoch sowenig bereit oder imstande zeigt, diesen selbstgesetzten Idealen gemäß zu leben?

Die allgemeine Antwort liegt nahe. Sowenig das Leben im Geiste ein Ersatz für das tatsächlich gelebte Leben sein kann, sowenig liefert es auch aus sich selbst, aus seinen eigenen Motivationen und Möglichkeiten heraus Regeln für das wünschenswerte Verhalten des Menschen. Idealistische Ethiken enthalten Gebote, die die menschlichen Möglichkeiten so falsch einschätzen oder überfordern, daß sie zwangsläufig zum Scheitern verurteilt sind; idealistische Ethiken stellen Verhaltensregeln auf, denen zeitlich bedingte Gültigkeit zukommt, die aber Übles zur Folge haben, wenn man für sie immerwährende Gültigkeit beansprucht; idealistische Ethiken begnügen sich damit, Sollvorschriften zu postulieren, ohne sich darum zu kümmern, ob und auf welche Weise daraus wirklich Verhaltensweisen gemacht werden können.

Die Überzeugung, daß alles «Wirkliche vernünftig», und alles «Vernünftige wirklich» sei, führt zwangsläufig zu der sonderbaren Vorstellung, die Qualität eines ethischen Systems erweise sich in seiner gedanklichen Schlüssigkeit – wie wenn Ethik eine Unterabteilung der Logik wäre. Es gibt aber für eine Lehre vom Guten nur einen einzigen Qualitäts- und Gültigkeitsnachweis: daß nämlich die Menschen, an die sie sich richtet, bereit und fähig sind, danach zu leben. Eine Moral, die keine nachweisbare Humanisierung hervorbringt, kann noch so schöne und erhabene Gedanken produzieren, kann noch so überzeugend und in sich selbst stimmig sein – sie ist falsch, weil sie sich als unbrauchbar erwiesen hat. Sie muß nicht nur honesta und justa, sondern auch utilis und possibilis sein. Der Begriff «Gesinnungsethik» ist ein Nonsens, da eine Ethik, die nicht vom Tun und von der Verantwortung für dieses Tun handelt, keine Ethik, sondern Philosophie oder Poesie ist. Das in der Sache «Ethik» selbst liegende pragmatische Element läßt sich nicht ausscheiden, ohne daß man die Ethik selbst aufgibt.

Man hört immer wieder die Meinung, daß unsere moralische Entwicklung mit der Entwicklung unserer technisch-zivilisatorischen Errungenschaften nicht Schritt gehalten habe. In Wahrheit hat es aber bisher – jedenfalls im Bereich der Ethik selbst – kaum Versuche zur Entwicklung moralischen Verhaltens, sondern nur Versuche zur Verbesserung moralischer Gedankensysteme gegeben.

Selbst jene neuzeitlichen Denker, die durchaus naturalistische Lehren vom Sein vertreten, haben rein idealistische Lehren vom Sollen entwickelt. Sie gehen von der magischen Omnipotenz des Bewußtseins aus, ignorieren die Frage nach den Bedingungen der Verwirklichung des Guten und kennen weder physiologische noch psychologische, noch soziale Umstände, auf die man bei der Katalogisierung ethischer Forderungen Rücksicht nehmen muß.

Die Geschichte des Abendlandes ist gekennzeichnet vom Wirken eines realitätsfremd oder realitätsfeindlich eingestellten Geistes, der, in sich selbst befangen, utopischen Welt- und Gesellschaftsmodellen nachjagt. Und dieses faszinierende Reich der Ideen gewinnt überhaupt erst seinen vollen Glanz, wenn man von vornherein darauf verzichtet, es mit der Realität – oder doch der derzeitigen Realität – in irgendeine andere als negative Verbindung zu bringen. Von nun an scheint das Ausdenken von perfekten Modellen nicht nur geistreicher, sondern auch moralischer zu sein als die Beschäftigung mit einer solche Modelle ständig verhindernden Wirklichkeit. Die Fähigkeit, Unmögliches denken zu können, verdrängt die Bereitschaft, Mögliches zu tun. Bei denen aber, die die Welt nicht «nur interpretieren, sondern verändern» wollen, wird die unzulängliche Wirklichkeit gewaltsam in das Prokrustesbett der «Wahrheit» gezwängt.

Und es ereignet sich nun die folgenschwerste Pervertierung des Verständnisses von Moral. Das Kapitalverbrechen besteht darin, jene «Wahrheit» nicht zu bekennen und sich nicht vorbehaltlos in ihren Dienst zu stellen. Ein Mensch kann freundlich, hilfsbereit, einsichtig, zuverlässig sein – all dies hilft ihm nichts, wenn es um die Frage der Fragen geht: teilst du unseren Glauben an Gott oder Christus oder den Weltgeist, an Marx oder

Mao oder die Weltrevolution? Nur ein bedingungsloses «Ja» kann ihn vor der Verdammnis, der physischen und psychischen Vernichtung retten.

Die Geschichte der christlich-abendländischen Kultur ist in vielen Etappen und Bereichen die Geschichte der Verneinung und Zerstörung des Lebens durch den jeder Art von «Idealismus» hörigen Geist. Hat sich eine «Glaubenswahrheit» erst einmal in seiner Vorstellung eingenistet und von ihm Besitz ergriffen, kennt der Mensch nicht einmal jene Hemmungen mehr, die selbst Wölfe zu vergleichsweise moralischen Wesen machen. Er hat den konkreten Nächsten aus den Augen verloren, er liebt nicht mehr den Menschen, er liebt nur noch seine Idee von ihm. Und der «Wille zum Guten» ist nichts als die Besessenheit, Bekenntnis und Gehorsam zu erzwingen. Dabei ist die Antwort auf die Frage nach dem Guten bekannt, seitdem Menschen einander ansichtig wurden. Sie heißt zunächst ganz einfach: sich den anderen zuwenden, ihn in seinen tatsächlichen Lebensumständen, Bedürfnissen, Fähigkeiten und Überzeugungen ernst nehmen. Aber für diejenigen, deren Zuneigung vor allem geistigen Liebesobjekten gilt, ist offenbar nichts schwieriger, als diesen konkreten Nächsten wieder in den Blick zu bekommen.

Von den drei Kardinaltugenden der Christen: Glaube, Liebe, Hoffnung, ist nur die Liebe, die bejahende Zuwendung zum gelebten Leben, einer Verklärung wert. Gerade mit ihr aber haben die Christen bisher am wenigsten beginnen können. Da sie ihren Weg in die Geschichte unter dem Primat des Glaubens und der Hoffnung antraten, verflüchtigte sich bei der gewalttätigen Anstrengung, die Menschen zum richtigen Glauben und Hoffen zu bringen, die Liebe zu einer spirituellen Formel, mit der Wohltaten und Untaten gleichermaßen gedeckt werden konnten. Selbst Folter und Scheiterhaufen wurden zu Instrumenten der Liebe – nämlich der Liebe zu den unsterblichen Seelen der Ketzer, die ein für allemal von ihrem die Einsicht in den wahren Glauben behindernden Körper befreit werden sollten.

Die Wendung, die das Christentum in neuester Zeit genommen hat – und von der sich noch nicht sagen läßt, ob sie repräsentativ für einen sich anbahnenden allgemeinen Wandel ist –, zeigt, wie simpel der Mechanismus ist, der Menschen dazu bringt, sich human oder inhuman zu verhalten. Soweit und solange in der Geschichte des Christentums die Spiritualisten, die Dogmatiker und Doktrinäre triumphieren, sehen wir uns einer ununterbrochenen Kette von christlichen Greueltaten gegenüber. In dem Augenblick jedoch, in dem (aus welchen Gründen immer) das Interesse an Lehrmeinungen erlischt, wird der «lebendige Christus» wieder entdeckt und mit ihm als Zentrum des Christseins die Sorge um den konkreten anderen. Ist die libidinöse Glaubensbindung an Begriffe und Wörter einmal gelöst, funktionieren auch die moralischen Reflexe wieder.

Die Marxisten haben den Begriff «Liebe» erst gar nicht in ihren Tugendkatalog aufgenommen. Ein auf irdische Vollkommenheiten gerichteter Glaube ist zur Ausrottung so viel gegenwärtiger Unvollkommenheit genötigt, daß schon Spuren von Liebe seine Heilstätigkeit behindern könnten. Und aus Marx selbst – einem nicht sonderlich liebenswürdigen Neurotiker – wird sich kaum jemals eine «Chiffre der Mitmenschlichkeit» machen lassen. So sind denn die Marxisten dazu verdammt, sich an ihren Manifesten zu erkennen, also Ideologen und Doktrinäre zu bleiben. Die Anhänger Maos haben bessere Chancen: von kleinlichen Bedenken unangefochten weben sie schon heute an einem Mythos, der es ihnen wie den Christen eines Tages erlauben könnte, sich von den «Worten des Vorsitzenden» zu befreien und sich an den mythischen Tugenden seiner Person zu orientieren.

5

Die «schweren Kränkungen» fanden nicht statt

Einer der erstaunlichsten Vorgänge des letzten Jahrzehnts ist der Widerstand, auf den die Verhaltensforschung, in Deutschland vor allem repräsentiert durch Konrad Lorenz [1], bei jener Gruppe von Denkern gestoßen ist, die die äußerste Vorhut progressiven Denkens zu sein vorgeben. Auf den ersten Blick könnte es scheinen, daß sich seit Darwin die Fronten völlig verkehrt haben. Die Deszendenztheorie löste Mitte des vergangenen Jahrhunderts eine Welle der Empörung aus, die vor allem von den christlichen, aber darüber hinaus ganz allgemein von den konservativ eingestellten Philosophen, Wissenschaftlern und Schriftstellern getragen wurde und erst in den fünfziger Jahren dieses Jahrhunderts verebbte. Das war verständlich, denn die Abstammungslehre stellte mit der biblischen auch die Anthropozentrik des überkommenen philosophischen Weltbildes in Frage. Eine sich blind aus sich selbst heraus entwickelnde Natur, deren vorläufiger Abschluß das Säugetier Mensch war, ließ sich schwer mit der Vorstellung seiner Einzigartigkeit vereinbaren.

Nun sind die Ergebnisse der heutigen Verhaltensforschung in vieler Hinsicht nur die Konkretisierung der Evolutionslehre, nämlich eine genauere Bestandsaufnahme jener Entwicklungs- und Anpassungsgesetze, die Darwin als Variabilität, Vererbung und Selektion beschrieben hat. Das Material, das die Verhaltensforschung inzwischen ansammeln und verarbeiten konn-

1 Konrad Lorenz: ‹*Das sogenannte Böse*›, München 1963.

te, zeigt, daß der Mensch nicht nur «vom Affen abstammt», sondern, wie zu erwarten, mit seinen tierischen Ahnen eine bestimmte Grundtriebausstattung und bestimmte Grundverhaltensweisen teilt.

Wenn also die heutigen Aufklärer die Erben der Überzeugung von der durchgehenden Natürlichkeit des Menschen sind, ist es unverständlich, daß sie sich mit solcher Leidenschaft gegen die Verhaltensforschung wenden oder aber bemüht sind, sie zu ignorieren. Auch die Tatsache, daß der Streit sich vor allem an der Lorenzschen These von der sozialen Bedeutung der Aggressivität entzündete, erklärt wenig, denn das, was die Kritiker daran stört, ist nicht die kaum zu leugnende Rolle, die Aggressivität im Leben der Tiere und Menschen spielt, sondern die Behauptung, sie wäre in der Natur der Lebewesen bis zum Menschen hin vorgegeben.

Auf dem Hintergrund des Kampfes gegen den Darwinismus, der von einzelnen christlichen Wissenschaftlern noch bis in unsere Jahrzehnte hinein geführt wurde, sieht man sehr schnell, daß eine Umkehrung der Fronten gar nicht stattgefunden hat. Die von den linken Vertretern der heutigen «Wissenschaften vom Menschen» proklamierte These von der gesellschaftlich bedingten Natur des Menschen ist nur die säkularisierte, des theologischen Überbaus beraubte Variante des christlichen Glaubens an den Menschen als einmalige Schöpfung «nach dem Bilde Gottes». Die Natur ist Natur nur bis zum Menschen. Seine Natur ist es, keine zu haben. Er ist das, was er direkt – durch die Vorstellung, die er von sich hat – oder indirekt – durch die von ihm geschaffenen Produktionsverhältnisse – aus sich macht.

Was die linken Philosophen stört, waren Ergebnisse bereits der Forschungen Darwins. Einschließlich des Homo sapiens geht eine Art aus der anderen hervor, wobei jede später auftauchende alle Elemente und Strukturen der vorangegangenen mit sich schleppt. Im Verlaufe der Evolution entstehen Lebewesen, die anpassungsfähig sind und andere, die es nicht sind. Das heißt, die Natur läßt auf ihrem Wege zahllose mißglückte Experimente zurück. Auch der Mensch ist in diesem Sinne ein Zufallsprodukt der Evolution und nicht etwa ihr von vornherein angestrebtes Ziel. Eine bestimmte, sich innerhalb der Primaten herausbildende neue Komponente – das Bewußtsein – macht das damit ausgestattete Wesen zu einer überlebensfähigen, vorläufig letzten Stufe des Entwicklungsprozesses.

Es ist nicht nötig, ein Buch über Verhaltensforschung zu lesen, um zu vermuten, daß bei einem solchen Wesen, das aus Fleisch und Knochen, aus Muskeln, Adern und Nerven besteht, sich wie alle anderen Organismen ernähren, fortpflanzen, behaupten muß, auch diesen Faktoren entsprechende Triebe, Instinkte und Verhaltensweisen vorhanden sein werden. Es war zu erwarten, daß die biologische Anthropologie auf bestimmte Grundtriebe stoßen würde, die für Tiere wie Menschen gleichermaßen konstitutiv sind: Nahrungstrieb, Fortpflanzungstrieb, Brutpflegetrieb, Fluchttrieb, Schutztrieb, Kampftrieb, Herdentrieb. Und es war zu erwarten, daß diese Triebe durch die Bewußtseins- und Willenskräfte des Menschen nicht eliminiert, sondern nur überformt werden können.

Aber der Mensch als ein in die genetische Kontinuität eingebundenes Naturwesen – das war eine Vorstellung, mit der die modernen Anthropozentriker genausowenig etwas zu tun haben wollten wie ihre theologischen und philosophischen Urgroßväter. So haben sie seit Darwin verdrängt oder unterschlagen, was die empirischen Wissenschaften über Aufbau und Funktionsweise der organischen und sozialen Natur des Menschen zusammentragen konnten. Es war allein der Atheismus, der den Eindruck hervorrief, daß es sich hier um die berufenen Erben der wissenschaftlich-kritischen Aufklärung handle. Aber diese Atheisten haben Gott nur abgeschafft, um an seine Stelle den gottähnlichen Geist-Menschen zu setzen, der sich nunmehr in eigener Regie hervorbringen muß, um freischwebend – wie der Geist Gottes am ersten Schöpfungstage – die Welt nach seinen Visionen zu gestalten.

Ob man mit Lorenz der Aggressivität eine ganz besondere

Bedeutung für die Anpassungs- und Lebensfähigkeit der menschlichen Art beimißt oder mit Eibl-Eibesfeld [1] nachweisen zu könnnen glaubt, daß sich die entzweienden und bindenden Kräfte im Menschen die Waage halten, ist unerheblich. Die Verhaltensforschung (und die Physiologie) wird gewiß schon in den siebziger Jahren unsere heutigen Kenntnisse von der menschlichen Natur ergänzen und auch korrigieren. Das aber ändert nichts an der fundamentalen Tatsache, daß der Mensch eine Natur hat und alles andere als ein erst von der Philosophie, Politik oder Pädagogik vollzuschreibendes leeres Blatt ist.

Man kann den Verlauf, den die Geschichte des Nachdenkens des Menschen über sich selbst genommen hat, nicht verstehen, wenn man sich nicht klarmacht, daß die in der Nachfolge der christlichen und der idealistischen Philosophien weiterspekulierenden Anthropologien, Geschichts- und Gesellschaftslehren sich hundert Jahre lang der «großen Kränkung» des Darwinismus entzogen haben. Die naturwissenschaftliche Kunde vom Menschen, die mit Darwin so nachdrücklich und spektakulär beginnt, bricht mit ihm auch wieder ab; sie verliert sich in der Detailarbeit biologischer und medizinischer Einzelforschungen und tritt als Grundwissenschaft vom Menschen erst mit der modernen Verhaltensforschung wieder ans Licht.

Es war nicht die Biologie, sondern es waren die Wirtschafts- und Sozialwissenschaften, die mit, neben und nach Marx den Menschen zu einem Gegenstand des allgemeinen Interesses machten. Aber auch dort, wo sie von ökonomischen und sozialen Daten ausgingen, gerieten sie beim Versuch der Systembildung sogleich in den übermächtigen Strom der abendländischen Staats- und Ordnungslehren platonisch-aristotelischer oder christlicher Herkunft. Rechts wie links entstanden Soziologien und Politologien, die unter dem Druck der Probleme, Aufgaben und Interessen der Industriegesellschaften den Boden der Tatsachen sehr schnell verließen und Aussagen über die Gesamtsitua-

1 Irenäus Eibl-Eibesfeld: *‹Liebe und Haß›*, München 1970.

tion des Menschen machten, in denen Sein und Sollen sich ununterscheidbar vermischten und in die die das Lebewesen Mensch konstituierenden biologischen Gesetze und Vorgänge überhaupt keinen Eingang fanden.

Nach dem zunächst folgenlos bleibenden Ereignis Darwin und den ohne naturwissenschaftliche Basis jeder Ideologisierung ausgesetzten Gesellschaftswissenschaften war es Sigmund Freud, der zu Anfang dieses Jahrhunderts den Menschen von einem dritten Aspekt her in den Blick rückte. Freud ging es um die individuelle Natur des Menschen, aber nicht in ihrer Bio-Logik, sondern in Psycho-Logik, das heißt jener Schicht, in der die biologisch-physiologischen Antriebe bereits verinnerlicht und von ihren Erstursachen gelöst sind. Seine Interpretation der frühkindlichen Verhaltensweisen beantwortet also nicht die Frage, ob das, was sich zwischen Mutter und Kind an komplexen Liebesbeziehungen entwickelt und auch für das spätere Leben bestimmend ist, nun auf den Sexual- oder den Brutpflegeinstinkt zurückzuführen ist. Wenn es richtig ist, daß viele Formen menschlicher Bindungsbereitschaft und Zärtlichkeit auf den Brutpflegeinstinkt zurückgehen [1], sind damit keineswegs die von Freud beschriebenen psychologischen Abläufe widerlegt, aber seine Einschätzung der Sexualität als allein bewegender Kraft wäre nicht zu halten.

Die wahrscheinlich erst in den kommenden Jahren in ihr entscheidendes Stadium tretende Auseinandersetzung zwischen Psychoanalyse und Verhaltensforschung, die bisher von beiden Seiten sachlich und für beide Seiten mit Gewinn verlaufen ist, zeigt jedenfalls, daß die Wissenschaften vom Menschen, wenn sie ihr Forschungsobjekt tatsächlich in seinen realen Bedingungen erfassen wollen, «von unten her» beginnen müssen oder doch den Kontakt nach unten niemals abreißen lassen dürfen. Die Basis der Anthropologie sind die Wissenschaften vom Menschen als einem organischen Lebewesen. Von dort her kann man dann weitergehen zur Psychologie, zur Soziologie und zu

1 Irenäus Eibl-Eibesfeld, a. a. O.

dem, was die Enzyklopädisten unter Idee-ologie verstanden haben (nämlich die Lehre von den geistigen Formationen). Der umgekehrte Weg: von oben, von Ideen, Prinzipien und Modellen her erbringt keine haltbaren Ergebnisse und führt moralisch-politisch in jene Sackgassen, in denen sich die soziologischen Anthropologien heute befinden. «Wie sich die Medizin erst als Erfahrungswissenschaft erfolgreich entwickelte, so wird man auch erst aus der naturwissenschaftlichen Erkenntnis Wege zur Therapie der Gesellschaftskrisen ableiten können.» [1]

Wie aber steht es mit Marx, dessen Ehrgeiz und Anspruch es war, Hegel «auf die Beine zu stellen», die idealistische Geschichtsinterpretation also abzubrechen – und eine materialistisch-wissenschaftliche zu begründen?

In Weiterführung der Ideen der Aufklärung und als Reaktion auf das vom besitzbürgerlichen Kapitalismus hervorgerufene Elend der arbeitenden Klassen zu Beginn des industriellen Zeitalters hat Marx als erster systematisch untersucht und begründet, warum die proklamierte Mündigkeit und Würde aller Menschen weder durch moralische Appelle noch durch das bürgerlich-liberale Wettbewerbsprinzip, sondern nur durch eine grundlegende Veränderung der gesellschaftlichen Eigentums- und Machtverhältnisse erreicht werden kann.

Ein menschenwürdiges Dasein für alle ist das erstrebte Ziel, wobei vorausgesetzt wird, daß die neue Ordnung nicht nur Hunger und Abhängigkeit beseitigen, sondern auch alle anderen menschlichen Probleme endgültig lösen wird.

Die Entwicklung in der UdSSR und in den anderen kommunistischen Staaten hat gezeigt, daß sich solche Hoffnungen nicht erfüllen. Der Versuch, eine radikale Neuordnung der gesellschaftlichen Verhältnisse durch Aufhebung des Privateigentums an den Produktionsmitteln und an Grund und Boden zu erreichen, hat ohne Zweifel zu einer gerechteren Verteilung aller Lebens- und Kulturgüter unter eine größtmögliche Zahl von Menschen, jedoch weder zu Wohlstand und wirtschaftlicher

1 Irenäus Eibl-Eibesfeld, a. a. O., S. 270.

Blüte noch zur Aufhebung von Klassengegensätzen und Beendigung der Unterdrückung von Menschen durch Menschen geführt. Im Gegenteil: die gerechtere ökonomische Ordnung ist mit der Liquidierung von Millionen von Menschen und mit einer Reduzierung des kulturellen Standards auf die Befriedigung sehr primitiver und sehr gleichförmiger Bedürfnisse bezahlt worden. Was nur Voraussetzung sein sollte zur Befreiung des Menschen, wurde zum Selbstzweck. In der unzweifelhaft ungerechten Ordnung der kapitalistischen Welt ist mehr konkrete Menschlichkeit und individuelle Freiheit realisiert worden als in der gerechteren des Kommunismus.

Die Gründe dafür sind nicht schwer zu finden. Sie sind in der Tatsache zu suchen, daß der Marxismus nur in einer einzigen Hinsicht mit der idealistischen Tradition gebrochen, ihr aber in allen anderen Aspekten treu geblieben ist. Der radikale Bruch besteht in der Überzeugung, daß die Menschheit sich durch das, was sie tut – nicht, wie bei Hegel, durch das, was sie erkennt –, verwirklicht und dem Versuch, daraus rigorose Konsequenzen zu ziehen, das heißt die bisherige Geschichte nicht fortzusetzen, sondern durch die revolutionäre Tat abzubrechen und neu zu beginnen. Dies ist mit der 11. These über Feuerbach gemeint: «Die Philosophen haben die Welt nur verschieden interpretiert. Es kommt darauf an, sie zu verändern.»

Fortgesetzt wird die idealistische Tradition insofern, als die programmatisch angestrebte Befreiung des Menschen ein nur verbales und inhaltleeres, ständig in die Zukunft entgleitendes utopisches Ziel bleibt, der tatsächlich in einer kommunistischen Gesellschaft lebende Mensch jedoch gezwungen ist, auf seine konkrete Selbstentfaltung zugunsten dieses fernen und abstrakten Zieles zu verzichten. So gesehen ist der Kommunismus nicht etwa materialistisch oder realistisch oder wissenschaftlich, sondern ein Exzeß an Idealismus, dem ein Exzeß an Unmenschlichkeit notwendig folgt. Es ist daher sinnlos, irgendeinen «wahren» Marx gegen falsche Interpreten auszuspielen. Die richtige Interpretation von Gesellschaftslehren, die die Chance haben, zur Anwendung zu kommen, liefert die Geschichte. Und sie hat sogleich begriffen, daß Marx, wenn er «konkret» oder «praktisch» sagt, nicht das konkrete menschliche Individuum meint, sondern das «Ensemble der gesellschaftlichen Verhältnisse». Schon der frühe Marx glaubt mit den kapitalistischen Zuständen auch den Menschen, wie er sich in ihnen darstellt, abschaffen zu können und abschaffen zu sollen. Eine solche Anschauung wird kaum Interesse für die – nur die Übel und Mängel des Kapitalismus widerspiegelnden – Wünsche des hier und jetzt lebenden Menschen aufbringen oder erwecken. Sie wird am Ende immer gezwungen sein, den Menschen, wie er ist, zu verachten und die Gewalt zu verherrlichen. Es ist nur folgerichtig, daß alle Neo-Marxisten nach einem kurzen liberal-revisionistischen Zwischenspiel in den sechziger Jahren, das eine letzte moralische Nachwirkung der faschistischen und stalinistischen Verbrechen gewesen ist, wieder zur Theorie und Praxis des revolutionären Terrors zurückgekehrt sind.

Auch das Schicksal der Psychoanalyse zeigt die ungebrochene Kraft und Faszination der idealistischen Tradition. Freuds Entdeckung der triebbedingten Abhängigkeit jeder Persönlichkeitsentwicklung wurde in mannigfacher Weise idealistisch auf den Kopf gestellt. In ihrer Blütezeit wuchs sie sich bei ihren Protagonisten zu dem Glauben aus, es ließen sich schlechthin alle Krankheiten als psychisch bedingt nachweisen und somit durch Aufdeckung ihrer seelischen Ursachen heilen. Nicht nur Psychosen und Neurosen, sondern auch handfest organische Leiden, von der Blinddarmentzündung bis zum Beinbruch, wurden für psychisch bedingt erklärt. Es entstand die idealistische Fiktion eines durch psychotherapeutische Techniken beliebig manipulierbaren Menschen. Die Psychoanalyse repräsentierte einen unbegrenzten Glauben an die Macht des Geistes; der Psychoanalytiker wurde zum Wunder wirkenden Magier. Es war unvermeidlich, daß diese Hoffnungen, die Freud selbst keineswegs erwecken wollte, enttäuscht werden mußten, und der therapeutische Wert der Psychoanalyse damit überhaupt zweifelhaft wurde.

Eine zweite idealistische Verfälschung der Lehre Freuds ergab sich aus einer Fixierung auf den Verdrängungsmechanismus. Wesentlich war nicht die Analyse, sondern die faktische Beendigung der Verdrängungsprozesse: der Mensch sollte sich so früh wie möglich, insbesondere sexuell, ausleben dürfen. Hier wurzelt die antiautoritäre Bewegung, die den einzelnen und die Gesellschaft durch Freisetzung der Libido zu retten hofft.

In der Auseinandersetzung mit dieser anarchistischen Variante gewannen dann wieder die marxistischen Aneignungversuche an Boden, da sie leicht nachweisen konnten, daß die totale Umwandlung der industriellen Leistungsgesellschaft durch die «große Verweigerung» nicht zu bewerkstelligen wäre. Seinen Bedürfnissen und Fähigkeiten könne der Mensch erst nach der revolutionären Umwandlung der kapitalistischen Gesellschaft leben. Es ergab sich die Anknüpfung an sehr frühe Interpretationen der Psychoanalyse durch marxistische Theoretiker. Die von der Psychoanalyse aufgedeckten Konflikte sind nur die Spiegelung der kapitalistischen Mißstände in der Seele des spätbürgerlichen Individuums. Die Psychoanalyse wird in die Rolle einer marxistischen Hilfswissenschaft gedrängt. Es ist ihre Aufgabe, nachzuweisen, welche Verheerungen auf welche Weise der Kapitalismus in der Seele anrichtet; die therapeutische Funktion entfällt. Solange die Analyse auf seelische Störungen stößt, lassen die Verhältnisse eine Änderung nicht zu, und sobald die klassen- und herrschaftslose Gesellschaft verwirklicht ist, gibt es auch kein seelisches Elend mehr. Wenn es darum geht, der Idee eines noch nicht vorhandenen Menschen zur Kristallisation zu verhelfen, ist jeder Versuch, sich mit den vorhandenen Wünschen der vorhandenen Menschen zu beschäftigen, reaktionäre Bejahung und Verlängerung der bestehenden Zustände.

Der Unterschied zwischen einer solchen idealistischen und einer realistischen Lebens- und Gesellschaftsphilosophie liegt dabei gar nicht einmal in der bei der Erörterung des Themas Psychoanalyse naheliegenden Frage, welche Rolle für die Persönlichkeitsbildung genetische Ursachen einerseits, soziale Umstände (zu denen bereits die durch die Charaktere der Eltern geprägte Familiensituation gehört) andererseits spielen. Ob das, was Empfindung und Bewußtsein des einzelnen füllt, physiologisch vorgegeben oder erst nach der Geburt entstanden ist: Die Aufgabe bleibt die gleiche. Sie heißt, mit diesem Individuum etwas zu beginnen: seine Probleme sichtbar werden zu lassen; sie durch mögliche Änderungen der äußeren Situation oder durch innere Aufarbeitung lösbar zu machen; zu zeigen, wie man mit dem, was nicht lösbar ist, leben und ein höchstes Maß an subjektiver Erfüllung finden kann. «Wenn aber die Naturbasis der Menschengattung durch Antriebsüberschuß und verlängerte infantile Abhängigkeit bestimmt ist, und wenn auf dieser Basis die Erzeugung von Institutionen aus Zusammenhängen verzerrter Kommunikation begriffen werden kann, dann gewinnen Herrschaft und Ideologie einen anderen, einen substantielleren Stellenwert als bei Marx.»[1] Sie gewinnen nicht nur «einen substantielleren Stellenwert», sondern zeigen überhaupt nur unter diesem Aspekt, was sie sind: durchschau- und kontrollierbare, aber nicht abschaffbare Elemente gesellschaftlichen Lebens.

Obwohl Freud seine Lehre zu einer umfassenden Theorie ausgebaut hat, verstand und handhabte er sie vor allem als Therapie. Er wollte einzelnen Menschen helfen, wobei er davon ausging, daß sich nur bestimmte Störungen und Fehlhaltungen beseitigen lassen, nicht aber die Grundmängel der menschlichen Natur. «Der Mensch ist ein Wesen von schwacher Intelligenz, das von seinen Triebwünschen beherrscht wird.»[2] Es war das Studium von Einzelfällen, das zur Entdeckung und Formulierung psychologischer Gesetze führte, und es waren Einzelfälle, die auf Grund dieser allgemeinen Erkenntnisse behandelt werden konnten. Ein solches Verfahren schließt bei der Komplexität der zu analysierenden Vorgänge natürlich in keiner Weise falsche Deutungen, aber es schließt jede idealistische

1 Jürgen Habermas: ‹*Erkenntnis und Interesse*›, Frankfurt/M. 1968, S. 343.

2 Sigmund Freud: ‹*Die Zukunft einer Illusion*›, in: ‹*Gesammelte Werke*›, Band 14, Frankfurt/M. 1968, S. 372.

Verirrung aus: die Verachtung des lebenden Menschen zugunsten eines imaginären Begriffs von ihm.

Die Wirkung der drei «schweren Kränkungen» der «Eigenliebe der Menschheit», die Freud 1917 diagnostizieren zu können glaubte [1], blieb bis heute aus. Die kosmologische Kränkung durch Kopernikus hat es keineswegs vermocht, die Erde in der Vorstellung des Menschen aus dem Zentrum des Kosmos zu verdrängen, die biologische durch Darwin hat der «Überhebung des Menschen» über die vormenschliche Natur kein Ende bereitet und die von Freud selbst verursachte psychologische Kränkung, «daß das Ich nicht Herr sei in seinem eigenen Haus»[2], fand ebenfalls nicht statt.

Es hat eher den Anschein, daß der menschliche Narzißmus erst in der zweiten Hälfte dieses Jahrhunderts seine volle Blüte erlebt. Der wiedererstandene Marx macht es möglich, die Existenz des Menschen auf jene, «Gesellschaft» genannte, Dimension zu reduzieren, für die Bios und Psyche nur Reflexe «falschen Bewußtseins» sind.

1 Sigmund Freud: ‹*Eine Schwierigkeit der Psychoanalyse*›, a. a. O., Band 12, S. 6 ff.

2 Sigmund Freud, a. a. O., S. 12.

6
Wissenschaft und Politik

Jede Wissenschaft ist ein System von Aussagen über allgemeine Gesetzmäßigkeiten in einem klar abgrenzbaren Bereich. Sie sucht gleichbleibende Tatsachen und Abläufe etwa physikalischer oder chemischer oder physiologischer Art auf einen begrifflichen Nenner zu bringen. Ihr Interesse gilt nicht diesem Stein und jener Pflanze, sondern der Frage, wie sich alle Steine und Pflanzen unter bestimmten Bedingungen verhalten. Es sind Struktur- oder Gattungsmerkmale, die die Wissenschaft zu erfassen sucht. Dabei verfährt sie so, daß sie die immer wiederkehrenden Erscheinungen benennt und mit den so gewonnenen Begriffen ein abstraktes Abbild der Wirklichkeit erstellt, das nicht mit der Wirklichkeit selbst verwechselt werden darf. Begriffe sind Fiktionen: sie formulieren Sachverhalte, die es weder in der Reinheit noch in der Isolierbarkeit ideeller Formeln gibt.

Theoriebildung ist immer Vivisektion. Sie erfaßt einen bestimmten Kausalzusammenhang auf Kosten der komplexen Lebendigkeit des Ganzen, aus dem sie ihn herauslöst. Was nicht in ihr Blickfeld gerät, solange sie wissenschaftlich verfährt, ist einmal dieses Ganze und zum anderen das Besondere, also jene Abweichung von der fiktiven Norm, die das Konkrete zum Konkreten macht.

Je vielschichtiger der Gegenstand einer Wissenschaft ist, um so partieller werden die wissenschaftlich isolierbaren Teilzusammenhänge und um so größer Art und Zahl der Abweichungen innerhalb der Teilzusammenhänge selbst sein. Und um so schwieriger ist es, die Wechselwirkung, die die verschiedenen Schichten und Bereiche aufeinander ausüben, in Rechnung zu stellen. Jede theoretisch erfaßbare Schicht funktioniert nach autonomen Regeln, verarbeitet aber das Material anderer Schichten. Die Feststellung von Gesetzen, die unserem Gefühlsleben zugrunde liegen, ist Aufgabe der Psychologie. Unsere Gefühle aber (wie auch unsere Gedanken) sind an physiologische Substanzen und Faktoren gebunden. Umgekehrt: die Kenntnis der physiologischen Umstände der Entstehung von Magengeschwüren gibt dem Mediziner keine Auskunft über die möglichen psychischen Ursachen.

Es liegt auf der Hand, daß es jene Wissenschaften am schwersten haben, zu brauchbaren Resultaten zu kommen, die sich mit dem komplexesten aller Gegenstände, nämlich dem Menschen beschäftigen. Er ist das «Ensemble» einer größten Vielfalt sich kreuzender und beeinflussender Schichten mit autonomer Gesetzmäßigkeit. Die Schwierigkeit beginnt bereits bei dem Versuch, solche Teilzusammenhänge herauszulösen, die eine Isolierung und damit eine Theoriebildung erlauben. Wie etwa lassen sich ökonomische von sozialen Vorgängen, wie soziale von politischen scheiden? Welche Art ist und welchen Umfang hat der Einfluß dieses auf jenen Bereich? Die Funktionsweise des einen aus der Funktionsweise des anderen zu erklären, ist genauso unmöglich, wie anzunehmen, es gäbe keinerlei Wechselwirkung. Im historischen Ablauf gibt es Zusammenhänge, die nach dem Gesetz von Ursache und Wirkung einen Zustand des Menschen oder der menschlichen Gesellschaft aus dem anderen hervorgehen lassen – die eigentümlichen Mechanismen, die die Vorgänge innerhalb jedes Bereichs steuern, lassen sich aber nur aus diesem selbst ablesen.

Die Gesamtheit aller Vorgänge, die den Menschen zu dem machen, was er ist, läßt sich überhaupt nicht erfassen. Weder indem der Mensch sich denkt, noch indem er sich schafft. Alles, was er denkt und tut, verfehlt also nur dann nicht die «Wahrheit», wenn er von einem Realitäts- und Erkenntnismodell ausgeht, das definitiv unabschließbar ist und neben dem vom Menschen Denk- und Machbaren Raum für das prinzipiell Nicht-Denkbare und Nicht-Machbare läßt. «Wir schlagen eine Haltung vor, die ein Geöffnetsein ohne die Hoffnung ist, daß sie jemals zu einem geschlossenen Standpunkt führen werde, der allen anderen überlegen wäre».[1]

Mythen wie Religionen (soweit sie nicht völlig theologisiert, das heißt in Begriffe aufgegangen sind) sind in bezug auf das Im-Blick-Behalten der nicht restlos aufzuklärenden Wirklichkeit realitätsnäher als jede Wissenschaft, da die von ihnen gebrauchten Bilder gerade diesen Sachverhalt decken, auch wenn ihre Welterklärung im einzelnen objektiv falsch sein und keiner Prüfung standhalten sollte. Die Wirklichkeit ist immer differenzierter als unser Vermögen, sie abzubilden oder gar durch spekulative Entwürfe zu überholen. Unser Bewußtsein bleibt quantitativ und qualitativ immer hinter dem Sein zurück. «Das Denken ist etwas Grobes, die Materie etwas unvorstellbar Feines.»[2] Wenn Wissenschaft dies nicht begreift, wird sie schlechter Religionsersatz, da sie nun beides verfehlt: die Wahrheit der Religion wie die Wahrheit der Wissenschaft. Sie macht einen der vielen erforschbaren Teilbereiche zum alles bestimmenden und alles erklärenden ens realissimum. Was sich außerhalb dieses Teilbereichs vorfindet, wird zur bloßen Spiegelung oder Folge – was sich überhaupt nicht fassen läßt, für nicht vorhanden erklärt.

Dabei setzen wir hier voraus, daß dieser Verweltanschaulichung ein objektiv vorhandener und begrifflich exakt erfaßter Tatbestand zugrunde liegt. Gerade diese Voraussetzung ist jedoch bei vielen scientifizistischen Weltanschauungen nicht gegeben. Ihr Ausgangspunkt ist zumeist ein schon ideologisch bearbeitetes oder aber unrepräsentatives Einzelfaktum. Der sogenannte Sozialdarwinismus macht aus einem im vormenschlichen Bereich anzutreffenden Zwangsmechanismus – nämlich

1 Leszek Kolakowski: ‹*Traktat über die Sterblichkeit der Vernunft*›, München 1967, S. 263.

2 Aldous Huxley: ‹*Literatur und Wissenschaft*›, München 1963, S. 128.

dem «Kampf ums Dasein» – eine Art menschlich-moralischer Pflichtübung, unterschlägt also die leicht zu entdeckende andere natürliche Pflicht und Möglichkeit des Menschen: Instinkte steuern, kanalisieren, sublimieren zu können. Der Marxismus ist von bestimmten Erscheinungen der kapitalistischen Entwicklung eines bestimmten Landes in einer bestimmten Zeit ausgegangen und hat auf diesen Tatsachen eine Theorie aufgebaut, die zwar wissenschaftlichen Anspruch erhob, es aber – trotz des Tatsachencharakters der Tatsachen – in gar keiner Weise war und sein konnte. Die Verelendungs-«Theorie» war die unzulässige Verallgemeinerung von Verhältnissen in einer einmaligen Situation. Vornehmlich auf solchen zwar historisch zutreffenden, aber wissenschaftlich direkt nicht verwertbaren Tatsachen wurde dann das ganze gewaltige Gebäude des «wissenschaftlichen» Marxismus errichtet.

Systeme dieser Art haben ihre Vorzüge. Sie können ohne Rücksicht auf die realen Verhältnisse zu hoher Stimmigkeit, Schlüssigkeit, innere Logik und Vielfalt gebracht werden. Für die Produktion von Ideen und Theorien gibt es keine Grenze. Ausdenken kann man sich jede Art von gesellschaftlicher Kausalität und Geschichtsverlauf. Man darf nur die Befriedigung, die es dem Theoretiker verschafft, auf diese Weise sein Gehirn zu nützen und dem Betrachter, sich solch ein geistreiches Gedankengebäude erschließen zu können, nicht mit dem verwechseln, was sich in Wirklichkeit ereignet hat und ereignet. Johan Huizinga beschreibt in seinem Werk ‹Herbst des Mittelalters›[1] den «Symbolismus» des mittelalterlichen Denkens: «Es gibt mit Ausnahme der Regeln der abstrakten Logik kein Korrektiv, das je einen Fehler in der Klassifikation nachweist, und dadurch wird der Geist hinsichtlich des Wertes seiner Denkarbeit irregeführt und die Festigkeit des Systems überschätzt. Jede Idee, jeder Begriff steht wie ein Stern am Firmament. Um das Wesen irgendeines Dinges zu erkennen, fragt man nicht nach seinem

1 Johan Huizinga: *‹Herbst des Mittelalters›*, Stuttgart 1969, 10. Aufl., S. 304.

inneren Bau, schaut man nicht nach dem langen Schatten der Geschichte hinter ihm, sondern blickt zum Himmel empor, wo es als Idee erstrahlt.»

Obwohl zur Zeit nicht abzusehen ist, wann und wie die zeitgenössischen Intellektuellen je vom Strahlenglanz des marxistischen Ideenhimmels erlöst werden könnten, werden schon die nächsten Jahrzehnte die Einsicht kaum vermeiden können, daß Systeme wie der Marxismus noch zum Mittelalter, in die Periode eines spekulativen Idealismus, gehören. Die Faszination, die sie ausüben, beruht neben der intellektuellen Befriedigung, die ihre Handhabung verschafft, auf zwei Eigenschaften, die für alle Religionen, Ersatzreligionen und Weltanschauungen charakteristisch sind: sie bringen Ordnung in das Chaos der Welt und sie bringen Ordnung in das Leben der Menschen. Hinsichtlich der inneren Verfassung seiner Anhänger und Apologeten zeigt der Marxismus wie kaum eine andere Ideologie, daß es nicht darauf ankommt, ob eine solche Universaltheorie richtig oder falsch ist; es kommt darauf an, daß sie Werte setzt und Forderungen stellt. Die Kraft und Macht der Mythen und Religionen bestand nicht darin, daß sie realitätsgerechte Aussagen zustande brachten, sondern in ihrem Willen, die Welt verständlich zu machen und dem Menschen zu sagen, was er in ihr zu tun habe. Der Marxismus ist die gradlinige Fortsetzung dieses idealistischen Imperativismus – nun im Namen der «Wissenschaft». Es ist auch in dieser Hinsicht die schlimmste Form des Idealismus überhaupt, da Wissenschaft den von Mythos und Religion niemals erhebbaren Anspruch stellt, alles erklären, alles genau erklären und alles perfekt und schon hier in dieser Welt dem theoretischen Modell entsprechend machen zu können. Aber auch dort, wo die Wissenschaften vom Menschen keine spekulativen Theorien mit wissenschaftlichem Anspruch, sondern tatsächlich Wissenschaften sind, beschäftigen sie sich gerade als solche mit allgemeinen – politischen, sozialen, ökonomischen, psychologischen – Gesetzen, nicht mit dem konkreten Einzelfall. Mit diesem hat es rückblickend die Geschichtsschreibung, tätig und planend die Politik zu tun. Sobald die Geschichtsschreibung nach durchgehenden Gesetzmäßigkeiten zu suchen beginnt, wird sie Politologie oder Soziologie oder Ökonomie und verliert gerade das aus den Augen, worüber sie uns unterrichten soll: was bestimmten Menschen in bestimmten Situationen zu bestimmten Zeiten zugestoßen ist. Politik, die sich nicht nur wissenschaftlicher Erkenntnisse bedienen, sondern selbst wissenschaftlich verhalten will, trifft niemals auf konkrete Individuen, sondern immer nur auf Allgemeines: die Menschheit oder die Gattung Mensch oder irgendein durch Gattungsmerkmale charakterisierbares Kollektiv, etwa die Proletarier und die Kapitalisten, die Unterdrückten und die Unterdrücker. «Das Wesen (nämlich des Menschen) kann daher nur als ‹Gattung›, als innere, stumme, die vielen Individuen natürlich verbindende Allgemeinheit gefaßt werden.»[1]

In der Sicht einer solchen Theorie zählen auch nur die großen Bewegungen der Geschichte, die die Menschheit einem Endziel entgegenführen. Politik ist Bewußtmachung dieses notwendigen historischen Prozesses, Proklamation von Imperativen und Schaffung von Organisationen und Institutionen, die dafür sorgen, daß die Menschen sich mit dieser allgemeinen Bewegung der Geschichte identifizieren; daß sie bewußt vollziehen, was vom erkannten Endzweck aller Geschichte her vollzogen werden kann und muß.

An die Stelle der von Gott gewollten und verkündeten Zwangsläufigkeit der Geschichte ist die wissenschaftlich erkannte Zwangsläufigkeit getreten. Ein Wandel, der die Situation des einzelnen nicht verbessert, sondern verschlechtert. Während die unter Gottes Gebot stehende Gesellschaft nur autoritär war, ist die wissenschaftlich geplante Gesellschaft totalitär. Bis zur Inthronisierung der Göttin Vernunft verlangte der Staat von seinen Bürgern Gehorsam bei der Erfüllung bestimmter Pflichten – Kriegsdienst etwa oder Steuerabgaben. Sonst ließ er sie, wie er sie vorfand. Lebensregeln verpflichtend

1 Karl Marx: ‹*Die Deutsche Ideologie*›, in: ‹*Frühschriften*›, Stuttgart 1953, S. 340.

zu machen war Aufgabe der Kirche. Von ihr gingen die Maßnahmen gegen geistige oder moralische Freizügigkeit aus, wobei das Nebeneinander von staatlicher und kirchlicher Macht für den einzelnen einen gewissen Spielraum ließ. Mit den bürgerlichen Revolutionen gehen alle Aufgaben auf den Staat über. Die Herrschaft der Jakobiner liefert das erste Modell jener Gesellschaftslehre, die genau zu wissen glaubt, wie der Vernunft gemäß die Geschichte verlaufen muß und die Menschen sich zu verhalten haben, um dieser Vernunft nicht im Wege zu stehen. Die Schilderung, die Tocqueville [1] von der Bedeutung der Schriftsteller und der Religiosität für das Aufkommen und den Verlauf der Revolution gibt, nimmt die charakteristischen Kennzeichen der marxistischen Theorie und Praxis vorweg: «Man gab das Interesse an wirklich Bestehendem auf, um an das bloß Mögliche zu denken, kurz, man lebte geistig in jenem idealen Staate, den die Schriftsteller gegründet hatten.»[2]

Die Vorstellung, daß das Heil des Menschen nur erreicht werden kann, wenn endlich die Vernunft der Natur die Herrschaft entreißt, die bisherige, auf Grund blind waltender Kräfte sich ereignende Geschichte von einer Geschichte rationaler Systeme abgelöst worden ist, war schon im 18. Jahrhundert voll ausgebildet. Und es lagen auch bereits Revolutionstheorien wie Theorien über die grundlegende Bedeutung der Wirtschafts- und Sozialordnungen für den Zustand einer Gesellschaft vor. Marx stand in einer schon deutlich artikulierten Tradition, als er den Kapitalismus und seine Überwindung in den Mittelpunkt seiner Betrachtungen rückte.

Es bleibt trotz dieses allgemeinen geschichtlichen Hintergrundes und trotz des besonderen Anlasses der akuten und unübersehbaren Übel des frühen Kapitalismus erstaunlich, wie bei den Marxisten, angefangen von Marx selbst bis zu seinen heutigen Apologeten, alles verdrängt wird, was außer wirtschaftli-

1 Alexis de Tocqueville: ‹*Der alte Staat und die Revolution*›, Reinbek 1969.

2 a. a. O., S. 129.

chen Umständen möglicherweise noch – und unabhängig davon – für Wesen und Befinden des Menschen von Bedeutung sein könnte. Aus den vielfältigen äußeren Bedingungen, die vom heimatlichen Klima bis zur importierten Religion das Dasein der Menschen an einem bestimmten Ort zu einer bestimmten Zeit bestimmen, wird die Wirtschaft herausgelöst und zur alles erklärenden Ursache aufgebläht. «Das Gesetz, nach dem die Fatalität der Menschheit abrollt, ist die des Tausches.»[1]

Sowenig eine solche Theorie auch den Tatsachen entspricht, sosehr hat sie doch die Tendenz, daraus Tatsachen zu machen, sobald sie zur herrschenden Ideologie wird. Nicht im Kapitalismus – in dem trotz der verhängnisvollen Omnipotenz der Wirtschaft noch sehr viele andere Faktoren das Leben der Gesellschaft und des einzelnen entscheidend bestimmen –, sondern im Kommunismus erlebt die These von der alles beherrschenden Rolle der Ökonomie ihre in der Tat «fatale» Bestätigung. Was durch die Liquidierung des Kapitalismus beseitigt werden soll, nämlich die Abhängigkeit des Menschen von wirtschaftlichen und sozialen Umständen wird nun erst etabliert. Erst jetzt – nicht etwa vorher – ist der Mensch «das Ensemble der gesellschaftlichen Verhältnisse», denn eine Staatsordnung, die von ihren Bürgern die ständige ideelle und tätige Konzentration auf kollektive Werte und Aufgaben verlangt, muß ein allgemeinverbindliches Reglement durchsetzen, das für die Entfaltung irgendwelcher privaten Bedürfnisse wenig Spielraum läßt. Der Marxismus treibt die tragische Paradoxie idealistischen-rationalistischen Philosophierens und Moralisierens auf die Spitze: da der zukünftige Mensch alles, der gegenwärtige nichts gilt, kommt es zu einer Brutalisierung der Herrschafts- und Erziehungsmethoden, die keine Grenzen und kein schlechtes Gewissen kennt.

Eine Politik auf der Höhe des Selbstverständnisses unserer Zeit ist ebenso verpflichtet, die Forschungsergebnisse aller Wis-

1 Theodor W. Adorno: ‹*Der Positivismusstreit in der deutschen Soziologie*›, Neuwied 1969, S. 94.

senschaften vom Menschen zu nützen, wie sie sich davor zu hüten hat, die Methodik wissenschaftlicher Arbeit zu übernehmen. Sie hat es mit der Ermöglichung von Entfaltung menschlichen Lebens im ganzen zu tun, nicht mit der Erprobung und Durchsetzung aus der Struktur der Gesellschaft vermeintlich oder tatsächlich herauspräparierbarer Modellvorstellungen. Ihr Ausgangspunkt wie ihr Zielpunkt sind die konkreten Inhalte konkreten menschlichen Empfindens und Verstehens, also die Sorge um einzelne Individuen. Sie wird zunächst festzustellen haben, welche institutionellen, sozialen und zivilisatorischen Verhältnisse herrschen, für die ein Programm entwickelt werden soll. Es gibt keine Politik «an sich» für eine Gesellschaft «an sich», sondern immer nur Pläne, Regeln und Einrichtungen, die einer bestimmten Gesellschaft in einer bestimmten Phase ihrer Entwicklung ein Optimum an humaner Lebensgestaltung ermöglichen. Die Frage lautet also: wie kann man möglichst vielen in dieser Gesellschaft unter diesen Umständen lebenden Menschen zu mehr Freiheit, Gerechtigkeit, Sicherheit, Wohlbefinden verhelfen? Und wie können die notwendigen Änderungen so dosiert werden, daß sie nicht mehr neue Übel hervorrufen als alte beseitigen?

Eine solche auf das Wohl vieler einzelner als einzelner bezogene Fragestellung und Programmatik schließt ein, daß man sich eine Vorstellung von den überhaupt erreichbaren «idealen» Zuständen macht; sie schließt aus, daß man beim Anvisieren dieses Ideals die vielschichtig-widersprüchliche und nur begrenzt perfektionierbare Natur des Menschen ignoriert, und sie schließt aus, daß man Gewalt anwendet, solange die Grundbedingungen für einen, wenn auch noch so langsamen Fortschritt gegeben sind: genügend Nahrung, Wohnung und Bekleidung für alle, ausreichender politischer Spielraum, um Reformen vorzuschlagen, zu diskutieren und durchzusetzen.

Mit einer pragmatischen Politik ist auch eine Haltung nicht zu vereinbaren, der es weniger darauf ankommt, Politik wissenschaftlich als vielmehr Wissenschaft politisch zu betreiben. Das liest sich so: «Die Idee wissenschaftlicher Wahrheit ist nicht abzuspalten von der wahren Gesellschaft»[1] und: «Ob, wie Marx lehrte, die kapitalistische Gesellschaft durch ihre eigene Dynamik zu ihrem Zusammenbruch getrieben wird oder nicht, ist nicht nur eine vernünftige Frage, solange man nicht schon das Fragen manipuliert; es ist eine der wichtigsten, mit denen der Sozialwissenschaft sich zu beschäftigen anstünde.»[2]

Diese Art engagierter Soziologie, die in Deutschland durch die sogenannte «kritische Theorie» repräsentiert wird, verdirbt beides: sowohl die wissenschaftliche Möglichkeit, nämlich festzustellen, was tatsächlich ist, als auch die politische Chance, nämlich auf Grund solcher Feststellungen dann ein praktikables Modell zu entwickeln. Es ist Sache der Anthropologie, die Schichten und Strukturen der menschlichen Natur zu beschreiben; es ist Sache der Soziologie darzustellen, wie die verschiedenen Gesellschaften in den verschiedenen Bereichen funktionieren. Es ist weder Sache der Anthropologie noch der Soziologie, sondern Angelegenheit einer politischen Theorie aus den so gewonnenen Daten einen Entwurf zu erstellen, der zeigt, wie nach Lage der Dinge eine bestmögliche Gesellschaft aussehen könnte.

Der Satz von der Idee der wissenschaftlichen Wahrheit, die von der der gesellschaftlichen Wahrheit nicht abspaltbar sei, beschreibt exakt, wie man verfahren muß, um die Gesellschaftswissenschaft auf den (idealistischen) Kopf zu stellen. Was für die «wahre», das heißt ideale Gesellschaft richtig ist, kann nicht aus der Natur der menschlichen Dinge, sondern muß aus der Idee der wahren Gesellschaft abgeleitet werden. Mit einem Wort: soziologische Erkenntnisse sind dann zugleich wissenschaftlich und politisch wahr, wenn sie sich zuvor in einem als wahr gesetzten Modell ausfindig machen lassen. Eine kapitalistische Soziologie würde demnach die Struktur des Kapitalismus nicht einfach zu beschreiben, sondern nachzuweisen haben, daß er so, wie er ist, besser nicht sein kann. Für eine

1 Adorno, a. a. O., S. 36.
2 Adorno, a. a. O., S. 53.

marxistische Soziologie tritt der Zustand des Zusammenfalles von Tatsachenbeschreibung und wahrer Gesellschaft natürlich erst in irgendeiner fernen Zukunft ein: was sie jetzt vorfindet, sind sozusagen falsche Tatsachen. Sie will nicht wahrhaben, daß Wissenschaft, auf den Menschen bezogen, heißt: nach der Natur des Menschen fragen. Das Postulat von der politisch engagierten Wissenschaft entspricht in jedem Aspekt der Argumentation, die viele Jahrhunderte lang für die Selbstverständlichkeit einer theologisch engagierten Wissenschaft und Universität vorgebracht wurde. Zwischen Wissenschaft auf marxistischer und Wissenschaft auf christlicher Grundlage gibt es hinsichtlich der Authentizität solcher Wissenschaft keinen Unterschied. In beiden Fällen trägt man unter Einhaltung eines wissenschaftlichen Rituals Fakten zusammen, die geeignet sind, ein schon vorher festgelegtes Welt- und Menschenbild zu «beweisen». Man behauptet, das Engagement für eine vorgegebene Idee gar nicht vermeiden zu können, weil man nur so der Anwendung wissenschaftlichen Denkens auf jene Dogmen widersprechen kann, die der kritischen Prüfung entzogen werden sollen, zum Beispiel das Dogma vom Zusammenbruch des Kapitalismus (in Adornos gewundenem Feuilletonistenjargon zur «Frage» nach dem möglichen Zusammenbruch der kapitalistischen Gesellschaft verschönt).

Selbstverständlich kann sich ein Sozial- oder Wirtschaftswissenschaftler mit der Frage beschäftigen, wie die Entwicklung des Kapitalismus weitergehen wird. Die Literatur nicht nur der marxistischen Gesellschaftstheoretiker ist voll davon. Wenn dieser Wissenschaftler geneigt ist, die Geschichte als Beweis gelten zu lassen, wird er zugeben müssen, daß sich der Kapitalismus als sehr widerstandsfähig erwiesen hat und weit davon entfernt ist, zusammenzubrechen. Aber auch wenn ihm eine solche Prognose naheliegend scheinen sollte, wird er sich als Wissenschaftler davor hüten, sie für Erkenntnis auszugeben, sondern sich damit begnügen, in seiner Darstellung des Kapitalismus den zu schildernden Fakten ein Nachwort beizufügen, in dem solche wissenschaftlich nicht mehr verifizierbaren Prognosen untergebracht werden. Er kann natürlich auch ein Buch schreiben, in dem er auf Grund der bisherigen Entwicklung des Kapitalismus zu beweisen versucht, daß dieser mindestens noch 1000 Jahre bestehen wird. Dann ist er jedoch nicht mehr Wissenschaftler, sondern ein Mensch, der eine politische Entscheidung getroffen hat und für sie Argumente zusammenträgt. Beides ist legitim – illegitim nur der Versuch, Spekulation als Wissenschaft auszugeben. Was die Grundprinzipen einer kapitalistischen Wirtschaftsordnung angeht, so ist nicht einzusehen, warum sie sich einem sowjetischen Soziologen oder Politologen anders darstellen sollten als einem amerikanischen, der kein Marxist-Leninist ist.

Wenn man so verfährt, wie die «kritische Theorie», betrügt man sich selbst: das, was als eine Art objektiv-moralistischer Imperativ aus dem Studium der Gesellschaft herausgeholt wird, ist das, was man zuvor hineingelegt hat. Wenn die wahre Geschichte die Negation der bisherigen «naturwüchsigen» Geschichte ist, versteht es sich von selbst, daß das Tauschprinzip nur abgelehnt, nicht aber wirklich untersucht werden kann. Wer glaubt, daß die wahre Gesellschaft eine Gesellschaft ohne Klassen und Herrschaft ist, kann an Hand eines solchen Modells nun frohgemut zu einer kritischen Beschreibung aller bisherigen Geschichte schreiten und dabei zu höchst geistvollen und interessanten Überlegungen kommen – nur hat das weder etwas mit Wissenschaft noch mit Wahrheit zu tun. Es ist Spekulation, Literatur, «fiction», sich uferlos türmende Gedanken – Begriffs- und Wortgebilde, die nichts beweisen als die Fähigkeit menschlichen Geistes, alles denken und alles Gedachte intellektuell befriedigend kombinieren zu können. «Der neue Wissenschaftsbegriff, der uns da präsentiert wird, ist ein Hirngespinst utopischer Träumer, die ihren Tagträumen das Prestige wissenschaftlichen Denkens verschaffen wollen.»[1]

Während es das Kennzeichen aller Wissenschaft ist, histo-

1 Hans Albert: ‹*Aspekte eines modernen Kritizismus*›, in: ‹*Soziologie zwischen Theorie und Empirie*›, München 1970, S. 90.

risch und deskriptiv zu verfahren, das heißt das zu untersuchende Objekt einerseits aus den zeitlich voraufgehenden, andererseits aus den zur Zeit der Untersuchung herrschenden Zuständen zu erklären, ist die marxistische Gesellschaftswissenschaft gezwungen, das Wesen des Menschen aus einer Theorie seiner zukünftigen Vollendung abzuleiten. Wenn wir wissen wollen, wie wir die gegenwärtigen Verhältnisse einzuschätzen und uns zu verhalten haben, können wir nicht auf unsere Kenntnisse von der Entstehung und Entwicklung des Menschen und der menschlichen Gesellschaft zurückgreifen, sondern müssen von dem ausgehen, was sich in der Zukunft als Wesen des Menschen erst herausstellen wird.

Wie für die Christen der ersten Jahrhunderte, die die Wiederkehr des Jesus von Nazareth und damit das Ende der Zeiten erwarteten, ist auch für die Marxisten die bisherige Geschichte Durchgangsstadium ohne eigenen Wert und Sinn. Und es ist in dieser Sicht nicht inhuman, sondern höchst moralisch, den Men-
Lebens herauszureißen, die gewachsene natürliche Kontinuität seines Lebens aufzubrechen und abzubrechen. Es gelten nicht mehr Familienbande, nicht mehr überkommene Verpflichtungen und Gesetze, es gilt nur noch das Gesetz der Revolution: Das Bestehende mit allen Mitteln aufzuheben und einen ganz neuen Anfang zu setzen.

7

Der ganze und der einzelne Mensch

Wir haben festgestellt, daß den traditionellen Ethiken ein Erfolg nicht beschieden war. Es ist nun hinzuzufügen, daß sich dennoch ein Fortschritt sowohl hinsichtlich der Entwicklung des allgemeinen sittlichen Empfindens als auch in bezug auf gesellschaftlichen Einrichtungen, die eine moralische Einstellung ebenso voraussetzen wie befördern, nicht übersehen läßt. Es gibt noch Sklaverei auf der Welt, aber niemand mehr wird auf den Gedanken kommen, sie als natürlich und sittlich zu verteidigen. Es gibt noch die Ausrottung des andersgläubigen oder andersrassigen Gegners überall auf der Welt. Aber niemand mehr wird es heute wagen, sie als gottwohlgefällig und moralisch auszugeben. Es gibt soziales Elend genug auch in den westlichen Ländern. Aber niemand wird Armut und Not als wünschenswert und als Element einer ethischen Ordnung verteidigen. Noch Kant und Schopenhauer hielten die Frau für ein menschliches Wesen minderen Ranges. Es gibt auch heute noch Anhänger dieser Meinung. Aber selbst die, die sie vertreten, bemühen sich, aus dem Rangunterschied einen bloßen Wesensunterschied zwischen «an und für sich» gleichberechtigten Variationen des Menschen zu konstruieren.

Und alle diese Einschätzungen haben ihren Niederschlag nicht nur in allgemeinen Forderungen gefunden, sondern auch in entsprechenden Gesetzen und Einrichtungen.

Dieser effektive Fortschritt des sittlichen Empfindens und Verhaltens ist nun aber keineswegs auf den Einfluß der philosophischen und religiösen Moral, sondern auf ganz andere geschichtliche Ereignisse und Bewegungen zurückzuführen. Das Zeitalter der demokratischen Ideen und der technisch-zivilisatorischen Errungenschaften hat ihn hervorgebracht; oft genug gegen den Widerstand der herrschenden philosophischen und theologischen Lehren.

Der stärkste Motor des Fortschritts waren nachweislich 1. die sich aus den geschichtlichen Erfahrungen der Menschen heraus verbreitende Überzeugung, daß jeder Mensch – gleich welcher Herkunft oder welchen Glaubens – Anspruch auf Teilhabe an allen materiellen und geistigen Gütern dieser Welt hat, und 2. die Entstehung der industriellen Massengesellschaft, die ihrem eigenen Gesetz entsprechend die technischen Voraussetzungen für die Verteilung aller Lebensgüter an alle schuf.

Wenn wir es für erwiesen erachten, daß die traditionellen Ethiken – die Sklaverei und Ketzerverbrennung und Verherrlichung der Armut mit einbegriffen haben – von einer Zivilisationsmoral unterlaufen wurden, deren Entstehung unabhängig von philosophischen oder theologischen Spekulationen über «das Gute» stattfand, so sind wir damit auf ein entscheidendes Kriterium politischen Fortschritts gestoßen. Eine haltbare Humanisierung der zwischenmenschlichen Beziehungen und der Institutionen, die diese Humanisierung garantieren, ist das Resultat eines Wechselspiels zwischen Theorie und Praxis, den man mit kybernetischen Begriffen beschreiben kann. Die sich mit der Anhäufung geschichtlicher Erfahrung, mit dem Fortschritt von Wirtschaft, Technik und der Kunst des Zusammenlebens entwickelnden Bedürfnisse des Menschen finden ihren Niederschlag in entsprechenden Systemen; diese heben das Erfahrungsmaterial durch intellektuelle Bearbeitung auf eine höhere Stufe; die so entstehenden Theorien wirken ihrerseits auf Bedürfnisbildung und Verhalten zurück usw. usw.

Zwischen Sein und Bewußtsein findet also ein ständiger Austausch von Informationen statt, entsteht ein Regelkreis, der auch die «Rückkoppelung» mit einbezieht: die Reaktion der Menschen signalisiert dem sie bestimmenden Programm Fehler, die korrigiert werden müssen, damit das System als Ganzes stabil bleibt. Die Dynamik des Systems Gesellschaft ist dadurch gegeben, daß der Mensch «lernt» und seine Kenntnisse nicht nur an seine Zeitgenossen, sondern auch an die nächste Generation weitergibt.

Solange und soweit der Informationsprozeß zwischen Sein und Bewußtsein funktioniert, definiert der Mensch also durch seine Geschichte, was für ihn gut ist. Die traditionellen Idealismen wie der moderne in Gestalt des Marxismus lassen sich als Störungen des gesellschaftlichen Regelsystems begreifen. Das Bewußtsein verliert die Verbindung zum Sein und macht sich selbständig. Die Theorie verarbeitet nicht mehr die ihr von den Reaktionen der Menschen zukommenden Informationen, sondern ist nur noch mit sich selbst beschäftigt; sie verliert die Fähigkeit, zwischen Möglichem und Unmöglichem zu unterscheiden. Wenn aber die Theorie nicht mehr eine Antwort auf die Bedürfnisse des Menschen, sondern nur noch auf die Bedürfnisse der Theorie selbst ist, wird ein solches System unstabil und kann nur noch mit Gewalt funktionsfähig gehalten werden.

Setzt man an die Stelle des Selbstverständnisses einer Zeit als Ausgangselement des kybernetischen Prozesses die Produktionsverhältnisse, so ist das Resultat auf der Seite der Theorie und Programmatik die bejahende Spiegelung oder die Verneinung dieser Produktionsverhältnisse – in unserem Fall also die kapitalistische oder die marxistische Ideologie. Was ich auf diese Weise nicht erhalte und was auf diese Weise nicht zur Wirkung kommt, ist das, was in den Menschen – außer der Tatsache, daß sie in kapitalistischen Verhältnissen leben und diese Verhältnisse sich negativ oder positiv in ihrem Bewußtsein spiegeln – sonst noch vor sich geht; welches ihre Vorstellungen von sich im ganzen sind. Nur dieses umfassende Selbstverständnis aber kann ein Programm liefern, das rückwirkend alle Elemente menschlicher Existenz aktiviert.

Es ist der Sinn einer humanen Gesellschaftsordnung, daß die Menschen, die jetzt leben und heranwachsen, die Chance haben, ohne äußere Not und innere Bedrängnis soviel wie möglich aus ihrem Leben zu machen: aus den Talenten und Bedürfnissen, die sie – ob durch Natur gegeben oder durch Umwelt geprägt – in sich vorfinden. Soweit damit anderen nicht Schaden zugefügt wird, sind zunächst alle Eigenschaften legitim: Ehrgeiz, Besitzstreben, Eitelkeit, Bequemlichkeit, Essen und Schlafen, Arbeiten wie Nichtstun, Sexualität wie Intellektualität, körperliche Arbeit wie Tagträumen, über Gott nachdenken oder nicht über Gott nachdenken. Jeder Mensch hat das Recht, alle seine Wünsche und Anlagen entsprechend seinen eigenen Vorstellungen zur Entfaltung zu bringen; niemand hat das Recht, ihm etwas mit dem Argument zu verbieten, es handle sich um die Folgen «falschen Bewußtseins». Was gilt, ist das Bewußtsein desjenigen, der es hat – denn niemand anders kann für ihn Bewußtsein haben.

Den konkreten Menschen wollen heißt also den *ganzen* Menschen wollen und ihn als einzelnen wollen: nicht nur alle seine Schichten aktualisieren, sondern gerade auch das aktualisieren, was die Kombination dieser Schichten und ihre Abweichung von der Norm zu einem Einzelfall macht.

Politik, die die Natur und Geschichte des Menschen ernst nimmt – und darin besteht «Humanität» –, hat äußere Bedingungen zu schaffen, die es allen Menschen erlauben, sich als ganze und als einzelne zu entfalten. Eine solche Politik ist nicht aus Mangel oder Irrtum «formal», sondern weil die Aufgabe, die sie sich stellt, dies verlangt. Sie will nicht diese oder jene Eigenschaften, diesen oder jenen Menschentyp züchten, sondern allen Eigenschaften und Individuen eine Chance geben. Die Naturwissenschaften benützen wir, um etwas zu erreichen, was außerhalb der den natürlichen Objekten eigenen Zielen liegt: Wasser, das ein Kraftwerk betreibt, Kühe, die viel Fleisch oder viel Milch oder beides liefern. Die Züchter sind weder an einer dem Wesen der Kuh entsprechenden harmonischen Entfaltung aller ihrer Anlagen noch gar am Wohlbefinden einer bestimmten Kuh interessiert. Ideologen verfahren gleichermaßen mit dem Menschen: weder wollen sie ihn entfalten, wie er ist, noch interessiert sie das «kleine Glück» des einzelnen. Sie wollen ihn zu bestimmten Verhaltensweisen bringen und die individuellen

Abweichungen von der Norm möglichst einschränken.

Der Mensch ist aber nicht Züchtungsobjekt der anderen Menschen. Er ist sich selbst Zweck. Politik hat die Einrichtungen und Regulative bereitzustellen, die es möglichst vielen Menschen erlauben, sich selbst zum Zweck zu setzen. Die Entwicklung dieser Auffassung von Politik haben weder die rechten noch die linken Doktrinäre verhindern können. Sie fand ihren Niederschlag in der Idee und Praxis der Demokratie, die das konkrete Individuum erstmals bewußt in den Mittelpunkt stellte. Die ungeheure Kraft, die die demokratische Idee entfaltet hat und immer noch entfaltet, ist im Zusammenfallen des physiologisch gegebenen mit dem nunmehr verinnerlichten und bewußt gewollten Individualismus begründet. «Wirklich» war immer schon nur das, was im Empfinden und Bewußtsein des einzelnen vor sich ging – bis in die Neuzeit hinein aber waren diese subjektiven Vorgänge von kollektiven Mythen bestimmt. Der einzelne verarbeitete Wert- und Sollvorstellungen, denen er sich unterwarf, die er aber nicht als seine eigenen empfand. Nun aber will er nur noch den eigenen Einsichten folgen. Natürlich übernimmt er weiterhin schon vorhandene Vorstellungen, aber er akzeptiert sie nur, wenn er sie sich aus Überzeugung zu eigen gemacht, aus freiem Entschluß in seinen Willen aufgenommen hat.

Das Postulat: «Jeder nach seinen Fähigkeiten, jedem nach seinen Bedürfnissen», dessen Realisierung die Marxisten in eine ferne Zukunft verlegen, um sich seinen Konsequenzen in der Gegenwart entziehen zu können, hat längst den Gang der geschichtlichen Entwicklung im westlichen Teil der Welt bestimmt. Die Entwicklung der Demokratie und der demokratischen Ideen zeigt die progressive Funktionsfähigkeit des gesellschaftlichen Regelsystems – wenn man es funktionieren läßt. Was sich von der Bill of Rights, der Erklärung der Menschen- und Bürgerrechte und den Verfassungen der westlichen Staaten bis zur UN-Charta an Ideen formuliert findet, ist nicht eine utopische pseudowissenschaftliche Theorie, sondern der Niederschlag von Erfahrungen, die Menschen und Völker im Laufe ihrer Geschichte gemacht haben.

Wenn man sich vergegenwärtigt, welche verschiedenen politischen, sozialen, weltanschaulichen und religiösen Ideen durch die in den Vereinten Nationen vertretenen Staaten repräsentiert werden, muß man die Tatsache, daß sich alle diese Staaten auf die Proklamation bestimmter Völker-, Menschen- und Bürgerrechte geeinigt haben, erstaunlich nennen. Sie ist nur zu erklären, wenn man annimmt, daß die Wünsche der Menschen unseres Zeitalters von den Umständen, unter denen sie zu leben gezwungen sind – seien es noch feudale, seien es kapitalistische oder kommunistische –, weitgehend unabhängig und identisch sind.

Die Menschen wissen durchaus, was gut für sie ist. Sobald die Diktaturen die Zügel lockern und das Volk zu Wort kommt, stellt sich der kybernetische Rapport sogleich wieder her: der offizielle Überbau erweist sich als Felsbrocken, der die Basis nicht überwölbt, sondern plattgedrückt hat und nun als Ballast beiseite geschoben oder gesprengt wird.

Wenn also etwas Realität ist, dann die Existenz eines Menschenbildes, dem wir alle zustimmen. Seine Charakterzüge lassen sich in allen demokratischen Verfassungen aus dem Katalog der sogenannten Grund- und Persönlichkeitsrechte ablesen: Achtung vor der Würde des Menschen, Recht auf Selbstbestimmung, auf Leben, Unversehrtheit, Arbeit, Bildung, Fürsorge, auf gleiche Chancen und gleiche Rechte, auf Religions-, Meinungs-, Informationsfreiheit.

Die Konzeption, die der demokratischen Ethik zugrunde liegt, ist am konkreten Wohl des ganzen und des einzelnen Menschen orientiert. Die traditionellen Ethiken, die den feudalen und autoritären Gesellschaftsordnungen zugrunde liegen, haben philosophisch und theologisch begründete Gebotstafeln verfaßt und für sittlich ein Verhalten erklärt, das sich diesen von außen verordneten Geboten gegenüber gehorsam zeigt. Es ging also um die Übereinstimmung zwischen dem Verhalten des Menschen und den sittlichen Prinzipien, die ihm auferlegt werden, was eine weitgehende Einschränkung der persönlichen Bedürfnisbefriedigung zur Folge hat. Den in der Intention gleichen, in der Konsequenz weit rigoroseren Effekt haben die neuidealistischen Systeme kommunistischer Provenienz. Nach der Revolution, die von einem Rausch an Freiheitsparolen begleitet zu sein pflegt, kommen plötzlich wieder die Tugenden aus der feudalen Zeit zu Ehren: Dienst, Pflicht, Opfer – jene Tugenden also, die die Situation des Menschen in einer sein Selbstbestimmungsrecht verneinenden Ordnung kennzeichnen. Wenn Gehlen zur Charakterisierung der von ihm empfohlenen konservativ-autoritären Systeme schreibt: «... der jedermann zugängliche Weg zur Wahrheit sei, sich von den Institutionen konsumieren zu lassen, mit einem Wort: Dienst und Pflicht»,[1] so gilt diese Grundforderung noch sehr viel nachdrücklicher für ein «würdiges» Leben in der kommunistischen Gesellschaft.

Im Gegensatz dazu besteht die Würde des aufgeklärten Menschen – mag er nun wirklich objektiv aufgeklärt sein oder es nur subjektiv meinen – darin, sich von den Institutionen nicht konsumieren zu lassen, sondern sie zu respektieren und – zu benützen. Eine pragmatisch-humane unterscheidet sich von einer idealistisch-kollektivistischen Ethik dadurch, daß sie nicht das Wohl einer Institution – Kirche, Staat, Klasse, Partei –, sondern das Wohl konkreter einzelner Menschen meint.

Es ist natürlich nicht so, daß die traditionellen Ethiken etwa nur aus Geboten bestünden, die im Gegensatz zu einer personalistischen Moral stehen. Sie enthalten vielmehr beides: Gebote, die das Wohl des Menschen im Auge haben – auch wenn dies auf dem Umweg über göttliche oder ideelle Satzungen geschieht –, und Gebote, die ihn auffordern, sich einem Prinzip zu opfern, das seinen Wert angeblich in sich selbst trägt. Eine humane Ethik wird also keineswegs in die Lage kommen, alle bisherigen sittlichen Normen zu leugnen, sondern sie wird lediglich jene Prinzipien auszusondern haben, die dem heutigen Selbstverständnis des Menschen nicht entsprechen und seinem Wohl nicht dienen.

1 Arnold Gehlen, a. a. O. S. 160.

Das recht verstandene «Wohl des Menschen» schließt den Verzicht auf augenblickliche und primitive zugunsten späterer und subtilerer Güter ausdrücklich ein. Was sie ausschließt, sind nicht Verzicht, Bescheidung, Selbstdisziplin und «Frustration», also eine Rangordnung der Bedürfnisse, sondern sind Gebote, die der «mündige Mensch» nur als Unterwerfung unter ein ihm von außen aufgezwungenes Prinzip, nicht aber als eine aus eigener Überzeugung und in freier Entscheidung selbst auferlegte Pflicht erleben kann.

Alle idealistischen und institutionalistischen Gebotsethiken konservativer wie progressiver Art übersehen, daß der Anspruch des Menschen auf Selbstbestimmung – einmal erreicht und erhoben – nicht zurückgenommen werden kann. Und sie übersehen, daß diese auf den konkreten Menschen «als ganzen und als einzelnen» bezogene Selbstbestimmung nicht überhaupt kein, sondern nur ein anderes System von Freiheit und Bindung konstituiert. Es ist richtig, daß für eine konkretistische Ethik alle Fähigkeiten und Bedürfnisse zunächst gleichermaßen legitim sind (jedenfalls soweit sie nicht unmittelbar das Daseins- und Entfaltungsrecht anderer Individuen bedrohen oder gefährden): egoistische wie altruistische, körperliche wie spirituelle, aber es ist ebenso richtig, daß es eine gleichzeitige, gleichartige und gleichwertige «Vereigenschaftung» (Gehlen) aller sich im Menschen vorfindenden Möglichkeiten gar nicht geben kann. Jeder Mensch setzt vielmehr – bewußt oder unbewußt – «Prioritäten», und die ganze Diskussion läuft schließlich auf eine einzige Frage hinaus: kann der Mensch aus sich selbst heraus, aus seiner Natur, seinem Wesen eine solche allgemeinverbindliche Prioritäten- oder Rangliste entwickeln, und ist er imstande – wenn er sie formuliert hat –, sie auch sich selbst gegenüber durchzusetzen?

Wenn man Politik, Ethik und Pädagogik auf den konkreten Menschen, sein Recht und seine Fähigkeit zur Selbstbestimmung abstellt, ergibt sich eine tiefgreifende Umorientierung des «idealistischen» Tugendkatalogs, auf den sich konservative wie revolutionäre Moralisten berufen. Man muß sich entscheiden zwischen jenen Tugenden, die auf der Autonomie der einzelnen Person beruhen und jenen anderen, die ihren Bezugs- und Zielpunkt in der Bindung an eine Gruppe oder Institution haben. Wahrhaftigkeit, Rechtlichkeit und Redlichkeit, Toleranz und Verständnisfähigkeit, Kompromißbereitschaft und Besonnenheit sind nur zu praktizieren, wenn sie sich auf das Verhalten des einzelnen zu anderen einzelnen beziehen. Sobald ein religiöser Glaube oder ein politisches Bekenntnis, eine Institution wie der Staat oder die Partei die höchsten Werte verkörpern, sind die primären Tugenden Gehorsam, Gesinnungs- und Parteitreue, Pflichterfüllung, Opferbereitschaft und ist die Praktizierung der personalen Tugenden jederzeit als Verrat denunzierbar.

8
Humanität ohne Gott und ohne Marx

Wenn der Mensch mündig, das heißt sein politisches Bewußtsein personales Selbstbewußtsein wird, verändert sich auch das Beziehungssystem, in dem er lebt. Sein Gegenüber können nur die einzelnen andern sein – alle einzelnen anderen, wo immer sie leben, zu welchem Volk, welcher Rasse, welcher Religion sie gehören mögen. Damit sind Staaten, Rassen, Klassen, politische und religiöse Glaubensgemeinschaften nicht aus der Welt geschafft, aber sie sind keine letzten Einheiten, sondern historisch und politisch bedingte, nach Zweck und Anspruch begrenzte, den einzelnen nur partiell bindende Imperative, die die personalen Werte prinzipiell nicht außer Kraft setzen können.

Selbst in jenen Fällen, in denen der einzelne bereit sein muß, sich in Verteidigung seiner Lebensinteressen einer kollektiven Führung zu unterwerfen, wird er diesen Dienst nur so lange und so weit leisten, als die Abwehr der unmittelbaren Gefahr dies erfordert. Man kann in einen Krieg ziehen, ohne ihn für einen «Heiligen Krieg» und die Angehörigen der feindlichen Macht für Untermenschen zu halten. Nur dort, wo die eigene Gruppe die alleinige Wahrheit zu verkörpern behauptet, also anläßlich von Glaubenskriegen, kommt es zu jenem Fanatismus, für den die Feinde auszurottendes Ungeziefer sind.

Wenn die totale Identifikation mit der eigenen Gruppe erfolgt, zerbricht die menschliche Solidarität und treten die elementarsten, innerhalb jeder Art funktionierenden Schonungsinstinkte außer Funktion. Bekanntlich bringen entschieden Gläubige auch die eigene Familie ins Zuchthaus, wenn gegenüber der höchstwertig gewordenen Gesinnungs- und Gruppentreue die menschlichen Bindungen nicht mehr tragen. Die Geschichte des Christentums, des Faschismus und des Kommunismus ist voll von Beispielen für die jede Humanität zersetzende Kraft von Eiferertum. Der Vergleich von Christentum und Marxismus ist mehr als eine Analogie in polemischer Absicht. Während alle Faschismen zwar die gleichen oder noch schlimmere Demoralisierungserscheinungen zeigen, aber historisch zu einer ganz anderen Kategorie gehören, kehrt mit dem Marxismus jene missionarisch-eschatologische Gläubigkeit wieder, die die Christen viele Jahrhunderte lang dazu gebracht hat, Verbrechen für Wohltaten zu halten. Selbst unter Umständen, die ihnen Ketzerverbrennungen und Glaubenskriege nicht erlauben, sind dogmatische Christen wie dogmatische Marxisten gesprächsunfähige monomane Eiferer, im Besitz des alleinseligmachenden Wissens, gegen jeden «Ungläubigen» voller Feindseligkeit und Arroganz. Da ihre ganze Libido in den Glaubensakt eingebracht wurde, entbehrt noch die harmloseste Begegnung einer unbefangenen Mitmenschlichkeit.

Nach dem Zusammenbruch des christlichen Absolutismus tauchen dessen Ansprüche fast unverändert im Marxismus wieder auf: unbezweifelbare Kenntnis des Verlaufs und des Ausganges aller Geschichte. Unfehlbarkeit der daraus resultierenden Entscheidungen, Gehorsamsforderung auch gegen vernünftige Bedenken und humane Regungen, Nichtachtung des menschlichen Glücksverlangens, Projektion der Erlösung in eine sich nie ereignende Zukunft und Postulierung eines Katalogs von Ge- und Verboten, die das gesamte Leben nach festen Prinzipien reglementieren. Während aber die christliche Lehre immer liberaler wird und werden kann, indem sie dem «Nächsten» den Vorzug vor den Dogmen gibt, ist der Marxismus dazu verurteilt, zum Fundamentalismus und zur Orthodoxie zurückzukehren. Religionen sind auch nicht auf Gedeih und Verderb auf diese oder jene gesellschaftliche Ordnung angewiesen, sondern können ins Karitative und Transzendente ausweichen. Heilslehren wie der Marxismus sind jedoch – als politische Programme – so unmittelbar auf die Rechtfertigung durch die gesellschaftliche Praxis angewiesen, daß die immer wieder notwendige Disziplinierung dieser die Dogmatisierung jener erzwingt. Ein Heer von scholastischen Ausdeutern der heiligen Schriften des Marxismus-Leninismus ist ständig damit beschäftigt, entweder den totalitären Etatismus bestehender kommunistischer Systeme oder die revolutionäre Zerstörung der noch nicht kommunistischen Gesellschaften zu rechtfertigen.

Was den totalitären Systemen immer wieder eine Chance gibt und die liberalen ebensooft gefährdet, ist der tief und fest sitzende Wunsch des Menschen nach Geborgenheit in einer klar überschaubaren, gut und böse, Freund und Feind genau bezeichnenden Ordnung. Faschismus wie Kommunismus zeigen, wie schnell und vollständig der Mensch wieder ins Horden- und Herdenhafte zurückfallen kann, wenn materielle und geistige Unsicherheit ein bestimmtes Maß überschreiten. Dabei täuscht in der marxistischen Konzeption der hohe Abstraktionsgrad der theoretischen Erörterung Subtilität bei der Behandlung menschlicher Dinge nur vor. Das Klassenkampf-Schema läßt diejenigen, die es verinnerlichen, sogleich auf die Stufe archaischer Brutalität regredieren. Die totale Identifizierung mit der Gruppe führt sogar zu einer äußersten Verschärfung der Aggressionen, da der Klassenkämpfer im allgemeinen isoliert ist und die humanisierende Wirkung des alltäglichen Lebens in der Gemeinschaft, der er sich ideologisch zugehörig fühlt, fehlt. Er ist gezwungen, ständig unter seinen «Todfeinden» zu leben. Das «Reflektieren» dieser eingebildeten Freund/Feind-Situation kann sich auf höchster gedanklicher Ebene vollziehen; da die Intellektualität des marxistischen Klassenkämpfers sich längst von seiner übrigen Existenz abgelöst hat und keine persönlichen Erfahrungen mehr verarbeitet, ist sie für den moralischen Reifungsprozeß nur noch von negativer Bedeutung. Die Persönlichkeitsbildung stagniert oder wird rückläufig.

Bemerkenswerterweise – aber auch erwartungsgemäß – spielt bei dieser demoralisierenden Herauslösung des Bekenners aus den natürlichen sozialen Bindungen der Inhalt seines

Bekenntnisses gar keine Rolle. Auch wenn dieser Inhalt eine Botschaft der Liebe ist, versteht der Gläubige seinen Auftrag nicht darin, zu lieben, sondern vielmehr neue Bekenner zu gewinnen – auch auf sehr unliebenswürdige Art. Die im dogmatischen Sinn gläubigsten Christen wie Marxisten sind zugleich diejenigen, die die unmenschlichsten Taten zu tun fähig sind. Moral besteht für sie nicht im rechten Tun, sondern im rechten Denken.

Aber auch dann, wenn die ideologische Bindung an eine Glaubensüberzeugung gelöst ist, stellen sich zwar sogleich wieder die normalen moralischen Bedürfnisse und Hemmungen ein, läßt sich jedoch nicht erkennen, daß es einen unmittelbar wirksam werdenden Zusammenhang zwischen den ideellen Inhalten eines Glaubens und dem Verhalten der Gläubigen gibt. Natürlich lassen sich aus allen religiösen, weltanschaulichen, philosophischen und politischen Konzepten – auch dann, wenn sie eine spezielle Ethik nicht formulieren – kongruente moralische Ideen ableiten. Das tatsächliche Verhalten bestimmen aber diese ausgesprochenen oder unausgesprochenen Ethiken nur so weit, als sie mit den Normen und Realisierungsmöglichkeiten der natürlichen und geschichtlich wirksam werdenden Individual- und Sozialmoral übereinstimmen. Sie bringen diese nicht hervor, sondern begleiten sie nur.

Ein rechtes, das heißt humanes Handeln kann durch Glaubensüberzeugungen zwar entscheidend gefördert oder gehemmt werden, ist aber prinzipiell auf keine religiösen oder politischen Anschauungen angewiesen. Auch nicht auf «richtige» Anschauungen. Das ist alles andere als beklagenswert. Denn nur auf Grund dieses Sachverhaltes ist die Beantwortung der Frage, ob ein Mensch, ein Volk, eine Kultur human sein könne, nicht vorentschieden durch den möglicherweise falschen Glauben, dem sie anhängen. Nur dieser Tatbestand läßt überhaupt ein Gespräch zwischen verschiedengläubigen Menschen zu – macht es möglich, daß sie sich über vorletzte Fragen verständigen können. Wenn wir ganz von unserem Glauben geprägt wären, wären wir einander ganz fremd und feindlich. Wir würden die Fähigkeit verlieren – wie es bei doktrinär Gläubigen der Fall ist –, zu Menschen einer anderen Grundüberzeugung auch nur die geringsten positiven Beziehungen herstellen zu können.

Der Mensch ist nur in einem sehr beschränkten Maße und nur in einer sehr mittelbaren Weise das Produkt der Programme, die er bekennt. Er ist alles andere als ein einheitliches und eindeutiges, von einem «geistigen» Zentrum aus agierendes und zu verstehendes Wesen. Er ist widersprüchlich, brüchig – wie immer man seine disparate Natur charakterisieren will. Sein Verhalten wird zunächst und vor allem durch Antriebe, Bedürfnisse, Konflikte bestimmt, die in seinem Wesen und seiner Geschichte vorgegeben sind. Dies ist die Basis aller gelebten Humanität – nicht die Theologie, Philosophie oder Politologie, zu der eine Kultur oder ein Individuum sich bekennen. In solcher, für Glaubensgläubige (zu denen nicht nur Christen und Marxisten, sondern auch alle Arten von rigoristischen «Ungläubigen» zu zählen sind) schwer akzeptablen anthropologischen und historischen Verwurzelung aller Humanität liegt ihre Chance gerade in einer von allgemeinverbindlichen Glaubenskonventionen nicht mehr zusammengehaltenen Welt. Es wären sonst alle Völker, die nach Reformation und Gegenreformation das Prinzip des cuius regio eius religio aufgeben mußten, in einen anarchischen Zustand geraten. In Wirklichkeit begann sich erst mit der Trennung von Gesellschaft und Staat und von Staat und Religion ein wirkliches Solidaritätsgefühl zwischen Menschen gleicher Sprache, dann gleicher Kultur und dann allen Menschen zu entwickeln. Erst die vom Totalitätsanspruch ihrer Konfessionen befreiten Menschen konnten in den Angehörigen anderer Bekenntnisse sich selbst erkennen.

Für das persönliche Leben eines jeden von uns, für unsere Innenansicht, sind die Zusammenhänge, in die wir gedanklich und gefühlsmäßig unsere Taten und Wünsche stellen, unter Umständen wichtiger als diese Taten selbst; für das Urteil, das wir uns täglich selbst sprechen, ist es gewiß entscheidend, ob wir die Welt christlich oder buddhistisch oder liberalistisch oder marxistisch interpretieren. Und jeder, der sich zu einer solchen Deutung bekennt, hält seine Interpretation wenn nicht für allein richtig, so doch für richtiger als andere Deutungsversuche. Er kann versuchen, die anderen von seinem Glauben zu überzeugen, aber er wird ihnen, bevor sie sich nicht freiwillig bekehren lassen, zugestehen müssen, daß seine Überzeugung von der einzigartigen Richtigkeit dieses Glaubens für sie keine Bedeutung hat.

Vorstellungen vom Gesamtzusammenhang der Welt und der menschlichen Dinge sind ein wesentliches Element bewußter menschlicher Existenz. Auch wer sie nicht artikulieren und in ein System bringen kann, hat das Bedürfnis nach einer, wenn auch noch so beschränkten Sinngebung seines Tuns und Treibens auf dieser Welt. Diese Sinngebung ist für den einzelnen – soweit er sich nicht weiterhin mit der Übernahme hergebrachter Konzepte begnügt – immer schwieriger geworden.

Dabei zeigt sich eine bemerkenswerte Korrespondenz zwischen zwei Vorgängen, die unmittelbar gar nichts miteinander zu tun haben. Das, was man Aufklärung nennt, jener Prozeß also, der dem Menschen nach und nach einen immer genaueren Aufschluß über die tatsächliche Beschaffenheit der Dinge und über die tatsächliche Beschaffenheit der eigenen Natur gibt, trifft in der Neuzeit mit dem sich durch die rasche Entwicklung der Informations- und Kommunikationsmittel zwangsläufig ergebenden Sichtbarwerden aller frühen und fremden Kulturen zusammen. Es stellt sich heraus, daß der Mensch nicht nur potentiell sehr viel mehr Talente und Bedürfnisse hat als diejenigen, die ihm die Kultur, in der er sich vorfindet, auszuleben erlaubt, sondern es zeigt sich nun, daß all die verschiedenen Weisen, das Dasein zu sehen und zu bestehen, zu bewerten und zu gestalten, irgendwann und irgendwo schon einmal verwirklicht worden sind. Vorstellungen, Empfindungen und Handlungen, die der überkommenen Tradition fremd oder gar feindlich erscheinen, erfahren ihre Rechtfertigung durch die Tatsache, daß ganze Völker und Völkergruppen jahrhunderte- oder jahrtausendelang gerade eben in dieser Weise gelebt, gedacht und gefühlt haben.

Es gibt keine von außen kommenden Glaubens- oder Kulturformen, die den heutigen Menschen so und nicht anders prägen. Alle seine inneren Möglichkeiten können unabhängig und gegen die herrschenden Konventionen aktualisiert werden. Weltanschauungen und Verhaltensweisen zeigen sich ihm als lebbare Möglichkeiten, die den Normen, in denen er aufgewachsen ist, widersprechen. In bezug auf seine private Existenz kann er nicht nur, sondern muß er wählen.

Der Begriff «Pluralismus» meint eben dies: die bewußte Aktualisierung der Besonderheiten jeder menschlichen Person. Aus der durchaus vielfältig gegliederten sozialen Struktur eines ständischen Staates wird eine pluralistische Gesellschaft, wenn die Individuen aus der Bindung an einen bestimmten Glauben und eine bestimmte Rolle entlassen werden. In diesem Augenblick wird aus der hierarchischen Schichtung ein egalitäres Nebeneinander von Individuen und Gruppen, die gleichwertig und gleichberechtigt nebeneinander zu stehen wünschen. Und es spielt dabei keine Rolle (man muß dies immer wieder betonen), daß dem subjektiven Anspruch auf Selbstbestimmung oft nur eine sehr mangelhafte Fähigkeit dazu entspricht. Die Gesellschaft muß für politische, soziale, wirtschaftliche und kulturelle Zustände sorgen, die den Menschen zur Selbstbestimmung fähig oder doch fähiger machen. Auch und gerade das Bewußtsein, das der Mensch von sich selbst, seiner Rolle, Funktion, Bedeutung hat, unterliegt einer nicht umkehrbaren Entwicklung. Man kann das einmal erreichte Niveau des Selbstverständnisses in Ausnahmesituationen wie Kriegen oder Revolutionen gründlich abbauen, aber mit der Rückkehr in den normalen Zustand einer Gesellschaft stellt es sich sofort wieder her.

«Liberalismus», «Individualismus», «Pluralismus», diese Schlag- und Stichworte der Moderne, meinen, daß die Menschen fortan nur dann menschlich miteinander leben können, wenn sie sich gegenseitig erlauben, ihre verschiedenen Überzeugungen, Wünsche, Hoffnungen, Lebensweisen zu haben und zu äußern. Während in einer monokratischen Kultur auch bei großer sozialer und individueller Vielfalt alle einzelnen und alle Klassen und Stände in ein festgefügtes, allgemeinverbindliches System von übergeordneten Werten und Aufgaben eingebunden sind, liegt der Akzent in der liberalen, individualistischen, pluralistischen Gesellschaft auf der Möglichkeit – ja dem Zwang –, sich zu voneinander abweichenden Leitbildern, Wertvorstellungen und Verhaltensweisen zu bekennen. Daß es oberhalb der politischen, rechtlichen und zivilisatorischen Konventionen keine allgemeinverbindlichen Werte geben darf, ist der Kern einer demokratischen Verfassung.

Wie schwer es dem allgemeinen Bewußtsein immer noch fällt, dieses Faktum zu realisieren, läßt sich an Hand einer Betrachtung des Begriffes zeigen, der die Fragen nach dem «Gemeinsamen» am skeptischsten und minimalistischsten zu beantworten scheint, am Begriff der «pluralistischen Gesellschaft». Üblicherweise lautet die Definition: eine pluralistische Gesellschaft ist eine Gesellschaft, in der Menschen zusammenleben, deren Anschauungen in wichtigen Glaubens- und Lebensfragen voneinander abweichen. Eine wirklich zutreffende Definition muß aber beide Teile des Begriffs ins Auge fassen und wäre so zu formulieren: daß die in einem Volk, einem Staat, einer Kultur zusammenlebenden Menschen vor gemeinsamen Aufgaben stehen, die sie auf gemeinsame politische, soziale und kulturelle Ziele hin zu lösen haben, macht aus ihnen eine «Gesellschaft»; daß sie sich gegenseitig einen größtmöglichen Spielraum für die Entfaltung individueller und gruppenspezifischer Verhaltensweisen und Überzeugungen zubilligen, ergibt den «Pluralismus». Man kann die Formulierung «pluralistische Gesellschaft» nur dann vernünftig und sinnvoll und wirklichkeitsgerecht anwenden, wenn man ihren zweiten Bestandteil nicht einfach unter den Tisch fallen läßt. Das Substantiv «Gesellschaft» bezeichnet kein geringeres, sondern ein ursprünglicheres Ereignis als das Adjektiv «pluralistisch». Nämlich die Tatsache, daß allgemeinverbindliche Wertvorstellungen und Verhaltensweisen diesseits der differierenden Glaubensüberzeugungen nicht nur ein beliebiges, hinzunehmendes Faktum, sondern eine unerläßliche Voraussetzung von «Pluralismus» sind.

Die Mitglieder einer Gesellschaft – welche verschiedenen Glaubensüberzeugungen und Lebensweisen sie sonst trennen sollten – werden zusammengehalten von einem kodifizierbaren Minimalkatalog individual- und sozialethischer Normen. Seinen konkreten Niederschlag findet dieses ethische Minimum in der Verfassung, die sich ein Staat gibt, in seinem positiven Recht und seinen sozialen Spielregeln. Die Verfassung als oberste Rechtsnorm wiederum prägt Gesetzgebung, Rechtsprechung und das gesellschaftliche Leben überhaupt. Bei diesen Basiswerten hat man einen quantitativ kleinen Bestand von «absoluten», in der Natur des Menschen begründeten und einen quantitativ großen Bestand von «relativen», von Kultur zu Kultur und Entwicklungsstufe zu Entwicklungsstufe wechselnden Werten zu unterscheiden. Zu den absoluten Werten, die zum Bios des Menschen gehören und Geltung haben, seitdem es Lebewesen gibt, gehören alle Gebote, die sich auf die Erhaltung des eigenen Lebens und die Erhaltung des Lebens der unmittelbar Nächsten beziehen – zu den relativen, kultur- und zeitbedingten, also dem ständigen Wandel unterworfenen Normen gehören fast alle Konventionen, die beispielsweise die Eigentums-, die Sexual-, die Sozialordnung betreffen. Bei diesen Normen handelt es sich um das gemeinsame Erbe an Traditionen und Konventionen, das alle Mitglieder einer Gesellschaft übernehmen und von dem die sich in dieser oder jener Hinsicht habituell oder intellektuell absetzen, aber im ganzen doch nicht lösen können. Die gemeinsame Geschichte ist es also, die diese gemeinsamen Vorstellungs- und Verhaltensweisen hervorbringt. Die allgemeinen geographisch-klimatischen, wirtschaftlichen, sozialen, zivilisatorischen und kulturellen Lebensbedingungen einer Kultur schaffen – mit oder ohne Zustimmung der davon Betroffenen – eine breite und festgegründete Basis von allgemeinverbindlichen Überzeugungen und Reaktionsweisen. Der Bestand an gemeinsamen Werten in einer Gesellschaft ist also sehr groß. Er erstreckt sich über alle Lebensbereiche und umfaßt allgemeinverbindliche Vorstellungen über das richtige moralische Verhalten genauso wie gemeinsame Begrüßungszeremonien, Tischsitten und ästhetische Vor-Urteile. Es sind diese vorreflektierten Gemeinsamkeiten, die eine Gesellschaft zu einer Gesellschaft machen, nicht das intellektuelle Bekenntnis zu irgendeiner Metaphysik oder Philosophie oder politischen Lehre.

Ein weiteres Integrationselement, das gerade die demokratische Gesellschaft ausbildet und ausbilden muß, wenn sie Leistungen erbringen will, ist der Pragmatismus, also der Versuch, bei der Erörterung sachlicher Probleme die vernünftig-zweckmäßigste Lösung zu finden. Dieser nachweisbare Trend zum Pragmatischen beruht nicht nur auf der Notwendigkeit, in der pluralistischen Gesellschaft nach Verbindendem zu suchen, sondern auch auf einer Mentalität, die vom Denken in materiellen und rationellen Kategorien ausgeht. Ein Beispiel für diesen Integrationsfaktor ist die Entideologisierung und Versachlichung weiter Gebiete der Politik.

Ein universales Bindungselement sind schließlich die Wissenschaften – insbesondere die Natur- und empirischen Sozialwissenschaften. Sie liefern Daten, die als objektiv gelten können und dem Streit der Ideologien damit entzogen sind.

Wer sich und seine Mitmenschen unvoreingenommen beobachtet, wird also die Entdeckung machen, daß auch die Angehörigen pluralistischer Gesellschaften – soweit sie spontan leben – in ihrem privaten und sozialen Alltag unabhängig von religiösen und weltanschaulichen Überzeugungen reagieren. Als Staatsbürger, als Familienangehörige, als Angehörige eines Betriebes, als Mitmenschen verhalten sie sich so, wie sie sich verhalten, nicht deshalb, weil sie Christen oder Agnostiker, Existentialisten oder Marxisten sind, sondern weil ihr Verhalten in ihrem Wesen, den gemeinsamen Traditionen und der Situation vorgegeben ist. Der Versuch, Handlungen und Entscheidungen in einen unmittelbaren Zusammenhang mit speziellen Vorstellungen über den Gesamtzusammenhang der Welt zu bringen, ist ein sekundärer Vorgang, der unsere Handlungen färbt und beeinflußt oder auch hinterher rechtfertigt, aber sie – jedenfalls im allgemeinen – nicht hervorbringt.

Es ist sonderbar, daß sich nicht nur Dogmatiker gegen den Tatbestand der Unabhängigkeit des Lebens vom Glauben so leidenschaftlich wehren. Denn dieser Tatbestand ist allein imstande zu erklären und zu entschuldigen, daß prononcierte Idealisten aller Schattierungen bis zum heutigen Tage wie andere Menschen auch, allzu menschlich bleiben und sich in keiner Weise von weniger idealistisch Gesinnten hinsichtlich der Diskrepanz zwischen den geglaubten ethischen Idealen und der tatsächlich gelebten Moralität unterscheiden. Die These, daß «Humanität ohne Gott» oder «Humanität ohne Marx» nicht möglich sei, ist nicht nur anstößig, weil sie alle Nicht-Christen und Nicht-Marxisten zu einer minderen Klasse von Menschen macht, sondern auch unhaltbar, weil die Geschichte bisher keinen Beweis dafür geliefert hat, daß das Bekenntnis zu Gott oder Marx einen einzelnen Menschen oder eine Kultur moralischer macht als irgendein anderer Glaube oder Unglaube. Christentum und Marxismus sind vielmehr die eindringlichsten Beispiele für die zerstörerische Kraft jedes ideologischen Integralismus, von dessen menschheitsbeglückenden Parolen bestenfalls große Worte übrigbleiben. Die entscheidenden, Humanität begründenden Fähigkeiten des Menschen: Schonung des Artgenossen, Sorge für die Nachkommen, persönliche Bindung und Freundschaft, sind – wie es die Verhaltensforschung bestätigt hat – nicht durch die läuternde Wirkung des dem Menschen eigenen Geistes – sei es vernünftige Einsicht, sei es gläubiger Gehorsam gegen göttliche oder staatliche Gebote – zustande gekommen, sondern natürliches Erbteil von seinen tierischen Ahnen her. Und auch ihre Haltbarkeit beruht nicht auf der Durchsetzungskraft der Vernunft, sondern auf der Macht der Gewohnheitsbildung, die Handlungsabläufe instinktiv – ohne Einschaltung des Bewußtseins und Willens – steuert. Unsere überkommenen Verhaltensvorschriften, soweit sie die Primär-Moral betreffen, sind nachträgliche Rationalisierungen und Kodifizierungen von vorgegebenen natürlichen Instinkten, nicht aber etwa diese die Wirkung geistig-magischer Bewußtseins- und Willensaktionen. Nicht viel anders steht es mit den Normen der

Sekundärmoral. Sie sind entweder kultur- und gruppenspezifisch eingeschliffene Verhaltensweisen oder aber – und hier erst kommt das speziell menschlich-geistige Element ins Spiel – Denk- und Urteilskonventionen, die die physiologische Trieb- und Instinktstruktur überlagern und – in positivem oder negativem Sinn – überformen. Der Unterschied zwischen dem tierischen und menschlichen Verhalten besteht darin, daß zu der gleichen elementaren Triebausstattung, die das Überleben der Gattung und das friedliche Zusammenleben garantiert, beim Menschen das Sich-bewußt-Machen solcher Triebe neue Akzente setzt und bestimmte, in der Selbstgesetzlichkeit der geistigen Sphäre entstehende Denkformation (etwa das, was man «Vorurteile» nennt) zu zusätzlichen Motivationen und damit zur Änderung des ganzen Vorstellungs- und Aktionsnexus führen.

Könnte man die Lorenzschen Buntbarsche oder Graugänse oder Ratten mit den intellektuellen Fähigkeiten des Menschen ausstatten, würden sie vermutlich aus ihren vorgeprägten Verhaltensweisen ethische Postulate machen und hätten dann den Eindruck, daß ihr Verhalten von diesen Postulaten hervorgerufen worden ist.

Die Fruchtlosigkeit oder gar Gefährlichkeit spekulativen Moralisierens ist begründet in der den Geist charakterisierenden und in der Tat wunderbaren Fähigkeit, jede Art von Lebensmodellen zu erdenken, ohne daß diese erdachten Modelle sich einer Prüfung durch die Realität stellen müßten. Das heißt, solange sich der Mensch nicht darüber im klaren ist, daß gewisse Grundtriebe nicht nur nicht ignoriert werden können, sondern das positive Fundament aller Moralität sind, wird er spekulative Lebensmodelle als Verhaltensmuster postulieren, die – weil sie keine Rücksicht auf die reale Triebausstattung und Wirklichkeit nehmen – ohne Wirkung bleiben oder gar eine die instinktiv-humanitäre Intention störende und pervertierende Wirkung haben. Man muß sich immer wieder vergegenwärtigen, daß der «idealistische» Geist die menschliche Moralität unter die tierische drücken kann und gedrückt hat. Was bei Tieren nur in ganz extremen Ausnahmesituationen vorkommt, ist beim Menschen üblich: die Tötung des Artgenossen. Lebensbedrohend ist die Verselbständigung der Welt der sogenannten Werte, nicht aber die vor jeder gedanklichen Verarbeitung funktionierende Moralität des Menschen. Wenn unsere Natur nicht immer wieder – gegen alle Ideologien – eine Anpassung unseres Verhaltens an unsere spontane Sozialität erzwingen würde, wäre die menschliche Geschichte längst beendet.

Alle theologischen und ideologischen Behauptungen von der Humanität, die es vor und außer und ohne den christlichen oder marxistischen Glauben nicht gibt und geben darf, sind – glücklicherweise auch für Christen und Marxisten selbst – demagogische Wahnideen, vor der Geschichte ebensowenig haltbar wie angesichts der persönlichen Erfahrung jedes Menschen.

Es gibt eine elementare und profane Menschlichkeit, die als Intention, als eingeborenes Verhaltensregulativ allen Menschen eigen ist, ob sie nun an einen oder an viele oder an gar keine Götter glauben, ob sie Gnostiker oder Agnostiker, Monisten oder Dualisten, Positivisten oder Dialektiker, Liberale oder Konservative sind. Andererseits ist das, was Menschen trennt und auch dann noch trennen wird, wenn alle sozialen und kulturellen Unterschiede weitgehend abgebaut sein sollten, von einer Vielfalt und Widersprüchlichkeit, die jede Vorstellung von einer irgendwann und irgendwie zu erreichenden vollkommenen oder annähernd vollkommenen inner- oder zwischenmenschlichen Harmonie zu einem Wunsch- oder Albtraum macht, dessen Naivität auch durch die Formel «Utopie» auf keine höhere Reflexionsstufe gehoben wird.

9

Die Zwei-Sphären-Demokratie

Der Mensch ist Einzel- und Gesellschaftswesen zugleich, er kann menschenwürdig nur in einer diesem seinem zwiespältigen Zustand entsprechenden Wertsystem leben: in der Spannung und Schwebe zwischen größtmöglicher menschlicher Solidarität und größtmöglicher existenziell-kultureller Differenzierung. Es ist ein Spannungs- und Schwebeverhältnis, denn beide Sphären haben die Tendenz, ihren Geltungsbereich zu überschreiten: die pluralistischen Werte – seien sie kultur- oder glaubensspezifisch – möchten total, bis in die Basis hinein gelten; und die allgemeinverbindlichen Normen möchten ihrerseits die – von ihrer Sicht aus – störende Mannigfaltigkeit der Glaubens- und Lebensweisen einebnen. Wenn also die demokratische Gesellschaft zugleich pluralistisch und Gesellschaft bleiben will, muß sie dafür Sorge tragen, daß keine der beiden Sphären die andere usurpiert, sondern ihre ganz gegensätzlichen Wertsetzungen und Tendenzen auf den eigenen Bereich beschränkt bleiben. Integralistische und anarchistische Lösungsversuche zerstören die Demokratie genauso wie kollektivistische; sie gedeiht nur, solange jener Schwebezustand erhalten bleibt.

Das existenziell Wesentliche ist die Freiheit, anders zu sein als der andere: einen persönlichen Glauben bekennen, ein individuelles Leben gestalten zu können. Aber diese wunderbare Freiheit des einzelnen ist nur möglich, wenn man sich zuvor auf eine feste Basis von Spielregeln, von allgemeinverbindlichen sozialen und zivilisatorischen Verhaltensweisen geeinigt hat.

Das Grundpostulat der einzelmenschlichen Würde ist der entscheidende gemeinsame Wert, der als – von allen, im Interesse aller anerkannter – Imperativ bindet und durch seinen Inhalt zugleich befreit.

Das empfindliche Strukturprinzip der Demokratie besteht in dem Balanceakt zwischen gesellschaftlicher Solidarität und kultureller Pluralität. Jeder Versuch, entweder vom Fundus allgemeinverbindlicher politischer, rechtlicher und sittlicher Werte her, die verschiedenen religiösen, weltanschaulichen und kulturellen Strömungen auf einen Nenner zu bringen oder von der Verschiedenartigkeit der Glaubensüberzeugungen aus die Basis allgemeinverbindlicher Prinzipien aufzulösen, ist das Ende der Demokratie. In beiden Fällen wird die offene Gesellschaft in eine oder in mehrere geschlossene Gesellschaften zurückverwandelt.

Der nur eine Doktrin duldende Kommunismus ebnet alles ein. Die solidarische Basis erzwingt den solidarischen Überbau und der auf Konformität angelegte Überbau die konforme Basis. Die integralistische Absonderung von Gruppen nach Bekenntnissen wiederum sprengt diese nicht nur aus den größeren Gemeinschaften heraus, sondern engt damit auch den Entfaltungsspielraum ihrer Angehörigen entscheidend ein. Das ist ganz offensichtlich bei Staaten, die heute noch auf eine Glaubensdoktrin eingeschworen sind wie etwa Spanien, Portugal, Pakistan und alle kommunistischen Länder – aber es trifft auch für alle sich absondernden, einem Bekenntnis sich unterwerfenden Gruppen innerhalb eines Staates zu: christliche und andere religiöse und weltanschauliche Sekten, anarchistische und marxistische Bünde, Kader und Lebensgemeinschaften. Solange sie die allgemeinen rechtlichen und sozialen Spielregeln nicht verletzen, müssen solche Gruppen selbstverständlich das Recht haben, ihre Glaubens- und Lebensmodelle zu verwirklichen, wie absonderlich sie auch sein mögen. Das Problem, das sich hier jedoch stellt (und nur der extreme Fall eines allgemeinen politischen Problems ist), heißt: darf eine Gesellschaft, deren Hauptsorge die Sicherung der freien Entfaltung jedes einzelnen ist, es zulassen, daß noch nicht urteils- und entscheidungsfähige Kinder und Jugendliche von ihren Eltern in einem von der übrigen Gesellschaft weitgehend isolierten Milieu aufwachsen? Ihre Chance, sich wirklich über alle Glaubens- und Lebensmöglichkeiten, die die heutige Welt bietet, informieren und dann für eine davon sich frei entscheiden zu können, ist jedenfalls sehr viel geringer als die Möglichkeiten anderer in der gleichen Gesellschaft heranwachsender Jugendlicher.

Eine freiheitlich-demokratische Politik hat immer zwei Aufgaben: sie muß für die ungehinderte Entfaltung der verschiedenen Weltbilder und Existenzweisen und zugleich für die Festigung der solidarischen Werte sorgen. Das ist ein sehr wichtiger, von allen Liberalen gern übersehenen Tatbestand: es geht nicht nur um die Verteidigung demokratischer Freiheiten, es geht ebensosehr um die Verteidigung demokratischer Bindungen. Die pluralistische Gesellschaft kann als Staat und Gemeinwesen nur dann existieren, wenn es eine Sphäre gibt, in der ihre Angehörigen nicht als Vertreter verschiedener fremder und feindlicher Glaubensstandpunkte zusammentreffen, sondern als Menschen, die der gleichen Kultur entstammen und den gleichen sozialen und individuellen Problemen gegenüberstehen. Diese Solidarität versteht sich durchaus nicht von selbst. Es ist ein langwieriger und schwieriger Prozeß, bis aus der immer wieder auseinanderstrebenden Konföderation autonomer Stämme, Völker und Gesellschaften eine Kultur entsteht. Die Zivilisierung der Menschheit besteht in eben der Hervorbringung allgemeinverbindlicher rechtlicher, sozialer und sittlicher Prinzipien. Die Offenheit und Differenzierung der Demokratie in allen Fragen des Glaubens, des Geschmacks und der individuellen Lebensgestaltung darf nicht bis in den Bereich der gemeinsamen Werte und Einrichtungen vorangetrieben werden, weil die Gesellschaft dann auseinanderbricht.

Wenn Ideologien von Haus aus die Tendenz haben, das Leben in toto nach ihrem Modell auszurichten, dann benötigt die pluralistische Gesellschaft anti-ideologische Programme, solche, die ihre Grenzen kennen und weder in den Bereich der allgemeinverbindlichen solidarischen und pragmatischen noch in den Bereich fremder «Ideologien» einzudringen versuchen (was selbstverständlich die Auseinandersetzung nicht behindern darf). Sie müssen im Unterbau nach einem Höchstmaß von Integration, im Überbau nach einem Höchstmaß von Differenzierung streben. Die solchem Modell entsprechenden Tugenden sind Solidarität und Toleranz, demokratische und liberale Gesinnung zugleich, Arbeit an gemeinsamen Aufgaben und Respektierung verschiedener Glaubens- und Lebensmodelle.

Wenn die westliche Zivilisation überzeugend nachweisen kann, daß ihr nicht die Entmündigung, die Unterwerfung fremder Völker und Kulturen unter eine religiöse, weltanschauliche, ökonomistische Doktrin zugrunde liegt, sondern der Wille, eine Weltordnung aufzubauen, die das gleichberechtigte Sich-Entfalten und Miteinanderleben von Menschen und Völkern unterschiedlichster Denk- und Lebensweisen erlaubt, wird ihr – falls die Menschheit bis dahin noch existiert – der Sieg über die kollektivistischen Gesellschaftsformen sicher sein. Auch die erfolgreichsten kommunistischen Fünfjahrespläne werden der Faszination der offenen und pluralistischen Gesellschaft dann nichts mehr entgegenzusetzen haben, wenn die Völker einmal von der Sorge um ihre nackte Existenz befreit sein und sich der Pflege ihrer eigentlich menschlichen Bedürfnisse und Talente zuwenden werden. Der Sieg der pluralistischen über die kollektivistischen Gesellschaften muß weder ein sehr kurzfristiges noch ein sehr spektakuläres Ereignis sein, sondern könnte sich als ein über viele Jahrzehnte hinaus erstreckender, durch die wachsenden materiellen und geistigen Ansprüche langsam erzwungener Prozeß darstellen.

Es haben aber nicht einmal die westlichen Länder selbst gelernt, diesen höchst komplexen und empfindlichen Mechanismus «Demokratie» sicher zu handhaben. Dies zeigt sich unter anderem in dem für die Verwirklichung von Solidarität hier und Pluralität dort richtigen Anwendung des Mehrheitsprinzips. Durch uneingeschränkte oder zu wenig eingeschränkte

Majoritätsentscheidungen kann die Pluralität genauso eingeebnet werden wie durch die Diktatur einer Minderheit.

Wenn sich auch nur 51 % der Wähler für eine marktwirtschaftliche Ordnung entscheiden, wird die Regierung mit Recht die ganze Wirtschaft nach marktökonomischen Gesichtspunkten florieren lassen. Man kann in einem Staat nicht zugleich kapitalistisch und sozialistisch wirtschaften – auch wenn 49 % für eine Planwirtschaft eintreten. Ganz anders verhält es sich jedoch mit jenen Werten und Verhaltensweisen, mit denen wir es im kulturellen Bereich und in der Sphäre des individuell-privaten Lebens zu tun haben. Hier darf kein Majoritätsprinzip gelten und kann auch keine 99 %ige Mehrheit den restlichen 1 % vorschreiben, was sie zu denken und zu fühlen, zu tun oder zu lassen haben.

Die freiheitliche Demokratie unterscheidet sich von allen totalitären Gesellschaftsordnungen keineswegs nur oder vor allem dadurch, daß die Bürger in freien, geheimen Wahlen die Möglichkeit haben, dieser oder jener politischen Partei ihre Stimme zu geben und die Mehrheit damit an die Macht zu bringen; ihr wesentlichstes Kennzeichen ist vielmehr die Beschränkung auch des Mehrheitswillens auf die Entscheidung über jene elementaren Probleme, die nur einheitlich geregelt werden können. Darüber hinaus verweigert diese Staatsform gerade denen, die sie eben an die Macht gebracht hat, das Recht, Minderheiten auf Mehrheitskurs zu bringen, und macht es ihnen zur Pflicht, jeden einzelnen vor dem Zugriff von organisierten oder nichtorganisierten Mehrheiten zu schützen. Die Toleranz, die Achtung des fremden Standpunktes – gleichgültig ob es der Standpunkt einer Mehrheit, einer Minderheit oder eines einzelnen ist – ist nicht nur ein moralisches, sondern ein staatsrechtliches Grundprinzip. Die Erkenntnis und Anerkenntnis zweier übereinandergelagerter Sphären, in denen verschiedene, ja gegensätzliche Gesetzmäßigkeiten und Wertigkeiten herrschen, ist die Grundbedingung für das Funktionieren einer Gesellschaft, in der einerseits allgemeinverbindliche Regeln den Vorstellungen und Wünschen der Mehrheit entsprechen sollen, andererseits sich jede Gruppe und jeder einzelne unbefangen nach seinen ganz individuellen Möglichkeiten entfalten kann. Wer nicht gewillt ist, diese beiden Sphären strikt auseinanderzuhalten und nicht begreift, daß die sogenannten Grund- und Persönlichkeitsrechte in allen Verfassungen der westlichen Länder nichts anderes bezwecken als die Außerkraftsetzung des Majoritätsprinzips für alle Lebensbereiche, in denen ein Konsensus nicht unerläßlich ist, plädiert damit für den autoritären oder totalitären Staat.

Wer etwa der Meinung ist, daß das Urteilsvermögen oder die Bedürfnisse der Mehrheit darüber entscheiden, ob etwas geschrieben, gesagt, gesendet, diskutiert, aufgeführt, getan werden kann, daß nur solche Überzeugungen vorgetragen, solche Aussagen erlaubt, solche Lebensweisen opportun sind, die auf das Verständnis der Mehrheit rechnen können, hat den Boden der freiheitlichen Demokratie verlassen und befindet sich auf dem Wege, eine «Volksdemokratie» zu errichten.

Die Zwei-Sphären-Gesellschaftsordnung kann auch nur funktionieren, wenn der Staat als Repräsentant aller Individuen und Gruppen auf jeden Versuch, sich mit den Anschauungen einer der kulturellen, weltanschaulichen und religiösen Gruppen zu identifizieren oder ihnen auch nur Privilegien zuzugestehen, verzichtet.

Die personale Freiheit ist nur dort realisierbar, wo drei Bedingungen erfüllt sind: das Vorhandensein einer Basis von allgemeingültigen menschlich-bürgerlichen, politischen und rechtlichen Werten, die Unabhängigkeit des kulturellen und privaten Lebens von Mehrheitsbeschlüssen und die Unabhängigkeit des Staates von kulturellen und weltanschaulichen Sonderinteressen.

Aber auch dies ist noch nicht der letzte Schritt, der getan werden muß, um die personale Entfaltungsfreiheit im Spannungsfeld zwischen Solidarität und Pluralität zur Geltung zu bringen. Die solidarischen Wertsetzungen – es gelten für alle die gleichen bürgerlichen Rechte, Strafgesetze, Verkehrsregeln, Umgangsformen – müssen durch eine gesellschaftliche Garantie der gleichen materiellen, sozialen und kulturellen Entfaltungsbedingungen für die heranwachsenden Staatsbürger ergänzt werden.

Die Menschen sind nicht gleich. Da aber niemand voraussehen kann, welche Talente sie haben oder nicht haben, bleibt auch bei völliger Unabhängigkeit ihrer Entwicklung von religiösen oder anderen ideologischen Indoktrinationen das Postulat optimaler Selbstverwirklichung so lange ein bloßes Versprechen, als nicht für alle die gleichen Start- und Entwicklungschancen gegeben sind. Der bei der Gestaltung und Sinngebung seines Daseins auf sich selbst gestellte einzelne ist in einem äußersten Maß auf die Solidarität aller anderen angewiesen. Er kann sein persönliches, keiner Norm verpflichtetes, von keiner Gruppe getragenes Lebensmodell nur verwirklichen, wenn er sich zuvor mit allen anderen zur Herstellung einer Gesellschaftsordnung zusammenfindet, die ein Höchstmaß von politischer, rechtlicher, sozialer und materieller Gleichheit gewährt. Das heißt, die optimale Möglichkeit, möglichst allen Mitgliedern einer Gesellschaft zur uneingeschränkten individuellen Selbstdarstellung zu verhelfen, ist nur gegeben, wenn zuvor die optimale Gleichheit der allgemein zivilisatorischen Lebensumstände hergestellt ist. Erst eine umfassende materielle Sicherung und soziale Gleichstellung erlaubt dem Individuum – psychisch-moralisch und praktisch – auf seine Weise zu existieren.

Dies ist der Rechtfertigungsgrund für alle Sozialismen. Marx hat ihn durch seine Theorie in den Blick gerückt, aber er drängt sich ganz von selbst auf, wenn man fragt, welche Bedingungen eine Gesellschaft erfüllen muß, um die Personalität nicht nur «des» Menschen, sondern möglichst vieler konkreter Menschen zu bewirken. Die Entfaltung der äußersten Subjektivität setzt die äußerste Objektivität und Konformität der Entwicklungsbedingungen voraus. Und auch die Erhaltung der vielen subjektiven Glaubens- und Lebensweisen ist nur möglich, wenn die Gesellschaft über die für alle gleichen Startchancen hinaus für alle auch ein Minimum von gleichen materiellen und sozialen Sicherungen garantiert.

10
Über die verschiedenen Möglichkeiten, moralisch zu sein

Die zeit- und situationsbedingten Verhaltensweisen und Verhaltensanweisungen, die wir in den verschiedenen Kulturen vorfinden, wechseln so stark, daß sie oft einander widersprechen. Ob diese oder jene Familienordnung, Erbordnung, Eigentumsordnung, Geschlechtsordnung herrscht, dieses oder jenes Arbeitsethos, diese oder jene Rangordnung der sozialen Funktionen, hängt von der besonderen Geschichte der Gemeinschaft ab, in der solche Regeln gelten. Die ethnologische und anthropologische Forschung hat in den vergangenen Jahrzehnten reichhaltiges Material über die erstaunlich große Variabilität dieser Sekundärmoral zusammengetragen und gezeigt, daß sich sowohl in nächstbenachbarten Kulturen als auch in den verschiedenen Phasen ein und derselben Kultur unterschiedlichste Sitten entwickeln können, ohne daß man behaupten könnte, der eine Sittenkodex sei moralischer als der andere.

Neben der Moral, die alle Menschen und jener, die bestimmte Gruppen von Menschen eine bestimmte Zeit lang binden, gibt es schließlich noch den Komplex der individuellen Lebensweisen, die jeweils nur für eine einzelne Person Geltung haben. Wenn Tötungshemmung, Sorge für die Nachkommen und Gruppensolidarität zur Primärmoral, Familien- und Eigentumsordnung zur Sekundärmoral gehören, so fallen heute in den Bereich der personalen Tertiärmoral alle jene Wertsetzungen und Verhaltensweisen, die wie etwa Sexualität, Mode, Weltanschauung, berufliche und private Neigungen zur autonomen Sphäre des Individuums gehören und gehören können, weil diese Abweichungen von den allgemeinen Normen niemanden stören.

Bei der Unterscheidung zwischen natur- und kulturgegebenen Antrieben und Normen wird man sich im übrigen darüber klar sein müssen, daß auch alle kulturspezifischen, sekundärmoralischen Verhaltensweisen Formationen sind, die sich aus einer bestimmten Auswahl und Anordnung gleichfalls natürlicher Antriebselemente zusammensetzen. Promiskuität und Einehe unterscheiden sich nicht, weil in dem einen Fall der Natur nachgegeben, im anderen irgendein übermenschlicher Imperativ befolgt wird, sondern durch die Aktivierung einmal des Lust- und einmal des Realitätsprinzips, deren eines in der Emotionalität, deren anderes in der Intellektualität des Menschen vorgegeben ist.

Auf dem Hintergrund der oben beschriebenen Moralen läßt sich die Entwicklung zur demokratischen Gesellschaftsordnung als die Einengung allgemeinverbindlicher Grundsätze auf die tatsächlich alle betreffenden Normen und die Freigabe des ganzen Bereichs jener Lebensäußerungen beschreiben, die nur den einzelnen etwas angehen. Es zeigt sich dabei, daß nicht etwa die ausgeprägten subjektiven Glaubens- und Lebensweisen des einzelnen, sondern nur die Versuche der integralistischen, vom Überbau bis in die Basis durchgezogenen Separierung geschlossener Glaubensgruppen den Zusammenhalt der Gesellschaft sprengen, indem sie die Primärmoral unterdrücken und an die Stelle der Sekundärmoral eine Gruppenmoral setzen.

Dieser ganze Verschiebungsprozeß läßt sich sehr deutlich an der Geschichte der abendländischen Völker ablesen; ihrer Geschichte im ganzen und ihrer Geschichte in einzelnen Territorien und Zeitläuften. In der Bundesrepublik etwa brach zwei Jahrzehnte nach Kriegsende der Versuch, die religiös-weltanschaulich neutrale Ordnung auf die Grundsätze einer christlichen Ethik und Kultur festzulegen, zusammen. Wenn man den Stand der Diskussion über Fragen der Ehe- und Sexualmoral in der Bundesrepublik im Jahre 1950 mit dem Stand von 1970 vergleicht, sieht man, daß religiöse – und wohl auch philosophisch-weltanschauliche – Überzeugungen in dem Augenblick mit einer humanitären Ethik und einer pluralistischen Gesellschaftsordnung zu vereinbaren sind, in dem sie darauf verzichten, Seins- und Sollenslehren in unangemessener Weise miteinander zu verbinden. Wenn aus dem Gottesglauben nicht das Gebot der lebenslänglichen Ehe, sondern nur die Aufforderung abgeleitet wird, daß Eheleute sich selbst und ihren Kindern sowenig Schaden wie möglich zufügen sollten, sobald sie sich auseinandergelebt haben, ist sowohl das «Ethos der Gegenseitigkeit» (Gehlen) als auch das Ethos des Rechts auf Selbstverwirklichung wiederhergestellt.

Eine solche humanitär-personalistische Ethik ist auch zu vereinbaren mit allen politischen Programmen, die sich darauf beschränken, die ökonomischen und technischen Lebensbedingungen zu ordnen; sie ist nicht zu vereinbaren mit allen Theorien, die bestimmte Vorstellungen von der richtigen Form der individuellen Lebensgestaltung allgemeinverbindlich machen wollen. Mit der Aufklärung sind wir vom Zeitalter des Pluralismus der Kulturen in das Zeitalter des Pluralismus der Personen getreten. Damit fallen alle an eine Kultur gebundenen Klischees, und eine tragfähige Ordnung der zwischenmenschlichen Beziehungen kann nur gefunden werden, wenn man nach dem Wesen des Menschen, nach seinen tatsächlichen Fähigkeiten und Bedürfnissen fragt. Die vergleichende Kulturforschung zeigt die große Variationsbreite der Manipulierbarkeit des Menschen, wobei die «Manipulation» bei den Naturvölkern sowohl durch klimatische und geographische Zwangsläufigkeiten als auch durch historische Zufälligkeiten erfolgt. Bei den Kulturvölkern schieben sich dann allmählich die ideologischen Einflüsse (Mythen, Religionen, Staats- und Gesellschaftstheorien) in den Vordergrund; bei den Industrievölkern schließlich spielen die Umweltfaktoren nur noch eine geringe Rolle: der Mensch stellt die Welt, in der er lebt, selbst her.

Dies alles ändert sich – sozusagen mit einem Schlage –, wenn der Mensch sich selbst entdeckt. Mit der Legitimierung der menschlichen Natur erzwingt die Primärmoral eine stetige Vereinheitlichung auch der Sekundärmoral, da sich zwischen die Bedürfnisse des einzelnen und die daraus abzuleitenden sozialen und kulturellen Forderungen kein von außen kommendes kollektives Wertsystem mehr schieben kann. Die Sekundärmoral wird nicht mehr von oben – also ideologisch –, sondern von unten – also enthropologisch – bestimmt. Wir gehen zwangsläufig einer Weltkultur entgegen, in der die Primärethik und die Sekundärmoralen in einer universalen Zivilisationsmoral zusammenfallen und dieser nur noch der Pluralismus der Personen gegenübersteht.

Es ist dabei der zurückbleibende Pluralismus der Kulturen alles andere als etwa ein Beweis für die soziologistische These von der Natürlosigkeit des Menschen. In jeder dieser verschiedenen Sozialordnungen sind die Intentionen der Primärmoral nachweisbar, und jede von ihnen hat sich als Artikulation einiger weniger Eigenschaften auf Kosten aller anderen menschlichen Talente und Wünsche ausgeprägt. Den ganzen Umfang der menschlichen Möglichkeiten konnte erst die wissenschaftliche Anthropologie freilegen und erst die Aufklärung psychologisch und politisch freisetzen.

Inzwischen wissen wir beispielsweise, daß es ein naturgegebenes männliches und weibliches Verhalten nur in einem sehr beschränkten Sinne gibt. Biologen wie Ethnologen haben festgestellt, daß die jeweilige Rollenverteilung zwischen dem männlichen und dem weiblichen Geschlecht auf kulturspezifische Traditionen zurückzuführen ist. Die ursprüngliche, hermaphroditische Einheit der organischen Natur ist bis zum Menschen nachweisbar, denn beide Geschlechter haben die gleiche physiologische und hormonale Grundausstattung. Männliche und weibliche Organismen unterscheiden sich lediglich durch das Überwiegen einmal des männlichen und einmal des weiblichen Sexualhormons, das heißt jedes männliche Wesen ist immer auch potentiell weiblich und jedes weibliche potentiell männlich. Die Aufspaltung in männliche und weibliche Individuen, die entwicklungsgeschichtlich sehr spät erfolgt, ist ein Kunstgriff der Natur, um die Arten nicht nur immer wieder zu reproduzieren (was durch einfache Zellteilung oder Parthenogenesis erreichbar ist), sondern auch weiterzuentwickeln. Erst das Auftreten zweier verschiedengeschlechtlicher Individuen, die sich zur Fortpflanzung vereinen müssen, bringt die Abweichungen innerhalb einer Gattung hervor, die es dieser auch bei wechselnden Umweltbedingungen möglich macht, wenigstens mit einer kleinen Zahl anpassungsfähiger Individuen zu überleben. Die spezifisch männlichen und weiblichen Verhaltensweisen haben sich bei allen Tieren erst im Verlauf langer und komplizierter Assimilationsprozesse und in ganz verschiedener Ausprägung entwickelt. So ist es etwa der männliche Strauß, der das Nest baut und die Eier ausbrütet, und so gibt es Tiere, bei denen sich die Männchen nur um die Fortpflanzung, nicht jedoch um Schutz und Erhaltung der Nachkommen kümmern, während andere wiederum die Form der lebenslänglichen Einehe kennen. Bei vielen Vogelarten sind es nicht die Weibchen, sondern die Männchen, die sich schmücken, um die Aufmerksamkeit der Partner auf sich zu lenken.

Solche zoologischen Befunde leiten unmittelbar zu den Feststellungen der Völkerkundler über, daß es so gut wie gar keine sozialen Funktionen gibt, die nur von Männern oder nur von Frauen ausgeübt werden könnten. Wie bei gewissen Säugetiergruppen gibt es Gesellschaften, in denen der Mann nur die Rolle des Mannes, nicht jedoch die des Ernährers und Beschützers spielt. In anderen Kulturen hält man die Frau für viel geeigneter, schwere körperliche Arbeiten zu verrichten als den Mann, von dem man glaubt, daß die «Natur» ihn vor allem mit der Fähigkeit begabt hat, sich mit der kulturell-künstlerischen Ausgestaltung des Daseins zu befassen. Die biologisch gleiche Grundausstattung beider Geschlechter macht vom «weibischen» Mann bis zur «vermännlichten» Frau eine Fülle von Mischformen und einander widersprechenden Reaktionsweisen jeweils bei einem Geschlecht möglich. Es ist also nicht die «Natur», sondern das Diktat eines bestimmten Rollenschemas, das Männer und Frauen, die von einem solchen Klischee abweichen, als anormal erscheinen läßt.

Die so geprägte Existenzform einer Gruppe von Menschen findet dann einen Niederschlag in entsprechenden Ideologien und Mythen. Und die Mythen und Ideologien wiederum formen auf dem Umweg über ihnen gemäße Forderungen und Verbote ein bestimmtes kultursoziales Verhaltensschema, das die Eltern ihren Kindern weitergeben. Dabei kann es natürlich geschehen, daß sich im Laufe langer Perioden durch Auswanderung, Klimaänderung oder auch durch den technisch-zivilisatorischen Fortschritt die Lebensbedingungen einer Gesellschaft völlig verändern, diese Gesellschaft aber dennoch an den alten Schemata und Leitbildern so lange festhält, als sie die neuen existenziellen Tatbestände nicht realisiert hat.

Eine der stärksten Quellen privater Konflikte ist die überkommene Form der Ehe. Ursprünglich waren die Ehepartner nur der innere Kern einer zumindest Großeltern und Kinder, oft aber noch weitere Verwandte umfassenden Großfamilie. In der Neuzeit wurde die Ehe immer mehr zur isolierten Partnerschaft zweier Menschen, deren Lebensprobleme ausschließlich dem jeweils anderen aufgebürdet wurden. Gleichlaufend zu dieser Isolierung der Zweiergemeinschaft entwickelte sich die Liberalisierung der sexuellen Konventionen und die Enttabuisierung der Ehe als einer geheiligten Institution. Beide Entwicklungen zusammen machen die Ehe zu einem Krisenherd erster Ordnung, der immer mehr Menschen mit immer mehr Aggressivität auflädt. Denkbar wäre die Entwicklung zu multigamen Familien, in denen mehrere Paare und auch alleinstehende ältere und jungere Menschen gemeinsam leben. Es spricht einiges dafür, daß in dieser «Großfamilie» Kinder viel besser und länger integriert werden könnten als in der Kleinfamilie, in der für Berufsarbeit, Hausarbeit und Erziehung nur zwei Personen verfügbar sind.

Wenn man davon ausgeht, daß jene moralischen Ideen die größten Chancen haben, sich zu haltbaren Verhaltensregeln zu entwickeln, die sich auf natürliche Bedürfnisse stützen können, dann dürfte die multigame Familie auch insofern Chancen haben, als es der Männern wie Frauen angeborenen Neigung zur sexuellen und menschlichen Bindung an mehrere Partner (nebeneinander und nacheinander) entgegenkommt. Selbstverständlich wird es auch in einer solchen Großfamilie Eifersucht und Aggression geben, aber die Sexualität wie das Bedürfnis nach vielfältigen menschlichen Kontakten überhaupt haben größere Möglichkeiten, legal ausgelebt zu werden.

Zu den wichtigsten Sozialschemata, die von einer Generation an die andere weitergegeben werden, gehört das Verhältnis zwischen den Generationen selbst. Es liegt hier – wie die Entwicklung des Generationsproblems in der Theorie und Praxis des letzten Jahrzehnts gezeigt hat, einer der bestimmendsten Faktoren für den habituellen Reifegrad einer Gesellschaft. Nur die Nichtbetonung des Unterschieds zwischen Eltern- und Kindergeneration führt zur Herausbildung eines selbstbewußten «mündigen» Menschentyps männlichen wie weiblichen Geschlechts.

Das antiautoritäre Modell ist jedoch als bloße Umkehrung autoritärer Beziehungen völlig ungeeignet, die Bedingungen für die Entwicklung dieses mündigen Menschen zu liefern. Wenn man bei den Beziehungen zwischen den jüngeren und den älteren Generationen nicht nur – was richtig und notwendig ist – auf die patriarchalischen, sondern auch auf die durch Sach- und Lebenserfahrung gegebenen Kompetenz und Vorbildfunktion der Elterngeneration verzichtet, wachsen Jugendliche heran, die in der Realität verloren sind und sich dann in die Passivität einer imaginativen oder die Aggressivität einer intellektuellen Traumwelt zu flüchten versuchen.

Auch hier gilt es nach den in der Sache selbst liegenden Bedingungen zu fragen. Von der schon erwähnten Pflicht der Gesellschaft abgesehen, ihre heranwachsenden Mitglieder unter Umständen auch vor der Unreife und dem Unverstand der eigenen Eltern schützen zu müssen, haben diese die unbestreitbare Pflicht, dem undisziplinierten Befriedigungs- und Aneignungsdrang der Kinder Widerstand entgegenzusetzen, also das Realitätsprinzip zur Geltung zu bringen. Das, was beseitigt werden muß, sind alle Weisungsbefugnisse und Gehorsamsforderungen, die auf autoritärer Willkür beruhen. Kinder sind nicht das Eigentum ihrer Eltern, sondern Personen, mit deren eigenem Wert und Wesen man sich auseinanderzusetzen hat, die ein Recht auf eigene Entscheidungen und Handlungen haben. Auch wenn diese anders ausfallen, als die Eltern es sich wünschen: der Eingriff ist nur dort erlaubt, wo das Interesse des Jugendlichen es gebietet. Kinder wild aufwachsen zu lassen, wie es in den letzten Jahren Mode geworden ist, dürfte der schlechteste Dienst sein, den man ihnen leisten kann. Es werden Asoziale, die zunächst ihre Eltern terrorisieren, um schließlich an all den vielen Dingen, die sich nun einmal nicht terrorisieren lassen, sondern Anpassung und Rücksicht verlangen, zu scheitern.

Die Entwicklung verläuft in Richtung auch einer durchgehenden Demokratisierung der familiären Beziehungen, wobei der bis dahin bevorrechtigte Mann und Vater für seine Selbstverwirklichung ebensoviel gewinnt wie die bis dahin benachteiligten Frauen und Kinder. Die Emanzipation der Frau spielt also für den humanitären Reifungsprozeß der Gesellschaft eine ähnliche Rolle wie die Emanzipation der Arbeiterklasse für ihre politische und soziale Entwicklung. Und die sich jetzt erst auf einer höheren Stufe stellende Forderung nach Gleichberechtigung hängt aufs engste auch mit der durchgehenden Umwertung der Sexualmoral zusammen, die das letzte Jahrzehnt gebracht hat.

Die Entfaltung einer ausgeglichenen Sexualität ist nur dann möglich, wenn die Frau nicht auf eine passive Rolle beschränkt wird und imstande ist, sich selbst vor unerwünschten Schwangerschaften zu schützen. Dabei ist die Erfindung der «Pille» (und aller noch perfekteren Mittel, die ihr folgen werden) ungleich wichtiger als die ideologischen Attacken auf die patriarchalische Ordnung – wie der Produktions- und Konsumzwang der industriellen Gesellschaft für die Befreiung der Arbeiterklasse wichtiger war als das Kommunistische Manifest.

Was unsere Sexualmoral angeht, so hat sich im Grunde nur – ungewöhnlich rasch und tiefgreifend – die öffentliche Einstellung den seit langem herrschenden Verhaltensweisen angepaßt.

Vor- und außereheliche Beziehungen sind in den westlichen Ländern auch früher schon nichts Ungewöhnliches gewesen und auch die Entkriminalisierung der Homosexualität oder von sogenannten Perversionen hat sich seit langem durch wissenschaftliche und literarische Aufklärung angebahnt. Es haben nur jene Autoritäten ihre Macht verloren, die bis dahin durch politische, strafrechtliche und publizistische Mittel dieses Zutagetreten der wirklichen Verhaltensweisen und Meinungen zu verhindern wußten.

Vom Kinsey-Bericht bis zu den vielen inzwischen veröffentlichten Dokumentationen zu diesem Thema ist ein Material ausgebreitet worden, das zeigt, daß das sexuelle Verhalten des durchschnittlichen Angehörigen der westlichen Zivilisationen so gut wie alle Abweichungen vom «Normalen» umfaßt, die man bisher für krankhaft oder kriminell ausgegeben, auf jeden Fall für moralisch minderwertig gehalten hat. Daß es dennoch vielen Menschen schwerfällt, die sexuelle Freizügigkeit zu akzeptieren, hängt mit der sich nur sehr langsam abbauenden Gleichsetzung von Moral und Sexualmoral zusammen. Ein unsittlicher und unmoralischer Lebenswandel – das war bisher ein Verhalten, das von der offiziellen Sexualmoral abwich. Unmoralisch war nicht der Mann, der seine Frau verprügelte, sondern der in der Öffentlichkeit über seine sexuelle Beziehungen zu ihr gesprochen hätte.

Nun ist der tabuierte Bereich des Sexus plötzlich gesellschafts- und diskussionsfähig geworden. Der einzelne beschränkt sich nicht mehr darauf, seine seelischen und geistigen, seine sozialen und kulturellen Werte, Bedürfnisse und Verhaltensweisen zu präsentieren, er offenbart nun auch seine Triebwünsche. Aufgeklärt sein heißt: sich vor sich selbst nicht ängstigen, sich selbst als ein Wesen zu akzeptieren, das aus Geist und Körper besteht, und das Anspruch auf Beachtung seiner konkreten Bedürfnisse hat.

All dies drückt sich in der Freisetzung der Sexualität aus. Sie demonstriert nach Jahrtausenden spiritualistischer und idealistischer Verkürzung die volle Natur des Menschen. Die Entdekkung des ganzen und des einzelnen Menschen endet in der Legitimierung des Eros. Und wie die Geschichte anderer und früherer Kulturen beweist, hat noch keine Spielart, keine Beschreibung und keine Praxis der Liebe das Leben einer Gesellschaft unmenschlicher oder ärmer gemacht. Über den Humanitätswert sexuellen Verhaltens entscheidet allein die Frage, ob damit das rechtverstandene Wohl, die wünschenswerte geistig-seelisch-körperliche Entfaltung konkreter Menschen befördert oder behindert wird. Wie es eine lebensfreundliche und eine lebensfeindliche Vernunft gibt, so gibt es auch lebensbefördernde und lebensbedrohende Leidenschaften. Warum sollte es schlecht sein, wenn ein Mensch auf Grund eines Filmbesuchs oder der Lektüre eines Buches Mut zu seiner Sexualität faßt. Gefährlich sind nur solche Filme und Bücher, die zu asozialen und kriminellen Taten stimulieren – zu Brutalität, Vergewaltigung, Sadismus. Alle bisherigen Erfahrungen zeigen, daß solche Fehlhaltungen – soweit sie überhaupt mit der Sexualität zusammenhängen – auf Hypertrophierung des Sexuellen durch Verdrängung, nicht auf dem Bejahen und Ausleben beruhen.

Es ist fruchtlos, dem zu sich selbst befreiten Menschen etwas verbieten oder ausreden zu wollen, was von ihm als «unsittlich» weder empfunden wird noch sich als unsittlich erweisen läßt. Art und Ausmaß des derzeitigen Interesses für Sexualität sind unzweifelhaft übertrieben. Aber dieses unangemessene Interesse ist nicht seine eigene Ursache, sondern ist durch eine jahrtausendelange Verleugnung des Sexuellen bewirkt. Es rächt sich für seine Mißachtung und drängt nun lautstark in den Vordergrund. Wir stehen somit vor einer Umkehrung der bisherigen Situation. Während bisher die öffentlich zugelassene Darstellung und Diskussion sexueller Vorgänge eine allgemeine «Moral» vortäuschte, die den tatsächlichen Meinungen und Praktiken längst nicht mehr entsprach, sehen wir uns nun einer Präsentation sexueller Freizügigkeit und Aktivität gegenüber, hinter der die Möglichkeiten des einzelnen weit zurückbleiben müssen. Und zwar sowohl die physischen Möglichkeiten des einzelnen als auch seine sozialen: das Problem, einen Partner –

wenn möglich: den richtigen Partner zu finden, stellt sich nun in ganzer Schärfe. Wahrscheinlich wird die unbefangene Einstellung der jetzt heranwachsenden Generationen diesen die Partnerwahl leichter machen, für die älteren bringt der Libertinismus zweifellos eine neue Konfliktlage. Jedenfalls kann er nur dann zu einer wirklichen Befreiung führen, wenn die Gesellschaft sich zugleich Einrichtungen schafft, die die Menschen aus ihrer Isolation erlöst und sehr viel mehr als bisher in Kontakt miteinander bringt.

Dennoch läßt sich die sexuelle Emanzipation nicht zurückstellen oder verzögern, bis optimale Bedingungen für die Partnerwahl geschaffen sind. Moral ist ein Vorgang der Selbsteinschätzung. Eine personalistische Moral geht von der Legitimität der tatsächlichen Bedürfnisse der tatsächlich lebenden Menschen aus und von der Vorstellung, daß nur solche Anschauungen und Verhaltensweisen moralisch sind, die der einzelne selbst als richtig erkannt und anerkannt hat. Dem entspricht die Pflicht des anderen und der anderen, den subjektiven Willen zur Selbstentscheidung und Selbstverantwortung in allen Fragen der Individualmoral zu respektieren – ob man die Entscheidung nun teilt oder nicht.

In der pluralistischen Gesellschaft kann es für den Gesetzgeber nur um die Abwehr und strafrechtliche Verfolgung solcher Taten gehen, die entweder die Freiheit des einzelnen durch einen anderen einzelnen oder aber das Wohl der Allgemeinheit bedrohen. Geschützt werden muß die Unantastbarkeit des «intimen», des privaten, nicht-öffentlichen Daseins, verfolgt werden jeder Versuch, in diesen Raum einzubrechen.

Umgekehrt postulieren die Grundrechte die Freiheit von Kunst, Wissenschaft und Literatur, diese Bezirke zu untersuchen und darzustellen. Der Mensch erkennt sich nur, indem er sich mit sich selbst unbefangen und in aller Offenheit beschäftigt. Natürlich wird er auf diesem Wege auch mit den Nachtseiten des Lebens bekanntgemacht. Aber die Möglichkeit, seine individuellen Talente zu erproben, ist ohne Risiko, ohne Bekanntschaft mit dem «Bösen», wenn es denn das Böse ist, nicht zu haben.

Die erbittertsten Feinde der öffentlichen Beschäftigung mit menschlichen Leidenschaften sind bekanntlich die Diktatoren. Und sie machen auch kein Hehl aus den Motiven ihrer Prüderie: es soll verhindert werden, daß der Mensch an sein subjektives Schicksal, Glück und Unglück denkt. Er soll dazu gebracht werden, zu glauben, daß der eigentliche Lebenssinn, die Daseinserfüllung in der Bewältigung gesellschaftlicher und «ideeller» Aufgaben besteht.

Die pluralistische Gesellschaft basiert auf einer minimalistischen Sozialmoral. Niemand darf daran gehindert werden, für sein Welt- und Menschenbild zu missionieren, und danach auch persönlich zu leben. Aber es müssen alle Versuche verhindert werden, die Anschauungen einer Gruppe zur Grundlage der allgemeinen Gesetzgebung zu machen. Die Postulate etwa einer asketischen Sexualmoral haben für die sich zu ihr Bekennenden volle Gültigkeit und Anspruch auf den Schutz der Gesellschaft – aber sie gehören in den Bereich des speziellen Lebensmodells der Angehörigen dieser Gruppe. Die allgemeinverbindliche Moral und Gesetzgebung hat mit diesen Entscheidungen nur insofern zu tun, als das Postulat der Freiheit, solche Entscheidungen treffen zu können, zu dem Grundprinzip einer demokratischen Gesellschaftsordnung und personalistischen Ethik gehört. Es ist auch nicht Sache staatlich-öffentlicher Gesetzgebung und Verwaltung, den christlichen Glauben, das christliche Gebet oder den christlichen Eid zum Gegenstand einer allgemeinverbindlichen Forderung zu machen, aber es ist sehr wohl Sache des demokratischen Staates, dafür zu sorgen, daß die Christen außerhalb allgemeiner und öffentlicher Einrichtungen – wie es Schulen und Gerichte sind – ihren Glauben verkünden und leben können.

Aus der Forderung des einzelnen nach individueller Entfaltung einerseits und der Tatsache, daß im Laufe seines Lebens sehr verschiedene Normen und Lebensweisen seinem Wohl dienlich sein können, ergibt sich eine wichtige politische Entscheidung. Die Gesellschaft, die beiden Fakten Rechnung tragen will, muß eine offene Gesellschaft sein – offen im ganzen und offen in sich selbst. Die pluralistische Demokratie ist geschichtlich in jenem Augenblick fällig, in dem die von den autonomen Personen erzwungenen individuellen Differenzierungen eine offene und dynamische Struktur der Gesellschaftsordnung nötig machen. Neben die Pluralität tritt die Mobilität. Es genügt nicht, das Nebeneinander von bestehenden religiösen, weltanschaulichen, kulturellen und existenziellen Modellen zu garantieren, es muß für den einzelnen jederzeit auch der unbeschränkte Übergang von einem zum anderen Modell und die Konzeption und Erprobung neuer Variationen und Modelle möglich sein.

Die Postulierung der Freiheit von Kunst, Wissenschaft und persönlicher Lebensweise umfaßt schließlich auch das Recht, die vorhandenen Überzeugungen und Verhaltensweisen in Frage zu stellen. Damit erst ist der volle Spielraum für alle geschichtlich-gesellschaftlichen Entwicklungs- und Anpassungsprozesse geschaffen – damit erst kann die Geschichte fortschreiten zu neuen Formen individuellen und kollektiven Lebens. Die Fixierung von Kunst, Wissenschaft, Glaube und Lebensführung auf die gerade geltenden Sitten würde auch eine pluralistische Gesellschaft zu einer stagnierenden machen.

Philosophie, Literatur, Kunst und Wissenschaft liefern dort, wo sie sich frei äußern können, Material für Neuorientierungen. Sie registrieren und postulieren Tendenzen, die sich von den geltenden Konventionen wegentwickeln. Die Möglichkeit, alle geltenden und gesetzlich geschützten Konventionen ständig in Frage stellen zu können, ist ein Wesensmerkmal der freien Gesellschaft und nicht etwa ein Konstruktionsfehler oder ein Versäumnis, das behoben werden müßte, indem man Verfassung und Rechtsprechung möglichst eng an die geltenden Normen bindet und eine bestimmte Auffassung von Religion, Ehe, Kunst sakrosankt macht. Die Verfassung darf kein hermetisch geschlossenes System von absolut geltenden Werten sein, sondern muß «Lücken» lassen, die es der Gesellschaft erlauben, alle die geltende Ordnung in Frage stellenden Entwicklungen unbefangen zu erforschen und offen zu diskutieren.

Die Überlegenheit der Demokratie allen autoritären und totalitären Systemen gegenüber beruht auf dieser Unabgeschlossenheit, die ein kontinuierliches und elastisches Sichanpassen an die allgemeinen Umwandlungsprozesse erlaubt. Eine ideologisch und institutionell geschlossene Gesellschaft ist nur nach einem gewaltsamen Umsturz neuen Anforderungen gewachsen. Und sie ist gezwungen, alles zu verbieten und zu unterdrücken, was die absolute Geltung der herrschenden Überzeugungen in Zweifel ziehen könnte. Da wir inzwischen in einer Phase der Weltgeschichte angelangt sind, in der sich alle Dinge immer rascher und gründlicher ändern, wird die Bedeutung der «Lükken» in den demokratischen Verfassungen, also die institutionalisierte Offenheit, immer wichtiger. Es vollziehen sich heute während der Lebenszeit einer Generation Wandlungen, deren Ingangkommen, Zuwortkommen und Zurherrschaftkommen früher Jahrhunderte in Anspruch nahm.

Kunst und Wissenschaft, Literatur und Philosophie in einer freien Gesellschaft sind in der Tat «zersetzend», sie zersetzen die konventionelle Wirklichkeit, indem sie neue Tendenzen ans Licht bringen. Eine freie Gesellschaft unterscheidet sich von einer unfreien dadurch, daß sie ein konformes Verhalten nur im Bereich der durch das Zivil- und Strafrecht abgesteckten Grenzen fordert und darauf verzichtet, auch das geistige, seelische und private Leben und Wirken an die Normen des im positiven Recht zum Ausdruck kommenden allgemeinverbindlichen Sittengesetzes zu binden. Die Freiheitlichkeit der freien Demokratie besteht darin, daß es in ihr möglich ist, die alle Individuen und Gruppen sozial und sittlich verpflichtenden Basiswerte im Bereich der intellektuellen Diskussion, der wissenschaftlichen Forschung, der künstlerischen Gestaltung und schließlich auch der privaten Lebensführung ständig zu überschreiten und in Frage zu stellen. Es ist übrigens eine der Folgen solchen Infragestellenkönnens, daß die Möglichkeit, alle Tendenzen sehr frühzeitig und sehr offen zu diskutieren, die Tendenzen selbst verändert. Vielleicht hat Freud gewisse sexuelle Fehlhaltungen dadurch verringert und verändert, daß er sie konstatierte. Es hat also seinen guten Sinn, daß Lehren dieser Art verhältnismäßig schnell «widerlegt» werden. Gerade weil sie richtig sind, tragen sie zur Vermeidung dessen bei, was sie voraussagen.

Der nach dem Zusammenbruch aller mythischen und ideologischen Überbauten und der Auflösung kollektiver Überpersonen zutage tretende Pluralismus der Individuationen macht die Aufstellung neuer einfacher Moral-Schemata unmöglich. Wir sehen uns einer Vielfalt der «natürlichen» Seinsweisen des Menschen gegenüber, die nur solche Konventionen sittlich macht, die diese Vielfalt gewährleisten.

Es läßt sich natürlich eine Entwicklung der menschlichen Geschichte ausdenken, die zu einer Angleichung und Stabilisierung zunächst der Sekundär- und dann auch der (individuellen) Tertiärmoralen führt. Aber auch wenn die Inhalte dieser Universalmoral richtig zu errechnen wären, ist jeder Versuch, sie hier und heute oder morgen zu verwirklichen, ein inhumanes Unternehmen. Human ist immer nur das geschichtlich Angemessene, und angemessen sind nur solche politischen, sozialen, kulturellen und moralischen Konventionen, die einer Gruppe konkreter Menschen in einer konkreten geschichtlich-gesellschaftlichen Situation ein Optimum an Selbstbestimmung und Selbstverwirklichung möglich machen.

Wer es ablehnt, sich für Konzeptionen zu begeistern, die die «höhere Moral» von morgen heute durchsetzen wollen, bestreitet damit nicht, daß jene zukünftigen Ordnungen vielleicht wirklich «höher» und dem dann erreichten Zustand des Menschen angemessener sein mögen.

11 Kultur und Zivilisation

Über die im Deutschen übliche Unterscheidung von Kultur und Zivilisation ist ausgiebig räsoniert worden – dennoch erweist sie sich bei richtiger Abgrenzung der Begriffe als außerordentlich nützlich, um zwei Demokratie-Probleme zu beleuchten: die Frage des Verhältnisses von Ethik und Ästhetik und die Frage des Niveaus in einer Gesellschaft, deren Gesamtstatus von Mehrheitsentscheidungen geprägt wird.

Kultur ist die Ausprägung eines charakteristischen Typs von Bauten, Kunstwerken, Literaturen, Mythen und Sitten – sie ist an die Traditionen einer Gruppe von Völkern gebunden, die durch Jahrhunderte oder Jahrtausende hindurch eine gemeinsame Geschichte gehabt haben. Kultur ist der Inbegriff alles dessen, was die Angehörigen einer Kultur von den Angehörigen anderer Kulturen unterscheidet. Es hätte demnach nur dann einen Sinn, den Begriff Zivilisation zu verwenden, wenn er alle Lebensbedingungen und Lebensäußerungen umfaßt, die sich für alle Menschen gleich darstellen, sobald sie überhaupt einmal die Stufe der Zivilisation erreicht haben. Es gehören dazu die Wissenschaften, die sich daraus entwickelnde Technik und Industrie und die sich aus dem Zusammentreffen und Zusammenwirken von politischer Aufklärung und technisch-organisatorischer Mittel entfaltende parlamentarische Demokratie. Der Satz des Pythagoras gilt hier wie dort, Computer sind überall gleich konstruiert, die Börsentendenzen gehorchen überall auf der Welt, wo es Börsen gibt, den gleichen Regeln, und die Übung, die Mehrheit durch Abstimmung entscheiden zu lassen, erzwingt die gleichen Spielregeln und Einrichtungen.

Auf alle diese Dinge: Wissenschaft, Technik, Industrie, Demokratie kann man verzichten und dennoch Kultur übrigbehalten. Umgekehrt läßt sich eine Gesellschaft denken, die zivilisiert im Sinne unserer obigen Definition ist, zugleich aber jeder Kultur ermangelt. Kultur verpflichtet weder zur Anerkennung der Charta der Menschenrechte noch zur Annahme des kopernikanisch-einsteinschen-Weltbildes. Es ließe sich ohne weiteres auch ein zeitgenössisches Kulturvolk denken, dessen Verfassung die Sklaverei vorsieht und dessen Weltbild auf der Annahme beruht, daß die Sonne sich um die Erde dreht.

Hitler und Himmler waren Freunde guter Musik, Goebbels und Göring sammelten alte Meister. Der Nazismus verklärte die Volkskultur zu etwas Heilig-Erhabenem und denunzierte die Zivilisation als nihilistische Verfallserscheinung. Die Qualität einer Kultur ist in der Tat von der Ausbildung imaginativer und kreativer, nicht intellektueller und ethischer Talente abhängig. Der Humanitätswert einer Kultur wächst sozusagen mit ihrem Gehalt an «Kulturlosigkeit». Menschlichkeit und Menschenrechte lassen sich erst begründen, wenn man nach dem Allgemeinen und Allgemeinverbindlichen sucht.

Wie die Geschichte der christlich-abendländischen Kultur bei ihrem Übergang in das, was man westliche Zivilisation nennt, zeigt, schließen sich Kultur und Zivilisation weder prinzipiell noch de facto aus, aber Art und Ausmaß der möglichen Mischungen beider Bereiche sind offenbar begrenzt. Diese Begrenzung ergibt sich durch zwei Vorgänge. Der Pluralismus der Individuen zerstört die Einheit der Kulturen zugunsten der Möglichkeit einer «Kultur des einzelnen», und die Abhängigkeit allgemeinverbindlicher Werte von Mehrheitsentscheidungen führt zu einer Reduzierung dieses Allgemeinverbindlichen auf nur noch politische und zivilisatorische Gegenstände.

Wenn jeder einzelne, wie wir es heute erleben, tatsächlich seine ganz spezielle Kultur entwickeln kann: italienisch oder amerikanisch oder chinesich essen, sich altenglisch oder griechisch-römisch kleiden, christlich oder zen-buddhistisch meditieren, Kopien alter Meister oder Pop-Posters ins Zimmer hängen, dann gibt es eben keinen diese Gesellschaft charakterisierenden Stil mehr, oder doch nur jenen, den die technische Zivilisation allen Völkern aufprägt.

Gewiß stehen wir noch am Anfang dieser Entwicklung. Noch gibt es Kunst- und Literaturdenkmäler, Gebräuche und Sitten, die Europa von Amerika und beide von Ostasien klar unterscheiden. Aber der kulturelle Zerfalls- wie der zivilisatorische Angleichungsprozeß sind unübersehbar. Quer durch die bisherigen Kulturen hindurch bilden sich Subkulturen von Individuen, die weder geographisch noch organisatorisch zusammenhängen, sondern nur durch den gleichen Lebensstil miteinander verbunden sind.

Die Auflösung der bisherigen Kulturen, also einer sehr begrenzten Zahl kollektiv bindender Stile führt natürlich zu einer explosiven Vervielfältigung von Stilen überhaupt, da nun jedes Individuum seinen eigenen Stil ausbilden kann. Wir sehen uns einer anarchischen Fülle von Stilen und Stilvarianten gegenüber, die Kultur endgültig jeder Möglichkeit beraubt, allgemeine Werte zu verkörpern.

Die demokratischen Verfassungen schützen zwar ausdrücklich die kulturellen Bedürfnisse des einzelnen, aber eine demokratische Gesellschaft als ganze kann ihrerseits nur so viel Kultur hervorbringen als die Mehrheit Kultur hat. Der eigentliche Integrationsfaktor in einer Demokratie sind die zivilisatorischen Werte. Aus der Kulturperspektive gesehen heißt das: Vermassung, Nivellierung, Unbildung. Das Gesicht einer Industriegesellschaft wird nicht von Kult- und Repräsentations-, sondern von Zweckbauten bestimmt, nicht von Alleen und Gärten, sondern von Autobahnen und Grünanlagen, nicht von Equipagen, sondern von Volkswagen, nicht vom Residenztheater, sondern vom Kino, nicht vom Geschmack und Bedürfnis der kulturellen Elite, sondern von den Wünschen der Mehrheit. Das ergibt dann in den Volksdemokratien die Herrschaft des sozialistischen Realismus, in den westlichen Demokratien die Herrschaft der Unterhaltungsindustrie, des Sports und der Pornographie.

Prinzipiell schließt natürlich die Demokratie ein hohes Kulturniveau der Gesellschaft nicht aus, denn warum sollte nicht auch eine Mehrheit einer subtilen Geschmacksbildung teilhaftig werden können. Historisch trat aber Kultur bisher nur in aristokratisch-feudalen Gesellschaften auf. Die Anhäufung von Besitz, Bildung und Macht in den Händen einer privilegierten Schicht war die Voraussetzung für das Entstehen einer Kultur. Kultur setzt Muße, frei verfügbare Zeit, materielle Mittel, die man zum Lebensunterhalt nicht benötigt, und die Macht voraus, solche Mittel ohne Nachweis eines Nutzens ausgeben zu können. Sie erfordert Urteils- und Geschmacksbildung, Phantasie und Initiative – Talente, die der Mensch nur unter Lebensbedingungen entwickeln kann, die auch in der westlichen Welt erst seit 100 Jahren für eine größere Zahl gegeben sind. Für die Mehrheit sind sie es bis heute nicht. Diese trifft sich nur im Verständnis «minderwertigerer» Freuden und läßt sich verläßlich nur durch pragmatische Werte binden.

Sobald eine Gesellschaft nach Gerechtigkeit und Gleichheit strebt, das heißt sich demokratisiert, beginnt der kulturelle Abbau. Es gibt in Vergangenheit und Gegenwart kein Beispiel, das Anlaß zu der Vermutung geben könnte, die ästhetisch-kulturelle Wertung könne auch in einer demokratisierten Welt ihre bestimmende Bedeutung erhalten. Es war dieser im Gang der Geschichte begründete Vorgang, der zu den das Ende des vergangenen und den Beginn des derzeitigen Jahrhunderts begleitenden Diskussionen über den Konflikt zwischen Kunst und Moral, dem Artistischen und dem Politischen führte. Man sah sich vor eine Alternative gestellt, die von den meisten zugunsten der Moral und Politik entschieden wurde. Die Ästheten und Kulturverteidiger wurden ins Lager der politischen Reaktion gedrängt.

Im Hinblick auf die Selbstverwirklichung des ganzen und des einzelnen Menschen sind die kulturellen Dinge höchstwertig – können aber weder ihrem Anspruch noch ihren Inhalten nach allgemeinverbindlich sein. Ob sich jemand für moderne oder für klassische Musik oder überhaupt für Musik, ob sich jemand für bildende Kunst oder Literatur oder für beides nicht interessiert, ist seine Sache. Es mindert weder seinen sozialen noch seinen menschlichen Wert. Er kann ein Charakter und eine Persönlichkeit sein, ohne je ein Buch in die Hand genommen, einen Theatersaal betreten, einen philosophischen Vortrag gehört zu haben. Sein Mangel ist subjektiver Natur: bestimmte Freuden und Werte, die mit der Ausbildung, Aktivierung und Intensivierung seiner Empfindungs- und Denkfähigkeiten zusammenhängen, lernt er nicht kennen. Obwohl er also den Mangel gar nicht als Mangel empfinden muß und ein ausgefülltes und geglücktes Leben führen kann, handelt es sich von den Möglichkeiten der menschlichen Natur her gesehen tatsächlich um einen Mangel. Ihn zu beheben ist in einer freiheitlichen Gesellschaft jedoch keine Aufgabe der Politik, indem sie Kultur überhaupt oder diese und jene Kultur im besonderen verordnet, sondern eine der Pädagogik. Aufgabe der politischen, sozialen und rechtlichen Ordnung ist es lediglich, die Voraussetzungen und den Spielraum für die kulturelle Betätigung des Individuums zu garantieren. Die Inhalte kann ihm die Erziehung als Angebot vermitteln, das er annehmen, aber auch ablehnen darf.

Die Allgemeinverbindlichkeit wissenschaftlicher und sachlicher Werte ergibt sich von selbst; desgleichen die Konformität aller Lebensäußerungen und Lebensbedingungen, die mit der Entwicklung der Technik und Industrie zusammenhängen. Die Allgemeinverbindlichkeit von Normen, die die sozialen und rechtlichen Beziehungen innerhalb einer Gesellschaft regeln, muß ebenfalls garantiert sein. Sie müssen notfalls mit Gewalt durchgesetzt werden. Es gibt dann noch den großen Bereich von Sitten, Moden, Umgangsformen, in dem sich traditionell Allgemeines mit gruppenspezifisch und individuell Besonderem mischen. Unterhalb der Sphäre der zivilisatorischen Universalia sind die verschiedenen «primitiveren» (nicht im Sinne von minderwertig, sondern im Sinne von elementar) Bedürfnisse der Sexualität, der sportlichen Betätigung, der Unterhaltung angesiedelt; oberhalb ihrer die höheren Freuden der Kunst, Literatur, Musik, Philosophie, wobei Geschmack und Phantasie aus primitivem Sex subtilen Eros, aus Klamauk Spannung, aus dem Stillen von Hunger und Durst «Essenskultur» usw. machen können.

Es ist einleuchtend, daß eine Gesellschaft, deren Verfassung ausschließlich darauf ausgerichtet wäre, die Zivilisationswerte zu fördern, die kulturellen Talente ihrer Angehörigen unentwickelt ließe. Wenn man dem Menschen nicht ausdrücklich Kulturwerte anbietet, seinen Geschmack und sein Denken trainiert, wird er sich mit Arbeit, Essen, Schlafen, sexueller und körperlicher Betätigung und der Pflege sozialer Kontakte zufriedengeben. Die Schwierigkeit demokratischer Gesellschaften in der jetzigen Phase ihrer Entwicklung besteht darin, daß ihre Repräsentanten einerseits den Willen der Mehrheit verwirklichen müssen, und damit auch das Niveau dieser Mehrheit übernehmen, andererseits wissen, daß die höchsten Werte sich dem Mehrheitsverständnis bis auf weiteres entziehen. Wenn man will, lebt die Kultur in unseren Demokratien sowohl hinsichtlich ihrer Substanz als auch hinsichtlich der ihr zugesprochenen Bedeutung immer noch vom feudalistischen Erbe. Auch wer selbst keinen Gebrauch davon macht, fühlt sich verpflichtet, die Kulturgüter der Nation hochzuhalten, und die Parlamente aller Demokratien werden sich hüten, in den Ruf des Banausentums zu geraten. Die Mittel, die für Museen, Opernhäuser und Theater, für Konzerte und Festspiele jährlich zur Verfügung gestellt werden, sind beträchtlich. Und es wäre ungewöhnlich, wenn eine Stadtverwaltung beschließen würde, den Kulturetat für das laufende Geschäftsjahr zu streichen und mit den dort eingesparten Summen Krankenhäuser und Schulen zu bauen.

Dennoch kann unsere erste Frage bei der Beurteilung einer Gesellschaft nicht lauten, ob sie kultiviert, sondern ob sie zivilisiert ist, ob es in ihr keine Unterdrückten, keine zu Unrecht Verurteilten, Armen und Unwissenden gibt. Der Gerechte protestierte immer schon gegen den Überfluß an Kulturgütern, solange es Unzähligen an den notwendigsten Lebensgütern gebrach. Und der Weise benötigt, um weise zu sein, eine Schale Reis und eine Matte zum Schlafen.

Die Entwicklung der Kultur ist erst gerechtfertigt, wenn ein Minimum an zivilisatorischen Gütern für alle zur Verfügung steht. Glücklicherweise stellt die Geschichte nur selten vor solche Alternativen. Soweit aber eine Entscheidung zwischen Zivilisation und Kultur getroffen werden muß, wird sie zugunsten der Zivilisation zu treffen sein. In der Sicht einer personalistischen Ethik ist das Leiden des Menschen nicht durch Kulturleistungen abgeltbar. Soweit also tatsächlich die Schaffung der Voraussetzungen von ausreichenden Lebensgütern für alle von unserem Verzicht auf Kulturgüter abhängt, muß dieser Verzicht erbracht werden. Das ist nicht nur moralisch, sondern auch empirisch zu fordern, denn genügend Nahrung und Kleidung, ausreichender Wohnraum, Sicherung vor Krankheit und Alter, Schutz vor Eingriffen anderer sind zwar nur Voraussetzungen unseres Daseins, haben aber zeitlichen und politischen Vorrang.

Im Weltmaßstab gesehen haben wir wahrscheinlich nur die Wahl, entweder Verzichtleistungen an Kultur- und Lebensgütern zugunsten der unterentwickelten Völker auf uns zu nehmen oder ein Zeitalter der planetarischen Revolutionen und Kriege zu riskieren, das die Menschheit insgesamt auf eine Zivilisationsstufe herunterdrückt, die nicht nur unterhalb eigentlicher Kultur liegt, sondern auch unseren politischen und zivilisatorischen Spielraum auf volksdemokratische Maße verengt. Die sozial-ökonomistischen Heilslehren werden alle Menschen und Völker, denen die Menschenrechte immer noch verweigert werden, in ihren Bann ziehen, wenn wir uns unfähig erweisen sollten, die Bedeutung von Lebens- und Kulturgütern richtig abzuschätzen.

Die Entwicklung in den kommunistischen Staaten, insbesondere die chinesische Kulturrevolution zeigt, daß die Etablierung einer sozialrechtlichen Massengesellschaft sich zunächst gegen die Einrichtungen und Hervorbringungen der bisherigen kulturrechtlichen Feudalgesellschaft wendet. Und wenn Fanon schreibt: «... in einem kolonisierten Land ist der elementarste, brutalste, undifferenzierteste Nationalismus die glühendste und wirksamste Form einer Verteidigung der Nationalkultur»[1], so demonstriert er damit, daß unterdrückte Völker, Rassen und Klassen ihr Selbstwertgefühl nur über kollektive Werte finden können und nur über solche Kollektivwerte, die Kultur unterhalb der Zivilisationsebene verkörpern.

Mit der Entscheidung für fühlbare und ins Gewicht fallende Verzichtleistungen der Industriestaaten zugunsten aller Völker, in denen noch nackte Not herrscht, ist keineswegs die Notwendigkeit des totalen Verzichts auf Kultur und Luxus verbunden. Solche Alternativen wirken zwar sehr moralisch, sind es aber nicht. Es kann und muß vielmehr beides geleistet werden: Unterstützung der anderen bei der Schaffung menschenwürdiger Lebensbedingungen und Weiterentwicklung der eigenen zivilisatorischen und kulturellen Güter. Es gibt einzelne Menschen und Gruppen, die ihre Lebenserfüllung gerade im Dienst für den leidenden Nächsten – und Fernsten finden. Das kann von Völkern im ganzen nicht verlangt werden. Ihre Angehörigen haben einen Anspruch auf eine ihrer Situation entsprechende Selbstverwirklichung auch dann, wenn andere Völker noch darum kämpfen, überhaupt existieren zu können; sie haben diesen Anspruch nicht nur deshalb, weil die menschliche Fähigkeit, nicht unmittelbar erlebtes Elend zu vergegenwärtigen und damit zu freiwilligen Verzichtleistungen bewegt zu werden, begrenzt ist, sondern auch, weil die Verwirklichung von Kultur an irgendeiner Stelle der Welt ein humanisierender Faktor für die ganze Welt ist.

Selbst Luxus ist solch ein humanisierender Faktor. Es gehört zu den groben Fehleinschätzungen von Intellektuellen, bei denen außer dem Intellekt alle übrigen Sinne unterentwickelt geblieben sind, den Neid des Durchschnittsbürgers auf das Leben der Mitglieder der «High Society» zum Motor der Forderung nach ihrer Beseitigung machen zu wollen. Dieser Neid drückt

1 Frantz Fanon, a. a. O. S. 186 f.

Bewunderung und Wunsch nach Teilhabe aus und ist als positive Einstellung richtiges, nicht falsches Bewußtsein. Es muß Menschen und Menschengruppen geben, die ohne Rücksicht auf materielle Umstände alle Möglichkeiten der Verfeinerung der Geschmackskultur erproben und repräsentieren können, um Maßstäbe zu setzen, Anreize zu geben und auch die Schaulust zu befriedigen. Die Entwicklung der Sensibilität für Farben und Formen, für ein «gepflegtes Äußeres» des Menschen und der Dinge, mit denen er sich umgibt, ist für ein geglücktes Leben nicht weniger wichtig als die Pflege der eigentlich so genannten Kulturgüter, denn für die Mehrzahl der Menschen ist die Praktizierung von Geschmack (von der Wahl des Nagellacks über die der Kleidung bis zur Einrichtung einer Wohnung und zur Zusammenstellung eines Menüs) die einzige Möglichkeit, Sublimierung von Natur zu Kultur aktiv zu vollziehen.

Wenn also die großen Vermögen verschwunden sein werden und auch die Filmstars Tarifverträge haben, wird man sich in den Demokratien überlegen müssen, welche Einrichtungen die bisher an feudale oder kapitalistische Zustände gebundene Produktion von Luxus ersetzen könnten.

12
Die wenigen und die vielen

In den dreißiger Jahren erschien ein Buch, das bis in die Hitlerzeit hinein für die deutsche bürgerliche Intelligenz zu einer Art Standardwerk für die Pflege elitärer Gefühle und Vorstellungen wurde. Es war der ‹*Aufstand der Massen*› von Ortega y Gasset. Drei Stellen mögen die Philosophie des Spaniers in Erinnerung rufen:

«Um eine Elite – sei sie wie immer – zu bilden, ist es notwendig, daß sich zuvor jeder einzelne aus besonderen, verhältnismäßig persönlichen Gründen von der Menge trennt ... Dieser eigentümliche Zug, daß die wenigen sich zusammentun, gerade um sich von den vielen zu trennen, haftet der Bildung jeder Elite an.»[1] – «In der europäischen Geschichte wenigstens hat sich bis zum heutigen Tag das Volk noch niemals eingebildet, ‹Ideen› über irgend etwas zu haben. Es hatte Glaubenslehren, Überlieferungen, Sprichwörter, Denkgewohnheiten; aber es dünkte sich nicht im Besitz theoretischer Einsichten in das Sein oder Sollsein der Dinge – in Politik etwa oder Literatur. Was der Politiker plante oder tat, erschien ihm gut oder schlecht; es stimmt für oder gegen; aber es beschränkte sich darauf, im einen oder anderen Sinn den Resonanzboden für die schöpferische Tat anderer abzugeben. Den ‹Ideen› des Politikers seine eigenen gegenüberzustellen, ja sie auch nur vor das Tribunal anderer ‹Ideen› zu ziehen, die es zu besitzen glaubte, wäre ihm niemals eingefallen.»[2]

1 Ortega y Gasset: ‹*Aufstand der Massen*›, Stuttgart 1947, S. 7.
2 Ortega y Gasset, a. a. O., S. 46 f.

Der psychologische Mechanismus, der von dieser Art von kulturphilosophisch-politischer Literatur in Gang gesetzt wird, unterscheidet sich kaum von der Wirkung bestimmter Werbetexte. Die Zigarette, die den «Duft der großen, weiten Welt» verspricht, wird ebenso zum elitären Signum wie die Armbanduhr XY, die Männer tragen, die «stündlich Entscheidungen zu treffen haben». Von diesem Aspekt her gesehen gehört das elitäre Denken in den Forschungsbereich jener Psychologie, die es mit dem Bedürfnis des Menschen nach Sozialprestige zu tun hat. Irgendwelche Schlüsse auf die reale oder auch die wünschenswerte soziale und politische Struktur einer Gesellschaft lassen sich daraus nicht ziehen. Das heißt, es sind sich wahrscheinlich nur sehr wenige Leser des ‹*Aufstands der Massen*› darüber klar gewesen, welche Konsequenzen die pathetischen Aristokratismen Ortegas haben, wenn man darangeht, sie aus der Sphäre einer unverbindlichen Kulturphilosophie in die Sphäre der Politik zu übertragen. Es stellt sich dann nämlich sehr schnell heraus, daß eine Gesellschaft, in der die Masse der «gewöhnlichen Seelen» darauf verzichtet, eine Meinung zu haben, sie zu äußern und durchzusetzen und in der die Minorität der «außergewöhnlichen Seelen» allein bestimmt, was gedacht und getan werden muß, sich nur als Oligarchie vorstellen läßt.

Die Anfälligkeit des deutschen Bildungsbürgertums für autoritäre Mythen und Ideologien war in dem Umstand begründet, daß die Forderung nach Abschaffung der repräsentativen Demokratie in jenem Augenblick ihren Schrecken zu verlieren scheint, in dem man sich des schillernden Begriffs «Elite» bedient. Die Vorstellung, daß die Weisesten und Vornehmsten sichtbarlich an die Spitze der Nation rücken, ist ein so einleuchtender und befriedigender Gedanke, daß die Frage, auf welche Weise dies geschehen könnte und welche verfassungsrechtlich-politischen Folgen sich daraus ergeben, gar nicht mehr zum Zuge kommt. Und es ist gar nicht zu leugnen: wenn es in einer Gesellschaft eine erkennbare Minorität von hervorragenden Köpfen gibt, so ist es eigentlich nur natürlich, daß man diese Elite mit allen Vollmachten ausstattet und sich ihrer Führung anvertraut. Es ist selbstverständlich sinnlos, die allein Mündigen durch die Unmündigen wählen oder auch nur kontrollieren zu lassen. Nur gibt es für das Zustandekommen eines Gremiums, das sich aus den Besten und Klügsten der Nation zusammensetzt, nicht die geringste Chance. Der niedere oder höhere Rang des einzelnen kann letztlich von keiner Institution festgestellt werden, und es gibt überdies keinen Menschen, der von Versagen oder Irrtum verschont bliebe. Es ist weder überhaupt möglich, die Besten zu identifizieren und organisatorisch zu erfassen, noch gibt es – selbst wenn man schließlich eine Anzahl vermeintlich und vermutlich «Weiser» zusammenbekäme – irgendeine Garantie dafür, daß sie in Permanenz von jenem Geist erleuchtet sind, der zur Alleinherrschaft berechtigen würde.

Wenn es überhaupt ein Kriterium dafür gibt, ob jemand zur «Elite» gezählt werden kann, ist es seine beruflich-gesellschaftliche Leistung. Die hervorragendsten Künstler, Wissenschaftler, Denker und Dichter eines Volkes, das ist vielleicht die gesuchte Auslese. Aber wer kann im Ernst der Meinung sein, daß es möglich wäre, aus dieser Prominenz ein arbeitsfähiges politisches Gremium zu bilden. Was die Angehörigen der Prominenz bedeutend macht, ist die Konzentration auf die selbstgewählte sachliche Aufgabe. Es fehlt ihnen infolgedessen Zeit, Interesse und Energie, um nebenbei noch einen Staat zu verwalten. Und es bleibt überdies zu bedenken, daß auch die außerordentlichste wissenschaftliche Befähigung und künstlerische Anlage noch nicht einmal mit durchschnittlichem politischem Ethos und Scharfsinn gepaart sein muß. Die Genies (soweit sie nicht ausdrücklich politische Begabungen sind) gehören in ihre Arbeitszimmer und Laboratorien, nicht in Sitzungssäle.

Wie man es also auch betrachten mag: es gibt keine Methode, die uns zu einem Rat der Weisen verhülfe, dem wir uns auf Gedeih und Verderb ausliefern könnten, und der unsere im schlicht-demokratischen Parlament versammelten Volksvertreter um so viel an staatsmännischer Weisheit überragen würde, daß man ihm Machtbefugnisse besonderer Art einräumen dürfte. Beiräte, Senate und Oberhäuser mit beschränkten Vorschlag- und Einspruchrechten können die parlamentarische Demokratie ganz gewiß sinnvoll ergänzen, ein oberster Aristoi-Sowjet aber würde nicht die Mängel der Demokratie beseitigen, sondern diese selbst.

Die Tatsache, daß das elitäre Denken sehr schnell und gründlich von rechts nach links umschlagen kann, ist alles andere als verwunderlich. Die Kommunisten wußten immer – wie man insbesondere bei Lenin nachlesen kann –, daß die Diktatur des Proletariats nur eine Diktatur «im Namen des» (nach Errichtung der Diktatur nicht mehr befragten) Proletariats ist. Unsere bürgerlichen Neo-Marxisten aber scheinen ernstlich zu glauben, daß ihre roten Kader keine gegen die Mehrheit gerichteten Eliten, sondern Repräsentanten des Volkes sind. Tatsächlich ist es aber völlig unerheblich, ob linke Minderheiten ihren Machtanspruch mit dem «noch» falschen und manipulierten Bewußtsein der Mehrheit oder rechte Eliten mit ihrer «Gewöhnlichkeit» begründen. Der Unterschied besteht wiederum nur in Motivation und Zielsetzung, nicht in der praktisch-politischen Konsequenz. Die Rechten halten das Verhältnis von unmündiger Mehrheit und mündiger Elite für einen unabänderlichen Grundzug der menschlichen Gesellschaft, die Linken glauben, daß er in ihrem zukünftigen Nicht-Staat endgültig aufgehoben werden könne. Beide verneinen den Anspruch der gerade jetzt lebenden Generationen, ihr Geschick durch Mehrheitsbeschlüsse zu bestimmen.

Die heute grassierenden neomarxistischen Konzeptionen sind durchgehend elitär. Die roten Kader machen aus ihrer Verachtung für Mehrheiten keinen Hehl und streben ausdrücklich die Machtergreifung der wenigen an. Dabei wird der Verzicht auf besitzbürgerliche Privilegien materieller wie kultureller Art durch ein fanatisches Sendungsbewußtsein mehr als aufgewogen. Die Bereitschaft, im Rollkragenpullover und von Kellerwohnungen aus die Macht zu ergreifen, erzeugt bei linken Revolutionären offenbar die Illusion, besonders volksnah zu sein. Angesichts der längst verbürgerlichten Arbeiterschaft posieren sie als Proleten und glauben sich damit allen elitären Verdächtigungen entzogen zu haben. In Wirklichkeit ist der traditionelle Snobismus spätbürgerlicher Konservativer gegenüber dem gewalttätigen, von Manier und Snobismus nicht freien Machtstreben neomarxistischer Kader eine harmlose Erscheinung.

Die bürgerliche und kleinbürgerliche Intelligenz und die Studenten der zwanziger Jahre, die sich an Ortega y Gasset, Spengler, Klages, Ernst Jünger und Gottfried Benn berauschten, bereiteten den Boden für Hitler, waren aber unmittelbar keineswegs auf Diktatur und Terror aus. Die Studenten der sechziger und siebziger Jahre, die mit Marx, Mao und Marcuse zu Bett gehen, wollen gerade dies: die Zerstörung der bestehenden Gesellschaft.

Sowohl die Identifizierung mit dem Establishment als auch der Aufstand dagegen sind Haltungen der Unreife. Da die Masse freiwillig oder unfreiwillig Objekt der herrschenden Klasse ist, zählen sich sowohl diejenigen, die sie bejahen als auch diejenigen, die sie verneinen, zu den «wenigen». Nur eine kleine Schicht kann an der Herrschaft partizipieren, nur eine kleine Schicht kann sich bewußt gegen sie stellen. Diese relativ wenigen können absolut sehr viele umfassen. Wenn wir die konservative Linie elitären Denkens verfolgen, so sehen wir, daß nicht nur der Monarch und der Adel, sondern dann auch das Bürgertum sich für die von der Vorsehung oder der Natur selbst berufenen Sachverwalter des Allgemeinwohls halten. Und nicht nur die kleine Minorität der Akademiker des ausgehenden Mittelalters, sondern auch die sehr große Minderheit der Wissenschaftler und Intellektuellen des beginnenden Massenzeitalters verstehen sich als Elite, die zur Führung der abendländischen Völker berufen ist. Das Nebeneinander und schließlich das Gegeneinander der politisch-ökonomischen und der geistig-kulturellen «Eliten» bringt dann besonders in Deutschland jenen Antagonismus von Politik und Kultur hervor, der im Übergangsfeld feudal-kulturrechtlicher zu demokratisch-sozialrechtlichen Staatsordnungen entsteht. Die immer noch geltende Höchstwertigkeit der Kultur diskreditiert die neuen politisch-zivilisatorischen Kräfte, führt zur Spiritualisierung und Ästhetisierung des Elite-Begriffs und zu einem Führungsanspruch der Kultur gegenüber der Politik, der mangels Durchsetzbarkeit ein ganzes Syndrom von Überwertigkeits- und Minderwertigkeitskomplexen erzeugt. Denn es ergibt sich, daß die politische Unerfahrenheit und Ohnmacht der «Geistigen» um so größer werden, um so idealer und perfekter ihre Modelle und Rezepte sind. Andererseits bestimmt die kultur-schöngeistige Wertigkeitsskala so stark das allgemeine Bewußtsein, daß die politisch und zivilisatorisch führende Schicht trotz hohem Sozialprestige immer wieder in die Gefahr gerät, für gewöhnlich, banausisch und minderwertig zu gelten. Es hat sich diese Einschätzung erst mit dem Verfall des wilhelminischen Bildungsbürgertums und dem Herrschaftsantritt der Massen geändert, wobei sich bis heute beide Tendenzen verschränken: der Professor steht noch immer auf den obersten Rängen der sozialen Prestigeskala, aber angestrebt werden Berufe in der Industrie und im Management.

Mit den Romantikern entstehen die verschiedenen Theorien vom Herrenmenschentum: als Anbetung des starken, gesunden Individuums oder der starken und gesunden Rasse – jenseits von Gut und Böse; in abgemilderter, moralisierter Fassung dann als Glorifizierung der abendländischen Kultur, der Herrschaft der weißen Völker oder auch als Sozialdünkel einer bestimmten Klasse, eines bestimmten Standes: der Offiziere, der Beamten oder der Akademiker. Alle diese Komponenten eines elitären hierarchisch-autoritären Denkens sind bis heute lebendig und lassen sich ohne weiteres aus diesbezüglichen Vorstellungen unserer Zeitgenossen herauspräparieren. «Wenn ein Staat zusammenbricht, verlieren Männer ihren Wert – auch diesen Zustand kann man Freiheit nennen.»[1] «Deswegen hängt an jeder Krone Blut und Schmutz und Lüge, und das unvermeidbar, denn die im Palast des Staates residierenden Tugen-

1 Arnold Gehlen, a. a. O., S. 110.

den sind nicht die des Eigenheims, sie zehren offen vom Leben, und nicht versteckt.»[1] «An diesen Schauer der Größe reicht das Wort nicht, man spürt ihn im Invalidendom.»[2]

Romantik, deutscher Idealismus, Hegelscher Weltgeist, wilhelminische Obrigkeit, l'art pour l'art, die blonde Bestie, der Übermensch – all dies sind Tendenzen und Bewegungen, die aus dem gleichen Weltbild und Lebensgefühl fließen: der Überzeugung, daß die Demokratie eine gefährliche Bedrohung aller höheren Werte und Ordnungen, die Diktatur des schlechten Geschmacks, der niederen Instinkte, der Analphabeten und Plebejer ist.

Jede dieser Gruppen empfand die Demokratie nicht nur als Bedrohung ihres Führungsanspruchs, sondern als Bedrohung eines die abendländische Kultur ganz allgemein charakterisierenden Prinzips. Für diesen Kulturbegriff ist Variabilität, sind Farbigkeit und Vielgestaltigkeit nur denkbar in einer geschlossenen sozialen und politischen Ordo. Innerhalb dieses verpflichtenden Rahmens aber bestimmen sie nicht nur den Grad der künstlerischen und kulturellen, sondern auch der sozialen Potenz der Gesellschaft. Die Auffächerung zwischen Reichtum und Armut, Herren und Knechten ist ein Zeugnis der Fülle und Reife einer Kultur; das Gegliederte und Geschichtete eine Forderung der Ästhetik und Ethik zugleich.

Bettler, Bauer, Bürger, Edelmann – die Rollen sind vielfältig, aber vorgeschrieben in Kostüm, Haltung, Sitten. Es ist ein «Pluralismus» des festgefügten Neben- und Übereinander, der – im allgemeinen – weder den Rollenwechsel erlaubt noch gar eine persönliche Entscheidung in den wesentlichen Fragen der Religion, Weltanschauung und Moral. Der Pluralismus der Kulturen, von dem wir oben gesprochen haben, umfaßt das bunte, aber statische und eng begrenzte Feld der ständisch-sozialen Folklore, der Pluralismus der Individuen stellt gleichberechtigte, für den einzelnen jederzeit auswechselbare, von der Meta-

1 Arnold Gehlen, a. a. O., S. 119.
2 Arnold Gehlen, a. a. O., S. 120.

physik bis zur Sexualmoral durchgezogene Lebensmodelle nebeneinander.

Im hierarchisch-elitären Staat ist die Pluralität ihrem Inhalt wie ihrer Stufung nach ein Element der in der gleichen Moral und Metaphysik verankerten Gesamtordnung, in die alles eingebunden ist; in der demokratischen Gesellschaft ist die Pluralität lediglich als Prinzip verankert, ihr Inhalt beliebig bestimm- und auswechselbar, zusammengebunden nur an der Basis durch die moralisch-politisch-zivilisatorischen Werte. Dort haben wir ein geschlossenes, nach allen Seiten hin überseh- und ausleuchtbares Universum mit festen Horizonten, hier über dem allein festen Boden eine offene, nach allen Richtungen ins Unbekannte verlaufende Welt. Es ist einsichtig, warum im einen Fall Ästhetik und Ethik ineinander übergehen, im anderen strikt auseinandertreten: die statische Farbigkeit und Vielgestaltigkeit ist schön und wahr und sittlich zugleich, der dynamische, unbegrenzt fluktuierende Pluralismus, der keine Ordnung kennt, drängt das Verbindende und Verbindliche in die Basis zurück.

Zu der traditionellen Verwurzelung und der ästhetizistischen Ausformung der abendländischen Elite-Theorien kommt in der Neuzeit die biologisch-vitalistische Fundierung. Unter diesem Aspekt ist die hierarchische Gliederung einer Gesellschaft eine Forderung, die aus der organischen Natur der Sozialität abgeleitet werden muß. Jedes Volk und jeder Staat ist demnach eine «Ganzheit», ein Organismus mit vielfältigen Gliedern und Funktionen, die alle in einem analog zum menschlichen Körper vorzustellenden Herrschafts- und Dienstbarkeitsverhältnis zueinander stehen. Die einzelnen Stände und Berufe haben alle ganz spezifische Aufgaben zu erfüllen. Der Organismus «Staat» ist nur so lange lebensfähig, als jeder einzelne und jeder Stand diese seine Aufgabe kennt und vollzieht. Die «Elite» ist gleichbedeutend mit dem Kopf und Nervenzentrum des Staatsorganismus, von ihr gehen die Befehle aus. Daß Hände und Füße nicht von selbst agieren oder gar ihrerseits dem Kopf sagen können, was er zu befehlen hat, versteht sich von selbst. Die einen haben ein für allemal zu herrschen, die anderen ein für allemal zu gehorchen.

Wenden wir uns an dieser Stelle wieder der Linken zu, so führt der ideologisch-programmatische Egalitarismus nicht zur Befreiung, sondern lediglich zur Nivellierung aller Beherrschten. Die Gliederung hat keine Vielfalt mehr, sondern ist auf zwei Gruppen reduziert: die wenigen, die nur herrschen, und die vielen, die nur zu gehorchen haben. Dieser Aristokratismus ist radikal, da es keine Übergänge mehr gibt, die den Zusammenstoß zwischen Befehl und Befehlsempfänger abmildern könnten. Die Konstruktion eines Zentralkomitees wird in ihrem elitären Anspruch nur noch von der Struktur der katholischen Kirche übertroffen: der Unfehlbarkeit des einen Papstes.

Tatsächlich müssen alle Versuche – ob sie von rechts oder von links unternommen werden –, die Demokratie durch elitäre und autoritäre Verfassungselemente zu verbessern (auch wenn dies nur für eine Übergangsphase geplant ist), zur Pervertierung und Aufhebung dessen führen, was Demokratie ist und meint: der gleichberechtigten Entfaltung der Individuen. Da die «gewöhnlichen Seelen» seit 100 und mehr Jahren nun einmal daran gewöhnt sind, den Anspruch auf Urteilsfähigkeit, Selbst- und Mitbestimmung zu erheben, kann die Herrschaft einer reaktionären oder revolutionären Elite nur gewaltsam, das heißt gegen den Willen der Beherrschten durchgesetzt und erhalten werden.

Der selbsternannte Souverän ist so lange möglich (und moralisch gerechtfertigt), als er seine Norm ohne Gewalt verbindlich machen kann. Napoleon lehrte die Leute napoleonisch zu denken, de Gaulle dankte ab, weil die Mehrheit nicht mehr gaullistisch dachte, sondern sich schließlich doch an den eigenen Wünschen und Meinungen orientierte. Die Frage der Legitimität des «Aufstandes der Massen», die sich angesichts nicht nur marxistischer Elite-Praktiken, sondern auch angesichts der neopessimistischen Kritik an der industriellen Leistungs- und Konsumgesellschaft auch heute noch stellt, ist nur vom Wesen der nicht rückgängig zu machenden Aufklärungsprozesse her zu beantworten, nicht durch das Gegeneinanderabwägen von Kultur- und Staatstheorien. Von den erklärten Befürwortern einer autoritären Herrschaft unterscheiden sich die Anhänger schöngeistig-elitärer oder revolutionär-elitärer Konzepte lediglich dadurch, daß sie sich (bzw. ihrem Publikum) vorzumachen versuchen, der urteils- und entscheidungsbereite Bürger würde angesichts der überragenden Fähigkeiten der ihm präsentierten Eliten oder auf Grund einer ihm eingeredeten geschichtlichen Ausnahme- und Übergangssituation freiwillig auf seine Mündigkeit und Autonomie verzichten.

Solange die Menschen ihren minderen rechtlichen und sozialen Status als natürlich oder gottgewollt hingenommen haben, entsprachen autoritär-hierarchische Gesellschaftsordnungen dem gegebenen Zustand und der gegebenen Phase der gesellschaftlichen Entwicklung und waren prinzipiell legitime Versuche, eine den sozialen Frieden sichernde Ordnung zu konstituieren. Jeder Versuch jedoch, eine ins Stadium der allgemeinen Bildung, der sozialen Mobilität und individuellen Pluralität eingetretene Gesellschaft in die Zwangsjacke einer hierarchisch-elitären Gliederung zu pressen (sei sie vielschichtig oder zweischichtig), ist ein inhumanes, die Würde der Person verletzendes Unternehmen. An diesem psychologisch-moralischen Faktum scheitern alle reaktionären wie revolutionären Theorien – jedenfalls soweit sie humanistisch zu sein vorgeben.

Das Zustandekommen einer sich aus der Masse heraus- und absondernden Gruppe setzt bei dieser eine starke Homogenität der Interessen und der Gesinnung voraus. Wenn diese Gemeinsamkeit der Anschauung und der Ziele, und die Überzeugung, daß diese Anschauungen und Ziele höchstwertig sind, nicht gegeben ist, kann es zu einer elitären Gruppenbildung überhaupt nicht kommen. Natürlich gibt es beträchtliche Unterschiede zwischen einer Führungsschicht, die einen Schwur auf das stalinistische Parteiprogramm abgelegt hat, und einer Gruppe von Menschen, die die absolute Wertordnung etwa eines integralen Katholizismus vertritt. In beiden Fällen jedoch repräsentiert die zur Herrschaft entschlossene Minderheit immer nur eine der in der Gesellschaft lebendigen Glaubensüberzeugungen. Und zwar repräsentiert sie gerade jene Anschauung, die auf die Pluralität keine Rücksicht zu nehmen gewillt ist, da ihr Herrschaftsanspruch ja auf der Überzeugung beruht, im Besitz der allein richtigen Maßstäbe zu sein. Das Schicksal der Opposition in allen kommunistischen Staaten von der UdSSR bis China oder Kuba zeigt, wie schnell gerade die Toleranzgrenze jener Systeme erreicht ist, die unentwegt den faschistischen Terror am Werk sehen, und es lieben, sich als exemplarisch humane Gesellschaften zu empfehlen.

Die Inhaber der Führungspositionen in einer Demokratie dürfen gerade das nicht, was das eigentliche Ziel jeder elitären Herrschaftsgruppe ist: ihre Maßstäbe für alle verpflichtend machen. Von den demokratischen Führern muß ganz im Gegenteil verlangt werden, daß sie eine ihrer Hauptaufgaben darin sehen, die Freiheit jener politischen, weltanschaulichen und religiösen Gruppen zu schützen, die sich in der Opposition befinden.

Das Mitglied einer demokratischen Regierung ist nicht ein Mensch, von dem man annimmt, er sei im Besitz unfehlbarer Einsichten, sondern ein fähiger Kopf, dem man die Chance gibt, die Brauchbarkeit seiner politischen, sozialen und ökonomischen Theorien auszuprobieren. Und diese Chance wird ihm nicht deshalb gegeben, weil er einer Minderheit von Auserwählten angehört, sondern weil er sich zum Sprecher der Meinungen einer Mehrheit macht. In ihm manifestiert sich nicht der Weltgeist, sondern die grundsätzlich jedermann zugängliche vernünftige Einsicht in den wünschenswerten Verlauf der irdischen Dinge.

Das offene Nebeneinander abweichender Meinungen, das freie Gespräch zwischen diesen Meinungen, die Tolerierung noch der abseitigsten Sekte – all dies geht mit der Machtergreifung einer sich im Besitz der Wahrheit fühlenden Elite verloren. Nur eine effektiv monokratische, das heißt auf ein Glaubens- und Wertsystem ausgerichtete Kultur läßt sich elitär führen, ohne inhuman zu werden. Die Elitisierung einer Gruppe in der pluralistischen Gesellschaft muß zur Demoralisierung und Zerstörung dieser Gesellschaft führen.

Im übrigen führt jede elitäre Staatsform nicht nur zur Einparteienherrschaft, sondern auch zu einem Primat der Politik, wie es die Demokratie niemals kennt. Es entfällt nämlich jene gewichtige Mitbestimmung aller kulturellen und geistigen Kräfte und Gruppen, die durch öffentliche Vertretung ihres Standpunktes meinungsbildend sind und auf dem Umweg über diese Meinungsbildung der Einflußsphäre der rein politischen Kräfte klare Grenzen setzen. Das einzige Korrektiv, dem autoritäre Regierungen ausgesetzt sind, ist der Einfluß mächtiger anonymer Institutionen, also etwa der Parteien, des Militärs, der Wirtschaft oder der Kirchen.

Die Mehrheit kann unwissend sein und verführt werden, sie kann der Dummheit, dem Rückschritt und der Gewalt ihre Stimme leihen. Um zu verhindern, daß das Majoritätsprinzip in einer parlamentarischen Demokratie zu solchen Katastrophen führt, muß man entsprechende Sicherungen in die Verfassung einbauen. Dazu gehört vor allem anderen die verfassungsmäßig verankerte Pflicht einer demokratischen Regierung, keine politische Gruppe als Partei zuzulassen, deren Programm die Aufhebung der Grundprinzipien der freiheitlichen und rechtsstaatlichen Demokratie vorsieht.

Aber ein Standpunkt muß auch nicht schon deshalb falsch sein, weil sich eine Mehrheit zu ihm bekennt. In vielen Fällen wird die Majorität hinter den Entscheidungen, die möglich und nötig wären, zurückbleiben, aber es ist besser, in einem Staat zu leben, der den Weg zu einer gerechteren Ordnung nur in kleinen Schritten bewältigt, infolge seiner demokratischen Grundstruktur aber allen Minderheiten die wesentlichen Lebens- und Wirkmöglichkeiten läßt, als in einer Gesellschaft, die die ganze Gerechtigkeit von heute auf übermorgen zu verwirklichen verspricht, dafür aber jede Abweichung und jeden Widerspruch zum Verbrechen erklärt. Freiheit ist Freiheit auch des irrenden und des zurückgebliebenen Bewußtseins.

Vom Begriff der «Elite» als einer sich von der Menge absondernden, mit Vorrechten ausgestattenen Minderheit muß strikt jede Gruppe unterschieden werden, die in politische, wirtschaftliche oder kulturelle Führungspositionen gelangt, ohne deshalb eine geschlossene Gesellschaft zu bilden oder über ihre Sach- und Fachkompetenzen hinaus universale Machtbefugnisse zu beanspruchen.

Der in jedem Menschen vorhandene Wunsch, etwas Außergewöhnliches zu leisten, sich hervorzutun und eine besondere Rolle zu spielen – diese allgemeine elitäre Dynamik wird durch das Vorhandensein etablierter und organisierter Eliten nicht gefördert, sondern verdorben, denn in diesem Augenblick spielt die – so oder so erlangte – Zugehörigkeit eine größere Rolle als der Leistungsnachweis.

Die Bildung einer Elite, das heißt eines institutionell aus der Masse herausgehobenen Kollektivs von Bevorrechtigten, liegt also weder in der Absicht einer Gesellschaft der gleichen Chancen und Rechte, noch in der Absicht einer Gesellschaft der optimalen Förderung und Nützung der individuellen Talente.

Man kann natürlich abstrahierend und analysierend gewisse Führungsschichten herauslösen und mit dem Etikett «Elite» versehen. Das ist aber etwas ganz anderes, als wenn man sagt, die Demokratie müsse Eliten «bilden». Der gesellschaftliche Mechanismus einer Demokratie ist darauf eingestellt, auf die einzelne Führungsfunktion in der Kultur, der Politik, der Wirtschaft usw. den begabten, leistungsfähigen einzelnen zu bringen. Die Demokratie ist aber nicht daran interessiert, daß die Inhaber bestimmter Führungsfunktionen autonome und privilegierte Gruppen bilden, denn damit ist sofort die Gefahr gegeben, daß das Prinzip der individuellen Leistungsfähigkeit durch das Prinzip der Gruppenzugehörigkeit ersetzt und unwirksam gemacht wird. Natürlich gibt es Berufsverbände und Genossenschaften, gibt es Zusammenschlüsse von leitenden Industrieangestellten, von Nobelpreisträgern, von Parlamentsabgeordneten und Schriftstellern. Aber solche Gruppierungen sind freie Zusammenschlüsse auf Grund partieller Gemeinsamkeiten. Die

Autorität des einzelnen innerhalb seines Arbeits- und Aufgabenbereichs beruht nach wie vor auf seiner täglich neu zu erbringenden persönlichen Leistung, nicht auf seiner Zugehörigkeit zu diesem oder jenem Verband oder zu einer Partei.

Bewußtsein und Begabung, Urteilskraft und Verantwortung hat nur der einzelne Mensch – diese die Person als Bewußtseinseinheit, Willenseinheit und Wirkungseinheit konstituierenden Qualitäten sind auf kein Kollektiv übertragbar. Daher basiert die Demokratie auf der vollen Integrität und Souveränität der einzelnen Person. Diese einzelne Person muß von allen Bindungen an Kollektive, die ihr mehr oder weniger Autorität zukommen lassen wollen, als sie wirklich besitzt, freigehalten werden.

Es liegt auf der Hand, daß ein politisches System, in dem die Herrschaft durch allgemeine Wahlen in der Hand aller Staatsbürger liegt, nur dann funktionieren kann, wenn alle Staatsbürger über ein ausreichendes Maß von Einsicht in die politischen, sozialen, ökonomischen und kulturellen Zusammenhänge verfügen. Jeder Unwissende und Unmündige gefährdet die Demokratie und jeder, der offen oder versteckt den «gemeinen» Mann im Zustand der Unwissenheit halten will, ist ein Feind der Demokratie. Wenn man die Demokratie beizubehalten wünscht, sind alle Anstrengungen des Staates und der Gesellschaft auf den Ausbau eines Bildungssystems zu konzentrieren, das die Gewähr dafür bietet, daß jeder Bürger – nicht etwa nur die «Elite» der Besucher von höheren Schulen oder von Universitäten – über den allgemeinen Stand der Dinge in unserer Zeit informiert ist, um bestimmte, alle angehende Grundfragen der gesellschaftlichen Existenz beurteilen und entscheiden zu können. Die Demokratie ist Krisensituationen nur gewachsen, wenn sie auf ein Minimum von Urteilsfähigkeit und Vernunft bei allen Staatsbürgern rechnen kann. Es ist ehrlicher und besser, sich zu einer autoritären Staatsform offen zu bekennen, als ein formales Bekenntnis zur Demokratie abzulegen, dem dann keinerlei demokratische Taten folgen. Wenn eine so geführte Demokratie eines Tages zusammenbricht, triumphieren nämlich die Anhänger des Anti-Demokratismus nur deshalb, weil auch die Demokraten nur halbe Demokraten waren. Die westlichen Demokratien werden so lange schlecht funktionieren, als sie von Leuten geführt werden, die im Grunde ihres Herzens Anhänger (reaktionär oder revolutionär motivierter) elitärer Gesellschaftstheorien sind. Sosehr also in Abrede gestellt werden muß, daß die Demokratie mit der Bildung einer Elite vereinbar ist, sosehr hängt ihr Bestand und ihre Qualität von einem funktionierenden Auslese-System ab. Daß nicht alle Menschen für die gleichen Aufgaben begabt sind, ist ebenso eine Binsenwahrheit wie die Feststellung, daß auch in der demokratischsten Demokratie immer nur einige wenige die Herrschaftsfunktionen ausüben können.

Nachdem die demokratische Gesellschaft dafür gesorgt hat, daß jeder Staatsbürger in den Genuß der gleichen und gleich guten Grundausbildung kommt, muß sie Einrichtungen schaffen, die aus diesem möglichst viele umfassenden Reservoir ständig die Fähigsten in die verschiedenen Berufe, auf die höheren Schulen und Universitäten herausliest. Daß ein solcher Effekt nur durch ein in sich selbst vielfältig differenziertes Gesamtschul- und Gesamthochschulsystem zu erreichen ist, bedarf heute keiner Erörterung mehr – oder nur noch dort, wo mühsam genug von standesbewußten Studienräten elitäre Vorurteile als Sachargumente aufgeputzt werden.

Was die Frage der Auslese der politischen Repräsentanten anbetrifft, so gilt hier zunächst die schon vorhin getroffene Feststellung, daß es den in jeder Hinsicht und in allen Fällen zur Entscheidung Berufenen nicht gibt. Denn es ist ja nicht nur so, daß der Gute manchmal auch etwas Schlechtes tut und der Klügste sich immer wieder täuscht, sondern noch viel verwikkelter: was die politischen Entscheidungen angeht, so gibt es überhaupt nicht ein gutes und richtiges Handeln «an sich», sondern immer nur ein Handeln, das in der jeweiligen politischen Situation ein Optimum an Humanität und Vernunft darstellt. Es ist höchst unwahrscheinlich, daß ein Mensch vom lauteren Charakter des heiligen Franziskus imstande wäre, als Ministerpräsident eines westlichen Landes in der heutigen Situation Entscheidungen zu treffen, die auf lange Sicht das Beste für uns alle ergäben. Und es ist sicher, daß für die Führung eines gerade jetzt unabhängig gewordenen asiatischen und afrikanischen Landes ganz andere Qualitäten erforderlich sind als für die Führung eines westlichen Staates.

Unter diesen Umständen muß das Auslese- und auch das Ausscheideverfahren bei denjenigen, die in die politischen Führungspositionen einer Demokratie kommen, besonders gut und exakt arbeiten. Wenn man vom pluralistischen und personalistischen Prinzip ausgeht, so muß die Auslese eines politischen Führungstyps anti-elitärer Prägung gefördert werden, das heißt solcher Menschen, die sich bei aller Entschiedenheit ihrer Anschauungen der Relativität dieser Anschauungen immer bewußt sind und ihre sittlich-politische Aufgabe darin sehen, die Freiheit derer zu schützen, die gerade nicht an der Macht sind.

Ob die politisch Fähigsten wirklich in die politischen Führungspositionen gelangen, ist weitgehend auch ein Problem der gesellschaftlichen Reputation des politischen Menschen. So lange das Vorurteil herrscht, daß sich ein wirklich selbständiger Kopf dadurch auszeichnet, daß er sich von jeder Bindung an eine politische Partei fernhält, so lange also immer noch die Meinung grassiert, daß sich menschliche und politische Reife am Grad der Verachtung ablesen läßt, die man für die Parteien an den Tag legt, wird eine große Zahl der fähigsten Mitglieder unserer Gesellschaft von der Wahrnehmung politischer Aufgaben ferngehalten werden.

Die einerseits idealistisch-schöngeistige, andererseits materialistisch-pragmatische Einstellung des deutschen Bürgertums macht sich sehr deutlich darin bemerkbar, daß sich mit dem Begriff «Elite» entweder die Vorstellung von literarischen Genies und wissenschaftlichen Kapazitäten verbindet oder aber die Meinung zutage tritt, daß Macht und Einfluß eigentlich nur im Bereich des Handels und der Wirtschaft zu erlangen sind. Solche Vorstellungen sind der entscheidendste Hemmschuh für eine positive Auslese der Politiker. Ein Staat, der auf Parteien gegründet ist, es aber versäumt, diesen Parteien im Bewußtsein des Volkes die Bedeutung zu geben, die sie verdienen, beraubt sich für die politischen Funktionen der eigentlichen Begabungen, die von vornherein in die wissenschaftlichen Berufe, in die Wirtschaft und Industrie abwandern.

Hinsichtlich dieses Sachverhalts ist die Reaktion der Linken nur folgerichtig. Sie vermuten nicht ohne Grund, daß die Macht gar nicht bei den professionellen Politikern, also den Abgeordneten oder Ministern, sondern bei der Wirtschaft liegt, bei den Technokraten und Managern des kapitalistischen Systems. Die bürgerlich-apolitische Einschätzung, die die «Besten» der Nation für das politische Geschäft zu gut hält, bestätigt den Verdacht der Linken, daß in der liberal-kapitalistischen Demokratie die Politik gar nicht von den Politikern gemacht wird. Der Verdacht wäre erst dann gegenstandslos, wenn politische Ämter und Funktionen mit dem höchsten Prestige und Einkommen honoriert würden. Es ist absurd, daß in der Öffentlichkeit große Debatten entstehen, wenn Minister oder Abgeordnete ihre Diäten erhöhen. Warum soll ein fähiger Jurist oder Volkswirtschaftler eine politische Karriere anstreben, wenn er von vornherein weiß, daß er dort höchstens einen Teil des Einkommens bezieht, das ihm die Industrie bietet.

Die oft und zu Recht beklagte Mittelmäßigkeit des politischen Lebens in der Demokratie ist schließlich eine Folge der ganz allgemeinen Vorstellung, es ließen sich die Mängel eines auf Parteien und Parlamenten gegründeten Staates durch die Aktivität außerparlamentarischer und außerparteilicher Institutionen und Verbänden kompensieren. Solche Institutionen haben eine wichtige Funktion, sind aber in keiner Weise ein Ersatz für die Arbeit der Parteien. Wenn sie – wie das oft der Fall ist – Refugien der bürgerlichen Intelligenz werden, die zu gut für parteipolitische Tätigkeit zu sein glaubt, werden sie die Arbeit der Parteien nicht ergänzen, sondern stören. Es muß gewiß nicht jeder Staatsbürger einer Partei angehören. Wenn aber – wie etwa in der Bundesrepublik – große Teile der Intelligenz ebenso wie große Teile der linksorientierten jüngeren Generationen sich der Arbeit in den Parteien entziehen und einem rechten oder linken Elite-Komplex anhängen, wird die Substanz unserer Parteien und Parlamente zwangsläufig dünn bleiben. Um die Herrschaft der Dummheit in der Demokratie zu bekämpfen, ist es nötig, den Geist nicht über oder neben, sondern in ihr zu etablieren. Die der zeitgenössischen Massengesellschaft überhaupt innewohnende Gefahr der Nivellierung und Stupidisierung kann nur gebannt werden, wenn alle, die zur vernünftigen Verwaltung und Verbesserung der gesellschaftlichen Dinge etwas beizutragen haben, sich dorthin begeben, wo über Reife und Funktionsfähigkeit der Demokratie täglich entschieden wird: in die Parteien, Gewerkschaften und sonstigen politischen und sozialen Organisationen – in die Stadträte, Landtage und den Bundestag.

Wer es für unter seiner Würde hält, sich unter die gewöhnlichen Seelen zu mischen, bringt sich im übrigen um die heilsame Erfahrung, daß auch das, was er zum Wohle von allen beizusteuern weiß, im allgemeinen gar so unerhört und außergewöhnlich nicht ist.

13

Autorität und autoritär

In einem demokratisch-egalitären Staat ist die herrschende Minderheit Vollstrecker des Mehrheitswillens; in einem autoritär-elitären Staat die Mehrheit Herrschaftsobjekt des Willens einer Minderheit. Das heißt die Autorität der Mitglieder eines Kronrates oder eines Zentralkomitees ist immer umfassend gemeint. Die Unterscheidung von Hannah Arendt zwischen ‹*Macht und Gewalt*› (München 1970) bringt hier nicht weiter, weil auch solche Diktaturen, die sich mit Zustimmung der Mehrheit etabliert haben, dieses Mehrheitsvotum danach nicht mehr benötigen, um – auch ohne unmittelbare Gewaltanwendung – an der Macht zu bleiben. Wer tatsächlich nur mit Gewalt und kurzfristig regieren kann, ist der einsame Tyrann. Autoritäre und totalitäre Regime, die dauern wollen, müssen sich auf eine aktive Minderheit stützen können, die zahlenmäßig groß genug ist, um die Schaltstellen in der Regierung, der Administration und im Heer besetzen zu können.

Der Anspruch, zum Kreis der Auserwählten zu gehören und die Verantwortung für das Geschick aller Nichtauserwählten zu tragen, setzt voraus, daß aus den Meinungen und Entscheidungen der Mitglieder der Führungsgruppe in jedem Fall die höhere Einsicht spricht. Es ist mit dem Wesen einer solchen Autoritätsauffassung nicht zu vereinbaren, daß derjenige, der Autorität hat, diese nur in einigen Bereichen besitzt, also für eine ganze Reihe von Fragen nicht zuständig ist, und sein Urteil dort kein größeres Gewicht hat als das Urteil irgendeines anderen x-beliebigen Menschen. Gerade dies aber nun: die Relativierung und Partialisierung der Kompetenzen macht das Wesen der Autorität in der Demokratie aus. Die Demokratie beruht auf einer durchgehend skeptischen und nicht etwa auf einer hemmungslos optimistischen Einschätzung der menschlichen Natur. Eine Geschichte der Demokratie könnte man so beginnen: als der Mensch entdeckt hatte, daß jeder Mensch – gleich welcher Herkunft, welchen Ranges, welchen Bildungs- oder welchen Besitzstandes – immer unzulänglich bleibt, daß er – wenn überhaupt – nur in dieser oder jener Hinsicht «Außergewöhnliches» leistet, aber sonst dem Irrtum, dem Versagen, der Blindheit unterworfen ist; als man dies entdeckt hatte, entschloß man sich, der Gesellschaft eine Verfassung zu geben, in der der einzelne immer nur so weit und so lange Machtbefugnisse erhält, als er sich dieser Macht persönlich gewachsen zeigt. Dieser skeptischen Mentalität ist jeder Anspruch auf permanente und umfassende Vollkommenheit und Kompetenz von Haus aus unglaubwürdig.

Mit der Einengung der einer Person oder Gruppe zuerkannten Entscheidungsfähigkeit und Entscheidungsbefugnis hat sich nicht nur der Umfang der Autorität verkleinert; sie hat ihr Wesen verändert. An die Stelle der Hinnahme von Entscheidungen einer Person auf Grund ihrer Zugehörigkeit zu einer Elite ist die Anerkennung der Kompetenz einer Person auf bestimmten Gebieten auf Grund ihrer individuellen Leistung auf diesen Gebieten getreten.

Die Autorität, die der in seinem Fach Tüchtige beanspruchen kann, ist dabei etwas ganz anderes als die Autorität, die mit einer gesellschaftlichen oder beruflichen Funktion und Stellung verbunden ist. Daß die Respektierung der Autorität etwa des Staates und seiner Träger und Funktionäre im Schwinden begriffen ist, hängt damit zusammen, daß die individuelle Leistung, auf Grund derer man heute allein kompetent zu werden die Chance hat, in der Verwaltungsarbeit am schwierigsten nachweisbar ist. Dem ständigen Zweifel des aufgeklärten Staatsbürgers an der Leistungsfähigkeit der staatlichen Bürokratie entspricht daher die Tendenz vieler Mitglieder dieser

Bürokratie, sich wieder mit dem Nimbus obrigkeitsstaatlicher Autorität zu umgeben. Dieser Nimbus läßt sich jedoch nicht restaurieren, denn es liegt in der Natur der Wertvorstellungen einer demokratischen Gesellschaft, immer und überall die Frage nach der individuellen Legitimität des Autoritätsanspruchs zu stellen.

Jedermann wird zwar zunächst bereit sein, den Direktor seines Betriebes oder den Ministerialrat seines Ministeriums zu respektieren, weil er es zum Direktor und Ministerialrat gebracht hat. Wenn aber die von einem solchen Rang geforderte Qualifikation nicht immer wieder neu unter Beweis gestellt wird, geht der Respekt sehr schnell verloren. Bei der Diskussion des Themas «Berufsbeamtentum» sollte man nicht übersehen, daß die ganze soziale Mythologie des Obrigkeitsstaates, der Kodex verschiedener Stufen von Ehre und Treue und Loyalität für den Angehörigen der industriellen Leistungsgesellschaft nicht mehr verständlich und akzeptabel ist. Die Entmythologisierung und Versachlichung des Staates, das heißt seine Zurückführung auf die tatsächlichen Aufgaben und Bedürfnisse der Menschen, die ihn bilden, macht zwangsläufig alle Berufsstände, die qualitative Sonderpflichten und Sonderverantwortungen zu tragen glauben, zu Fremdkörpern in der demokratischen Gesellschaft.

Der Verlust des Nimbus, der die alte Form der Autorität umgab, ist aber nicht gleichbedeutend mit dem Verlust von Autorität überhaupt. Auch die einer Person als Person eigene «Autorität», das heißt die unmittelbare Überzeugungskraft, die einen Menschen nicht auf Grund irgendwelcher «Leistungen», sondern auf Grund einer schwer zu definierenden geistig-seelischen Überlegenheit auszeichnet, erfährt in der demokratischen Gesellschaft keinerlei Minderung. Im Gegenteil: die von Besitz, Herkunft und Standeszugehörigkeit gelöste Einschätzung gibt der natürlichen Autorität eines Individuums eine unvergleichlich größere Chance.

Inzwischen wissen natürlich auch autoritäre und totalitäre Regime, daß sie ohne den Sachverstand von Fachleuten keinen modernen Staat regieren, verwalten und wettbewerbsfähig machen können. Wenn es aber um die wirklichen Entscheidungen geht, sind bei Faschisten wie Kommunisten Sachverstand und persönliche Überzeugung eher verdächtige als gewünschte Eigenschaften. Und umgekehrt entstehen überall dort und dann, wenn in solchen Regimen Wissenschaftler und Pragmatiker Einfluß gewinnen, Liberalisierungs- und Demokratisierungstendenzen: die autoritäre Ordnung beginnt sich aufzulösen.

Am Ende dieser Entwicklung steht aber nicht die antiautoritäre Gesellschaft, in der unentwegt Versammlungen tagen und Abstimmungen stattfinden, sondern zumeist der Rückfall in den Stalinismus. Ließe er sich vermeiden, könnte das Ziel nur die nach Sach- und politischen Kompetenzen vielfältig gegliederte Demokratie sein. Es ist selbstverständlich, daß in allen gesellschaftlichen Bereichen und Einrichtungen von der Familie über den Betrieb bis zur Gemeinde und zum Staat im ganzen einzelne oder Gruppen mehr Entscheidungsbefugnisse haben müssen als andere. Die Demokratie unterscheidet sich von der Oligarchie oder Diktatur nicht dadurch, daß in ihr die permanente und totale Gleichberechtigung aller in allen Entscheidungsfragen verwirklicht werden sollte oder könnte, sondern allein darin, daß die Personen oder Gruppen zugesprochenen Machtbefugnisse und Vorrechte sachlich und zeitlich begrenzt sind, der ständigen Kontrolle unterliegen und jederzeit aufgehoben werden können. Undemokratische Autorität ist jene Art von Macht, die über eine bestimmte Kompetenz hinaus auch noch die Macht hat, an der Macht zu bleiben, solange es ihr selbst gefällt.

Die Auflösung auch aller legitimen Autoritätsstrukturen gehört zur revolutionären Strategie der Kommunisten: Die Gesellschaft wird für den Umsturz reif gemacht, das heißt für die Einsetzung der absoluten und endgültigen Autorität – der Diktatur der marxistischen Heilsbringer. Die Mehrzahl der anarchistischen und neomarxistischen Linken glaubt aber allen Ernstes, daß die Hauptaufgabe entschiedener Demokraten darin besteht, das Zustandekommen von Autorität zu verhindern.

Das Ausdenken und Zelebrieren immer perfekterer Diskussions- und Abstimmungsmechanismen wird so intensiv betrieben, daß kaum noch Zeit für die Erörterung von Sachfragen geschweige denn für wirkliche Arbeit bleibt. Jeder, der eine Funktion hat, erregt sofort tiefstes Mißtrauen und wird – kaum daß er mit seiner Tätigkeit begonnen hat – zum Mitglied eines Establishments. Überall wittert diese Art von Radikaldemokratismus autoritäre Strukturen und verurteilt sich damit selbst zu jener Uneffektivität, die dann die spektakuläre Demonstration oder Revolte braucht, um nicht an ihrer eigenen Impotenz zu ersticken.

Der antiautoritäre Soziologismus und Politologismus hat sich zu einem permanenten Racheakt der Links-Intellektuellen an einer Gesellschaft entwickelt, die ihn in die Rolle des machtlosen Außenseiters drängt. So gilt denn die These: Machtausübung in einer parlamentarischen Demokratie ist prinzipiell autoritär und präfaschistisch. Soweit man sich mit Geschichte und Politik befaßt, geschieht dies in moralisierender und demagogischer Absicht. Noch die geistvollsten Darbietungen dieser Art sind in einem permanent beleidigten und besserwisserisch-mokanten Ton verfaßt. Das Schema ist immer gleich. Es wird irgendein alt- oder neumarxistisches Modell demokratischen Funktionierens in diesem oder jenem Bereich gesellschaftlichen Lebens präsentiert und dann festgestellt, daß die bestehenden Verhältnisse diesem Modell ganz und gar nicht entsprechen. Damit sind diejenigen, die innerhalb dieser «un»-demokratischen Zustände demokratische Prinzipien zu vertreten behaupten, als Ideologen oder Opportunisten entlarvt, die mit solchen Bekenntnissen lediglich die «realen Machtverhältnisse» und ihre persönliche Profitgier verschleiern.

In einer für diese Art soziologischer Pseudowissenschaft typischen Untersuchung findet sich folgendes Beispiel: «Die Tatsache, daß ein Rekrut am Wahltag über das gleiche Stimmrecht verfügt wie sein Divisionskommandeur, drückt zwar eine legalistische Egalität in der algebraischen Bewertung beider Stimmzettel aus, die faktische Ungleichheit von Rekrut und General symbolisiert hingegen sich schon am unterschiedlichen Empfangszeremoniell für beide Personen durch Presse und Aufsichtspersonal eines kleinstädtischen Wahllokals.»[1] Solange es Armeen gibt, wird es in diesen Generäle und Rekruten geben und werden Generäle nicht nur innerhalb ihrer eigenen Institution mehr Macht haben als Rekruten, sondern auch in der Öffentlichkeit mehr Aufmerksamkeit finden, einfach weil sie die eigentlich kompetenten Fachleute auf ihrem Gebiet sind (bis zum Beweis des Gegenteils jedenfalls als solche angesehen werden können). An der vom Autor entlarvten «faktischen Ungleichheit» von Rekrut und General ist also nichts zu entlarven, weil sie selbstverständlich ist und nicht im geringsten auf die autoritäre Struktur des Staates schließen läßt, zu dessen Armee dieser General und dieser Rekrut gehören. Es kann sich natürlich um einen autoritären Staat handeln, aber die Szene kann ebensogut in einer funktionierenden Demokratie spielen.

Andererseits ist das als Verschleierung diffamierte gleiche Stimmrecht von Rekrut und General ein reales Merkmal demokratischer Ordnung – jedenfalls dann, wenn in direkter und geheimer Wahl Kandidaten verschiedener Parteien gewählt werden können. Die Egalität einer republikanischen Gesellschaftsverfassung besteht nicht darin, daß Rekruten die gleichen Entscheidungsbefugnisse haben wie Generäle und Arbeiter die gleichen wie Direktoren, sondern ausschließlich darin, daß ungeachtet der Kompetenzhierarchie für die allgemeine politische Willensbildung die Meinung des einen nicht schwerer wiegt als die Meinung des anderen und vor dem Gesetz alle gleich behandelt werden müssen. Er besteht darin, daß der General nur als Militär-Spezialist und der Direktor nur als Betriebsfachmann mehr Kompetenz hat als seine Untergebenen.

Das Recht meines Stadtverordneten, nachdem er von mir gewählt worden ist, bis zur nächsten Kommunalwahl, Entscheidungen zu treffen, die ich nicht treffen kann, das Recht des Be-

1 Wido Mosen: ‹*Eine Militärsoziologie*›, Neuwied 1967, S. 113.

triebsleiters, über meinen Kopf hinweg zu entscheiden, geben mir überhaupt erst die Möglichkeit, mich den für meine besondere Arbeit und für meine persönliche Existenz wichtigen Aufgaben zu widmen. Wenn einer bestimmten Person in einem bestimmten Bereich Kompetenz zugesprochen wird, werden alle anderen – solange er die Kompetenz hat – von ihm abhängig.

Sie müssen ihm zunächst vertrauen. Ein solches (befristetes und begrenztes) Vertrauen ist für alle Teile unerläßlich. Für denjenigen, der Anweisungen erteilen soll, weil er sonst überhaupt nicht effektiv tätig werden kann; für diejenigen, die Anweisungen befolgen müssen, weil sie damit entlastet sind. Machtlosigkeit bedeutet nicht nur Abhängigkeit, sondern auch Freiheit. Macht ist ebensosehr Freiheitsbeschränkung wie Freiheitsausweitung. Daher ist die Emanzipation der Frau zugleich auch die des Mannes; er gewinnt mehr, als er verliert. Hannah Arendt bemerkt zur antiken Sklavenwirtschaft, deren Zweck es war, dem Bürger den Dienst in und für die Öffentlichkeit zu ermöglichen: «Wenn es wahr wäre, daß nichts dem Menschen köstlicher ist, als Befehle zu erteilen und über andere zu herrschen, hätte der pater familias gut daran getan, niemals sein Haus zu verlassen.»[1]

Die konkrete Freiheit konkreter Menschen in konkreten Situationen kann sich nur verwirklichen, wenn man ein Kompetenzen- und Verantwortungssystem schafft, das diesen einzelnen nur mit begrenzten Entscheidungsbefugnissen belastet. Abgesehen also von der Nichtfunktionsfähigkeit einer Gesellschaftsordnung, in der alle für alles gleich kompetent sind, würde eine solche Verfassung den individuellen Freiheitsraum genauso ersticken wie ein System, in dem einer allein regiert. Sobald der Mensch sich nicht mehr mit einer ihm von Kirche, Staat oder Partei zugewiesenen Rolle identifiziert und sein Wille zur Selbstverwirklichung sich auf subjektive Werte richtet, braucht er für seine Existenz ein weites Feld, das frei ist von je-

1 Hannah Arendt: ‹*Macht und Gewalt*›, München 1970, S. 41.

der Art politischem und sozialem Funktionszwang.

In der Sicht der Antiautoritären wird der Mensch – es sei denn, er wäre Neo-Marxist und damit auf wunderbare Weise von diesem Übel ein für allemal befreit – von einem einzigen Trieb beherrscht: sich politische, ökonomische, soziale Macht über andere zu verschaffen. Die Marx noch nicht Zugefallenen oder von ihm Abgefallenen sind an der Macht und lassen nichts unversucht, an der Macht zu bleiben, um sie zu ihrem Vorteil und zum Verderben der übrigen Menschen zu benützen, und die Guten sind nicht an der Macht und müssen sich ausnützen lassen. Die kapitalistisch-demokratischen Länder werden von bösartigen Halbfaschisten beherrscht, die an möglichst vielen und langanhaltenden Kriegen interessiert sind, damit sie Rüstungsgewinne machen können, und die unterentwickelten Völker und Gruppen bestehen aus lauter edlen Menschen, die aus edlen Motiven Bomben werfen und Geiseln erschießen.

Man sollte die antiautoritären Theorien, Praktiken und Personen einmal daraufhin untersuchen, wieweit sich dahinter die autoritären Gelüste der Machtlosen verbergen. Es gibt wahrscheinlich mehr Menschen, die ihre Machtlosigkeit als solche, die ihre Macht zu verbergen trachten. Es könnte also sein, daß diejenigen, die Ideologien prinzipiell als Verschleierungen von Machtverhältnissen ausgeben, dies nur tun, um als permanent Machtlose jedem Ideologieverdacht zu entgehen.

Radikaldemokratische Modelle sind die Verschleierungsversuche der – bewußt oder unbewußt – potentiell Autoritären. Der Selbstwertwahn dogmatisch Antiautoritärer wird so leicht von keinem Verteidiger demokratischer Autorität übertroffen. Und ein jedes faschistische Dämonie entbehrendes, einfach von der Sache gefordertes Kompetenzenverhältnis stellt sich in der Optik dieses Wahns so dar (um den oben zitierten Autor noch einmal zu Wort kommen zu lassen): «Die an den extremen Enden der Militärhierarchie placierten Soldaten als gleichberechtigte Partner zu begreifen, bedeutet Negation beziehungsweise Euphemisierung der bestehenden Machtverhältnisse, womit die kontrastierenden Auroritätskompetenzen realiter perenniert werden.»[1]

In diesem pseudowissenschaftlichen Imponierjargon ergießt sich eine Flut von «antiautoritärer» Literatur über das fortschrittsbeflissene deutsche Publikum, insbesondere der jüngeren Jahrgänge. Gestern und vorgestern fielen die Deutschen auf die raunenden Beschwörer romantischer Dunkelheiten herein, heute berauschen sie sich an «rationalen» Texten und «Kontexten», deren Aufwand an Fremdworten, schwierigen Satzkonstruktionen und pubertärer Arroganz nackten Unsinn verhüllt und deren moralisierendes Pathos darüber hinwegtäuscht, daß hier einer nicht nur autoritären, sondern terroristischen Praxis der Weg gebahnt wird.

1 Wido Mosen, a. a. O., S. 113.

14
Revolution oder Evolution?

Demokratie ist möglich, sobald und solange alle Bürger an einem offenen System solidarischer und subjektiver Werte teilhaben. Die Solidarität verbürgt Gleichheit der Chancen und Gleichheit vor dem Recht, die Subjektivität Entfaltung des Besonderen und die Offenheit Kritik und Veränderung des Bestehenden.

Wenn man nach dem Verhältnis von Evolution und Revolution fragt, versteht sich eine erste Antwort von selbst: die revolutionäre Aktion ist überall dort nicht nur gerechtfertigt, sondern gefordert, wo die Evolution, die Kontinuität einer offenen und mobilen Gesellschaft, keine Chance mehr hat. Überall dort, wo der Rechtsstaat außer Kraft gesetzt ist, wo Elend und Terror herrschen, sind alle Mittel, die diesen Zustand beseitigen könnten, erlaubt. Umgekehrt gilt, daß es keine Rechtfertigung für Gewalttätigkeiten gibt, wenn und wo die Grundfreiheiten und Grundmechanismen für die Kritik und die Änderung der bestehenden Verhältnisse gegeben sind.

Mit diesem einfachen Schema kommt man jedoch nicht aus. Es gibt auch in definitiv nichtrevolutionären Situationen revolutionsähnliche Zwänge, nämlich dann, wenn Stagnation und Immobilismus für einen längeren Zeitraum die notwendigen und möglichen Reformen verhindert haben. Es würde sich dann um einen Vorgang handeln, den man Evolutionsschub nennen könnte und der – unter Beibehaltung der wesentlichen Prinzipien der bestehenden Ordnung – eine umfassende oder auch partielle Anpassung der gesellschaftlichen Verhältnisse an zeitgemäße demokratische Vorstellungen und Bedürfnisse herbeizuführen hätte.

Eine Demokratie lebt und überzeugt, solange die Entwicklung fortschreitet, solange die bestehenden Verhältnisse diskutiert, kritisiert und geändert werden können. Die Demokratie stagniert und verliert ihre Glaubwürdigkeit, wenn der Spielraum der Meinungs- und Entscheidungsfreiheit nur noch genützt wird, um zu bestätigen, was ist. Die Welt der westlichen Demokratien befindet sich – je nach Ländern und Regierungen verschieden – mehr im Zustand der Stagnation als der Evolution. Es ist zuwenig Bewegung spürbar, ein zu geringer Fortschrittswille am Werk. Die Wähler sind nach wie vor auf die Signale konservative Sicherheit hier und sozialistische Experimente dort fixiert und nicht imstande, soziale und wirtschaftliche Fragen als Sachfragen zu prüfen. Aus Angst vor diesem ideologisch befangenen Wähler ist man in allen Parteien, in den Parlamenten und Regierungen zusehr auf Sicherung, zuwenig auf Weiterentwicklung des Bestehenden aus.

Was viele hindert, diesen beunruhigenden Tatbestand deutlich zu erkennen und etwas dagegen zu unternehmen, sind die weiterhin vorhandenen rechtlichen, politischen und sozialen Einrichtungen für den Fortschritt. Die Demokratie ist aber nicht eine Summe von Rechten und Institutionen, die das Experiment in allen Bereichen unseres Lebens möglich machen – sondern die Summe der tatsächlich stattfindenden Experimente.

Sieht man genau hin, so gibt es in unseren Demokratien nur und erst dann Bewegung, wenn die Sache selbst eine Änderung erzwingt – ohne oder sogar gegen den Willen der herrschenden Parteien oder Fraktionen. In der Bundesrepublik etwa wurde die Inangriffnahme einer umfassenden Bildungsreform von der katastrophalen Lage der Schulen und den Initiativen der Pädagogen durchgesetzt, nicht etwa aus eigener Einsicht und eigenem Entschluß von den Parteien und Regierungen in Angriff genommen. Ein weltweites Beispiel dafür, wie sehr die Entschlußfähigkeit der zeitgenössischen demokratischen Regierungen hinter den Notwendigkeiten und Möglichkeiten auch in lebenswichtigen Fragen zurückbleibt, ist der Umweltschutz. Obwohl die meisten der heute bekanntgewordenen und diskutierten Daten schon seit vielen Jahren vorliegen, hat keine Regierung es für nötig gehalten, die Öffentlichkeit rechtzeitig mit diesem Problem bekanntzumachen und damit auf politische Entscheidungen vorzubereiten, die nun möglicherweise zu spät getroffen werden.

Ohne den Zwang, den Mißstände auf einem bestimmten Gebiet und von einem bestimmten Ausmaß an selbst ausüben und ohne den Druck jener Gruppen, deren Existenz durch diese Mißstände unmittelbar bedroht ist, wären auch die gesetzgebenden Körperschaften nur noch Verwaltungsbehörden. Sie verstehen sich nicht oder doch zuwenig als Organe, die auf allen Gebieten nach neuen und besseren Lösungen zu suchen haben, sondern als Einrichtungen, die verpflichtet sind, das, was ist, so wie es ist, solange es irgend geht, gegen alle Reformen zu verteidigen. Hannah Arendt weist darauf hin, daß hier eine der Hauptursachen für die Revolte der Jugend in Ost und West zu suchen ist: «Was die Studentenunruhen in der ganzen Welt miteinander gemeinsam haben, ist, daß sie sich überall gegen die bestehenden Bürokratien richten. Das erklärt, was auf den ersten Blick so verwirrend wirkt, daß nämlich die jungen Rebellen im Osten genau die Rede- und Gedankenfreiheiten fordern, welche ihre Kollegen im Westen als irrelevant ablehnen oder gar für eine Art von Betrug halten.»[1]

Was wir seit Ende der sechziger Jahre erleben, ist also die Reaktion auf ein Vierteljahrhundert versäumter Evolution. Dennoch ist festzuhalten, daß auch solche Versäumnisse in einem liberalen Rechts- und Wohlstandsstaat, der weder wirkliches Elend noch wirklichen Terror kennt, keine revolutionäre Situation schaffen, sondern nur die Voraussetzungen für einen Evolutionsschub. Im Marxismus fehlen alle Nuancen: die kapitalistische deckt sich mit der bürgerlich-demokratischen Ordnung, und an beiden ist nichts zu reformieren. Es gibt für marxistische

1 Hannah Arendt, a. a. O., S. 80.

Berufsrevolutionäre in Verhältnissen, in denen ein wirklicher sozialer und politischer Leidensdruck fehlt, nur den taktischen Reformismus: die Öffentlichkeit muß in eine Krisenhysterie gestürzt, die funktionierenden Einrichtungen berannt und zerstört werden. Die Theorie, die diesem revolutionären Aktivismus zugrunde liegt, besagt, daß ein mit allen Mitteln anzustrebender Umsturz immer dann gerechtfertigt ist – und zwar völlig unabhängig davon, ob wirklich unerträgliche Zustände herrschen –, wenn man im Besitz des Modells einer vollkommenen Gesellschaft ist, dieses sich aber in absehbarer Zeit auf evolutionärem Wege nicht durchsetzen läßt.

Nun sind Revolutionen aber nicht nur gerechtfertigt, wenn sie sich gegen rücksichtslose Ausbeutung, Terror und Unterdrückung richten – sie sind auch nur unter solchen Umständen möglich. Sie finden nur statt, wenn es ein unterdrücktes Volk oder einen unterdrückten Stand gibt. Die Linke sollte sich – wenn sie schon moralische Skrupel nicht hat – wenigstens von der Geschichte belehren lassen. Tocqueville hat genau die Voraussetzungen der französischen und Frantz Fanon die der algerischen beschrieben. Tocqueville analysierte aus der Distanz des Historikers, Fanon machte sich zum Sprecher der Unterdrückten. Aber beide Darstellungen zeigen, daß Revolutionen nur stattfinden, wenn die geschichtlichen Voraussetzungen dafür vorhanden sind. Die «Idee» der Revolution allein genügt nicht.

Ohne unzufriedene große Massen kann keine sich noch so wild gebärdende Minderheit eine Revolution machen. Wenn sie es dennoch zu tun versucht, isoliert sie sich von den «Massen» und gibt sich einem sinnlosen Aktionismus hin, dessen moralische Bedenkenlosigkeit den großspurigen Humanitätsanspruch vollends unglaubwürdig macht.

Alle Revolutionen haben materielle und nicht-materielle Wurzeln. In Frankreich hätten die schon vor 1789 in Gang gekommenen Reformen nach Meinung Tocquevilles ausgereicht, die soziale Konsolidierung zu erreichen. Aber die Versuche, die aufreizende Ungleichheit der Besteuerung abzubauen, kamen zu spät, um das verletzte Selbstgefühl der Franzosen noch beruhigen zu können. Im Vergleich mit der das Volk spaltenden Ungleichheit der Besteuerung im Ancien régime reicht die heutige Ungleichheit zwischen der unkontrollierten Profitspanne der Unternehmer und der kontrollierten der Arbeiter und Angestellten in den kapitalistischen Demokratien noch nicht einmal aus, um Reformparteien die Mehrheit zu verschaffen, geschweige denn revolutionäre Stimmung zu erzeugen.

Und wo gibt es auch nur entfernte Ähnlichkeiten zwischen dem verzweifelten Zustand des unterdrückten algerischen Volkes und den Ungerechtigkeiten, die irgendein Volk oder eine Bevölkerungsgruppe in den westlichen Ländern erdulden muß? Wenn man Fanon liest, begreift man, daß es den gewaltsamen Aufstand gibt, der unerläßlich ist, um die menschliche Würde wiederherzustellen. Und man begreift, was Revolutionen so faszinierend macht: sie bieten (wie Kriege) dem Individuum die Chance, sich auf eine Aufgabe, einen Auftrag, einen Dienst zu konzentrieren, sich einem großen, die individuelle Begehrlichkeit und Unvollkommenheit vergessen machenden Imperativ zu unterwerfen. «... Die Träume in den Douars, in den Dörfern sind nicht die Träume von Luxus oder Erfolg bei Prüfungen, die die Kinder der Städte haben, sondern Träume der Identifikation mit irgendeinem Kämpfer, dessen heldenhafter Tod noch heute reichlich Tränen fließen läßt.»[1] «In einer nationalen Partei aktiv sein, heißt für sie nicht, Politik machen, sondern das einzige Mittel ergreifen, um vom tierischen Zustand zum menschlichen Zustand zu gelangen.»[2]

Was Fanon weiß, wissen die europäischen Linken nicht: daß Revolutionen gerechtfertigt sein, aber niemals – aus ihren eigenen Gesetzen heraus – Frieden und Humanität begründen können. Sartres Vorwort zu Fanons ‹*Die Verdammten dieser Erde*› ist ein klassisches Exempel für die gefährliche Überinterpretation des revolutionären Aktes, wenn man ihn auch nur einen

1 Frantz Fanon, a. a. O., S. 89.
2 Frantz Fanon, a. a. O., S. 97.

Augenblick lang von der immer tragischen Situation, in der er gefordert ist und vollzogen wird, löst und ins Paradigmatische hebt. Wenn Sartre in seinem Vorwort schreibt: «... Einen Europäer erschlagen, heißt zwei Fliegen auf einmal treffen, nämlich gleichzeitig einen Unterdrücker und einen Unterdrückten aus der Welt schaffen. Was übrig bleibt, ist ein toter Mensch und ein freier Mensch», so ist das revolutionärer Mystizismus und heroisch aufgeputzter Unsinn. Wenn ein Unterdrückter einen Unterdrückten erschlägt, weil dieser zur Gruppe der Unterdrücker gehört, nicht weil er ihm persönlich etwas angetan hätte, so haben wir nicht nur einen toten und einen freien Mann, sondern auch einen Ermordeten und einen Mörder. Jemanden ermorden ist aber der äußerste Fall der Unterdrükkung, und ein Mörder, ob die revolutionäre Situation seine Tat rechtfertigt oder nicht – ist kein freier, sondern ein für immer von dieser Unterdrückungstat gezeichneter Mann. Es sei denn, er ist stumpfsinnig, dann aber hat die Revolution für ihn ohnehin vergeblich stattgefunden.

Die marxistischen Revolutionäre vergessen nicht erst in der Praxis, sondern schon in der Theorie, daß die Unterdrückung des Unterdrückers durch die bisher Unterdrückten das Übel der Unterdrückung nicht aufhebt, sondern fortsetzt – zumeist in verschärfter Form. Wer es aufheben will, muß dafür sorgen, daß der bisher Unterdrückte dem Unterdrücker nur jenen Teil der Macht nimmt, die ihn zum Unterdrücker macht. Wer Unterdrückung überhaupt abschaffen will – und das ist es, was die Linken zu wollen behaupten –, muß Unterdrückte und Unterdrücker gleichzeitig befreien. Auch wer zu viele Rechte und Verantwortungen hat, ist unfrei.

Um das System der Unterdrückung zu verewigen und zu stärken, gibt es keinen sichereren Weg, als nach gelungener Revolution die Diktatur des Proletariats (sprich: der marxistischen Funktionäre) zu etablieren. Es gehört viel Glaubensbereitschaft und Einbildungskraft dazu, die Diktatur des Proletariats für ein Übergangsstadium zu halten. Abgesehen davon, daß noch kein kommunistischer Staat es sich bisher leisten konnte, dieses Übergangsstadium hinter sich zu lassen: im Gesamtzusammenhang der Weltgeschichte gibt es überhaupt nur Übergangsstadien. Das heißt, die Legitimation einer Revolution beruht auf den Verhältnissen, die ihr unmittelbar folgen und nicht auf den irgendwann zu erwartenden nächsten und übernächsten Perioden.

Der Widerspruch, an dem die kommunistischen Staaten kranken und den sie nicht aufheben können, besteht darin, daß sie auch dann noch dazu verdammt sind, die heroisch-revolutionäre Moral zu predigen und zu erzwingen, wenn die Revolution längst der Geschichte angehört. Da der Mensch unter normalen, friedlichen, zivilisierten Umständen – deren Eintreten auch Kommunisten nicht gut ablehnen können – keineswegs heroisch, sondern «bürgerlich» ist, ein Wesen, das Unsicherheit, Angst, Unbequemlichkeit möglichst vermeiden will, läßt sich auf die begeisterte Solidarität der Revolutionäre ebensowenig bauen wie auf die Brüderlichkeit und Kumpanei der Kriegskameradschaft. Maos Proklamation der permanenten Revolution ist ein durchaus konsequenter Gedanke. Nur wenn man den Menschen ununterbrochen in Trab hält – demonstrierend, randalierend, dem Führer zujubelnd, volkstanzend, Mao zitierend –, kann man hoffen, daß er nicht zu sich selbst kommt. Er ist dann permanent und total entfremdet, nie bei sich, sondern immer außer sich – ein bemitleidenswertes Wesen, angesichts dessen man sich fragen muß, ob die Tatsache, daß diesen Zustand nun viele Millionen gemeinsam erreichen, den ungeheuerlichen Aufwand an menschlichem Elend und Leiden lohnt. Die ‹*Worte des Vorsitzenden*› enthalten viele einfache Wahrheiten, die man bei den geistreichelnd-intellektualistischen Theoretisierern des westlichen Marxismus vergebens suchen wird. Nur die Antwort auf eine Frage bleibt der Philosoph schuldig: was denn alle vom Dienst an allen haben sollen, wenn keiner etwas davon (nämlich für sich selbst) haben darf.

Man müßte einmal an Hand solcher und anderer revolutionärer Texte und Tugendlehren untersuchen, was eigentlich in den Gehirnen ihrer Produzenten und gläubigen Konsumenten vor sich geht. Offenbar ist ein Denken, das seine ganzen Energien auf die theoretische und praktische Erreichung eines revolutionären Zieles (Entmachtung der Kapitalisten, Vernichtung des Unterdrückers, Etablierung des Arbeiter- und Bauernstaates usw.) richtet, von einem bestimmten Punkt der Konzentration auf dieses Ziel nicht mehr imstande, sich davon zu lösen. Auch wenn das Ziel erreicht ist, rotiert es weiter um die gleichen Formeln; es läuft leer. Ein psychisch-intellektueller Stagnationsprozeß dieser Art muß jedenfalls dem zugrunde liegen, was man von außen her als die Verwandlung einer Voraussetzung zum Selbstzweck beschreibt. Aus der Revolution, die den Menschen zu sich selbst befreien soll, wird die permanente Revolution, die den Menschen überhaupt nicht mehr zu sich selbst kommen läßt; aus der Gesellschaft, in der alle genügend Nahrung, Wohnung und Kleidung haben, um sich endlich der Entfaltung ihrer Person zuwenden zu können, wird die totalitäre Produktionsgemeinschaft, die allen einzelnen immer neue Dienste und Opfer für alle einzelnen abverlangt. Und jeder, der sich bewußt oder einfach, weil ihn seine «individualistische» Natur dazu treibt, dieser kollektivistischen Mühle zu entziehen sucht, wird sofort als Verräter gebrandmarkt und bestraft.

Das Echo auf die Ereignisse in der ČSSR liefert ein deprimierendes Beispiel für die durchgehende Wahnhaftigkeit doktrinären marxistischen Denkens. Für die wirklich Gläubigen waren sie – wie sich nun herausstellt – nicht ein Anlaß, den spontanen Aufstand eines Volkes ernst zu nehmen und das Dubček-Modell zu diskutieren, sondern ein Signal, zum Leninismus zurückzukehren. Gläubige werden durch Skepsis, durch Differenzierung und Empirie nur irritiert. Wenn ihnen solche Anfechtungen drohen, beeilen sie sich, die reine Lehre wiederherzustellen, in Theorie und Praxis wieder Disziplin einkehren zu lassen.

Es ist sinnlos, Marxisten auf Grund wirtschaftlicher, soziologischer und psychologischer Tatsachen davon überzeugen zu wollen, daß Prosperität und Mobilität die Klassen zwar nicht zum Verschwinden gebracht, aber doch ihren Antagonismen entschärft haben und der dadurch zustande gekommene relative soziale Friede zwischen den Klassen ein begrüßenswerter Vorgang ist. Sie bestehen auf dem Klassenkampf und halten jeden Frieden, der nicht auf die von ihnen vorgesehene Weise zustande kommt, für ein besonders hinterhältiges und undemokratisches Übel. Es ist fruchtlos, ihnen klarmachen zu wollen, daß die nichtrepressive Kultur nur dann eine politisch tragfähige und humanisierende Leitvorstellung ist, wenn man nicht vergißt, daß es inner- und zwischenmenschliche Repressionsmechanismen gibt, die man nur aushalten, aber nicht abschaffen kann. Sie haben ihr perfekt funktionierendes Sandkastenmodell und wollen beim Spielen nicht gestört werden.

Die Kritik, die die neue Linke am derzeitigen Zustand der westlichen Demokratien übt, ist in vielen Einzelheiten richtig, und es kann niemand im Ernst bestreiten, daß diese theoretische und praktische Kritik vieles in Gang gebracht hat, was sonst noch lange nicht in Gang gekommen wäre. Dennoch muß man hier wiederum zwei widersprüchlich erscheinende Dinge zugleich tun. Zum einen nichts unterlassen, was zur Erhaltung, Förderung, größeren Effektivität dieser kritisch-aktivierenden Funktion der Linken beitragen könnte, zum anderen ihren Radikalismus und Utopismus, soweit er politische Aktion werden will, bekämpfen, wo man ihn trifft.

Wenn die Demokratien sich nicht selbst aufgeben wollen, müssen sie darüber wachen, daß die Wirksamkeit der Linken mittelbar, also auf die Rolle des Stimulierens beschränkt bleibt; von der unmittelbaren Mitwirkung in den Einrichtungen und Entscheidungsprozessen der Demokratie schließt sie sich durch ihre uneingeschränkte Verneinung derselben von selbst aus. In einer Situation, in der es darauf ankäme, eine realisierbare Reformpolitik zu machen, das vorhandene Maß an Gerechtigkeit und Freiheit zu erweitern, hat sie sich erneut für die Rolle der Weltverbesserer, der rigoristischen Moralisten entschieden. Die von der linken Mentalität ausgehende Praxisverweigerung ist primärer und entscheidender als der von einer bürokratisierten Demokratie verursachte «Praxisentzug».[1]

Man will sich mit partiellen und schrittweisen Verbesserungen der menschlichen Dinge nicht abgeben, sondern gleich das ganze Heil verwirklichen, die Herrschaft von Menschen über Menschen überhaupt aufheben. Hier stehen wir einer Haltung und Zielsetzung gegenüber, die auch mit der bestfunktionierenden Demokratie nicht zufriedengestellt werden kann. Sie hat das Rezept für eine Radikalkur aller gesellschaftlichen Unzulänglichkeiten, und da sie schließlich die Einsicht nicht vermeiden kann, daß sich für ein solches Tabula-rasa-Programm in absehbarer Zeit keine Mehrheit wird finden lassen, strebt sie den gewaltsamen Umsturz und die vermeintlich vorübergehende Diktatur einer progressiven Elite an.

Die Linke will nicht zur Kenntnis nehmen, daß der Mensch in sich selbst mehr trieb- als vernunftbestimmt ist, ein Wesen also, das sich in dieser seiner vielfach gemischten Natur nur dann unverfremdet entfalten kann, wenn die gesellschaftlichen Normen und Einrichtungen diese unaufhebbare Vielfalt von gegensätzlichsten Trieb- und Vernunftbedürfnissen in Rechnung stellen. Alle Utopisten scheitern an dem simplen Faktum, daß sie zwar logisch funktionierende Systeme vollkommener Gerechtigkeit und Freiheit ausdenken, aber nicht zugleich einen perfekten Menschen herstellen können, für den allein ein solches System erstrebenswert wäre und der allein es funktionsfähig machen könnte. Die Vielschichtigkeit der menschlichen Natur ergibt eine Ambivalenz und Gebrochenheit, die durch keine politische Anstrengung aus der Welt geschafft werden kann. Das bedeutet, daß die Beseitigung aller Beinträchtigungen, die in gesellschaftlichen Umständen begründet sind, nicht die totale innermenschliche und zwischenmenschliche Harmonisierung erbringt, sondern lediglich die strukturelle Widersprüchlichkeit der menschlichen Natur freilegt. Wenn die gerechte Gesellschaft etabliert ist, beginnen erst die Probleme.

Wer das nicht sieht und ernstlich in sein Planen und Handeln

1 Jens Litten nach Hannah Arendt, a. a. O., S. 81.

aufnimmt, wird zum einen die Bedeutung politischer Aktivität und politischen Fortschritts überschätzen und zum anderen – damit zusammenhängend – immer wieder in die Lage kommen, von den Menschen Opfer und Verbrechen zu fordern – da nur so die Stunde Null herbeigezwungen werden kann.

Diese Konsequenz steckt in Blochs ‹*Prinzip Hoffnung*› genauso wie in Herbert Marcuses nicht-mehr-unterdrückender Kultur und nicht etwa nur im Konzept einer vorübergehend nötigen Diktatur des Proletariats. Für Mord und Totschlag im großen Stil sind immer die Idealisten und Rigoristen von rechts und von links verantwortlich gewesen, nicht die Skeptiker und Realisten. Das heißt, der Preis, den wir bis zum heutigen Tage für die Überschätzung und Überforderung der menschlichen Möglichkeiten zu zahlen haben, ist sehr viel höher als die Übel im Gefolge von Geschichtsphasen, in denen man vom Menschen bescheidener dachte. Und zu diesem Preis gehören nicht nur die großen Glaubenskriege und Ausrottungsaktionen, sondern auch die subtileren Gewalttaten: die Dämonisierung des Feindes, der bekämpft werden muß, weil er böse ist, obwohl es ihm doch freistünde, nichts als gut zu sein.

Der Motor allen Fortschritts ist die Utopie einer Gesellschaft, in der Gerechtigkeit und Freiheit herrschen. Einen wirklichen Fortschritt gesellschaftlicher und einzelmenschlicher Humanität aber zeitigt die Utopie nur dann, wenn man sie eben als Utopie begreift, wenn man nicht vergißt, daß das Land Nirgendwo immer das Land Nirgendwo bleiben wird, der Mensch also nicht aufhören wird, sich zu irren, sich und anderen Leiden zuzufügen, zuviel oder zuwenig zu tun. Und deshalb ist die vollkommenste Gesellschaft jene, die es dem Menschen erlaubt, unvollkommen zu sein, seine Widersprüchlichkeit nicht zu verdrängen und auf irgendwelche Feinde oder Verhältnisse zu projizieren, sondern auszuleben.

Und wie der Glaube an die Erreichbarkeit des Vollkommenen nicht das Vollkommenere, sondern das Unvollkommenere befördert, so zeitigt das Ideal der zu erwartenden, von allen gesellschaftlichen Zwängen befreiten individuellen Glückseligkeit hier und jetzt nicht etwa eine Gesellschaft, in der die Menschen mehr und mehr ihren persönlichen Neigungen nachgehen dürfen, sondern ganz im Gegenteil einen totalen und totalitären Politizismus, der das Leben des einzelnen auf das gesellschaftlich-geschichtliche Existieren und Agieren reduziert sehen möchte.

Die Demokratie ist deshalb ein so schwieriges Geschäft, weil sie zwei Dinge zugleich im Auge behalten muß: sie muß für eine permanente Evolution, für die ständige Weiterentwicklung des Bestehenden sorgen (und das bedarf des unablässigen politischen Engagements) und gleichzeitig darauf bedacht sein, daß die schon erreichten Möglichkeiten des Menschen, nach seinen persönlichen Bedürfnissen und Fähigkeiten zu leben, dadurch nicht beeinträchtigt werden. Die Frage, von deren Beantwortung alles abhängt, ist daher nicht das Bekenntnis gerade zu dem derzeit herrschenden parlamentarischen System, sondern vielmehr die Entscheidung für oder gegen die Sicherung der vorhandenen materiellen, sozialen und kulturellen Güter, der Rechte und Freiheiten, die schon verwirklicht worden sind und für keinerlei Versprechungen mehr hergegeben werden sollten. Die Ungerechtigkeit und Unfreiheiten, die die Bürger in den parlamentarischen Demokratien erdulden müssen, bedürfen entschiedener Kritik und Abhilfe, rechtfertigen aber nicht das Opfer auch nur eines einzigen Menschenlebens und rechtfertigen auch nicht das gewaltsame Hochputschen von Aggressivität, daß die Bürger dieses Staates in sich erbittert bekämpfende und verteufelnde Parteien entzweit. Noch leben wir hier im Westen in einer Situation, in der Besonnenheit, Verständnis und Toleranz erlaubt sein, Terror und Fanatismus nicht als Errungenschaften gelten sollten.

Human kann nur eine solche Fortschrittskonzeption und Fortschrittspolitik genannt werden, die für den Irrtum des einzelnen, für das Zurückbleiben des politischen Bewußtseins ganzer Gruppen, Spielraum läßt. Die nicht dem Wahn verfällt, das endgültige Rezept zu besitzen oder erwerben zu können. Der eigentliche Vorzug, die von keiner noch so progressiven Ideologie überholbare humanitäre Qualität der Demokratie – auch der unzulänglichen liberal-kapitalistischen – besteht in ihrer Offenheit, in ihrer Fähigkeit, sich ständig selbst zu transzendieren. Wenn wir wiederum von solchen Verhältnissen absehen, in denen soziales Elend oder Terror den Umsturz nötig machen, so ist es besser, in einem liberalen Staat unter unzureichenden sozialen Verhältnissen als in einem sozial perfekten Staat zu leben, der sich als ein geschlossenes, nicht in Frage zu stellendes Endlösungssystem versteht. Es besteht kein Grund, in einem Staat, in dem es weder Terror noch soziales Massenelend gibt, in dem die Meinungs- und Koalitions- und Versammlungsfreiheit immer noch besteht und niemand ohne Verfahren verhaftet und verurteilt werden kann, den Aufstand und Umsturz zu proben.

Es muß auch der Mythos von der Unteilbarkeit des Fortschritts fallen. Es gibt überhaupt nur Entwicklung, weil Teilbarkeit ein Grundzug allen Lebens ist. In einer funktionierenden Demokratie findet Bewegung nicht in dem Sinne statt, daß ruckartig und gleichzeitig alle gesellschaftlichen Verhältnisse auf eine höhere Stufe gehoben werden, sondern daß hier ein größerer, dort ein kleinerer und da überhaupt kein Fortschritt erzielt wird, daß viele einzelne und viele Gruppen an vielen verschiedenen Stellen mit ganz verschiedenem Erfolg an der Verbesserung der menschlichen Dinge arbeiten. Und der Fortschritt schreitet, er springt nicht. Er schreitet auf einem schmalen Grat und ist deshalb nichts für Gewalttäter und Weltverbesserer. Eine demokratische Politik muß in jenem Bereich agieren, in dem es möglich ist, das Bestehende so weit zu sichern, daß die daran geknüpften Werte und Güter nicht geschmälert und verletzt, und es so weit zu ändern, daß ihm neue Werte und Güter hinzugefügt werden können. Die Differenz zwischen einer konservativen und einer evolutionären Politik ist die Differenz zwischen pragmatischen Lösungen, die die bestehenden Verhältnisse nicht anzweifeln, und anderen ebenso pragmatischen Lösungen, die sich am Modell besserer, nicht «der besten» Verhältnisse orientieren.

Das eigentliche Problem der politischen Moral ist in der Schwierigkeit begründet, den Menschen einerseits zu trainieren, unter allen gesellschaftlichen Umständen menschliche Tugenden zu bewahren: Loyalität, Geduld, Hilfsbereitschaft, Sinn für das Detail, und ihn andererseits anzuspornen, nach einer Veränderung dieser Umstände zu streben; weder bloß karitative noch auch rigoristische Lösungen anzustreben. Die Anpassung macht ihn zum Komplicen aller bestehenden Mißstände und Ungerechtigkeiten, das Streben nach irgendeinem Paradies vernichtet den Wert der konkreten menschlichen Existenz.

Wer nicht fähig oder bereit ist, diese Ambivalenz zu sehen und die schwierige Gratwanderung zwischen Opportunismus und Utopismus immer wieder zu versuchen, wird in jene Polarisierung gezwungen, die die Kluft zwischen «der Linken» und dem «Establishment» in den letzten Jahren immer unüberbrückbarer gemacht hat. Die Demokratie droht auseinanderzubrechen: in ein Lager, das die Machtpositionen innehat, und seine Aufgabe in der Erhaltung der bestehenden Verhältnisse sieht, und in ein anderes Lager, das außerhalb jeder politischen Verantwortung steht und die parlamentarische Demokratie durch ein grundlegend anderes System ersetzen möchte. Für eine progressive Politik besteht in einem Staat wie der Bundesrepublik die Aufgabe gerade nicht darin, die Parteien, Parlamente und Bürokratien durch kollektive Verteufelung zu Feindgruppen zu solidarisieren und nach rechts abzudrängen, sondern sie besteht darin, die Gruppierungen aufzubrechen, jeden sachlichen und personellen Ansatzpunkt zu nützen, um das System in Bewegung zu bringen. Es ist eine kindliche Vorstellung, daß jemand, der Abgeordneter oder Ministerialrat wird, damit zwangsläufig Verstand und Gewissen einbüßt und jede Fähigkeit zum Nonkonformismus verliert.

Dennoch ist die Frage berechtigt, worauf sich denn unsere Hoffnungen richten, wenn die an der Macht befindlichen Pragmatiker und Opportunisten kaum dazu zu bewegen sind, der progressiven Initiative eine Chance zu geben; wenn die Mehrheit der Bevölkerung diese auf Sicherung abgestellte Politik zumindest so lange befürworten wird, als es keine größeren wirtschaftlichen oder politischen Krisen gibt? Wo gibt es einen Ansatzpunkt, um den Immobilismus zu überwinden? Bei den Pragmatikern oder bei den Intellektuellen? Bei denen, die in der politischen Praxis stehen, oder bei denen, die ihr kritisch Theorien entgegensetzen? Und da nicht alle Praktiker nur Praktiker und nicht alle Theoretiker nur Theoretiker sind –: liegt die Chance des Fortschritts bei unserem Talent, in einer gegebenen Situation, das dieser Situation Angemessene, das Zweckmäßige und Vernünftige zu tun oder aber bei unserer Fähigkeit, bessere Lösungen als die gerade gegebenen intellektuell vorwegzunehmen?

Viele Politiker begreifen nicht, daß eine auf Wandlung und Weiterentwicklung angelegte Gesellschaft Kritiker braucht, die, ohne Rücksicht auf die gegebenen Verhältnisse, alle Möglichkeiten der politischen Entwicklung und Entscheidung zu Ende denken, und viele Intellektuelle verstehen nicht, daß ihre radikalen Überlegungen nur Impulse, nicht aber hier und jetzt anzuwendende Rezepte für die praktische Politik sein können.

Da überdies die älteren der heute hauptberuflich amtierenden Politiker noch in autoritär-obrigkeitsstaatlichen Denk- und Verhaltensweisen aufgewachsen sind, empfinden sie Kritik an der von ihnen vertretenen – vermeintlichen oder wirklichen – Mehrheitsauffassung als gefährlichen Angriff auf die Grundlagen des Staates und die amtliche Würde ihrer Person. Der Rigorismus der intellektuellen Kritiker erfordert zudem ein so großes zusätzliches Maß von Verständnis, daß damit der normale Politiker endgültig überfordert ist.

Die tatsächliche Gefahr jedoch, die von den Intellektuellen ausgeht, besteht darin, daß einige von ihnen sich keineswegs mit einer kritisch-regulativ-pädagogischen Aufgabe begnügen, den Politiker nicht beeinflussen, aktivieren, sondern sich an seine Stelle setzen wollen.

Es gibt durchaus Beispiele dafür, daß ein solcher Positionswechsel möglich und nützlich ist, nämlich dann, wenn der bisherige Kritiker weiß, daß er sich mit der Übernahme in eine politische Funktion in ein neues, vom intellektuellen durchaus verschiedenes Urteils- und Handlungsmedium begibt. Wenn er aber nicht imstande ist, zu begreifen, daß der Verzicht auf Realisierung seiner idealen Modelle nicht Verrat an der Idee, sondern Treue zur Wirklichkeit bedeutet, scheitert er an der Politik (indem sie ihn zum nichts bewirkenden Außenseiter macht) oder aber – was weit schlimmer ist –, er gelangt tatsächlich an die Macht, und die Politik (als eine Veranstaltung zum Wohle des Menschen) scheitert an ihm.

Die Geschichte zeigt folgerichtig den Intellektuellen als Handlanger, der den Machthabern die ihre Untaten rechtfertigenden Theorien liefert oder als Antagonisten des Establishments, der die Machthaber verdrängen und seine Ideen eigenhändig durchsetzen will. Die letzteren verstehen ihre Visionen als Rezepte, die ersteren sind pragmatischer als die Pragmatiker selbst, indem sie den zu erwartenden Kompromiß gleich in ihre Maximen einbauen und somit nicht einmal den Kompromiß erreichen. Oft sind beide Haltungen nur zwei Phasen des Lebensweges ein und desselben Intellektuellen. Idealisten, die scheitern, haben die Neigung, nicht Realisten, sondern Opportunisten und Zyniker zu werden.

Für den Politiker, der Entscheidungen im Rahmen der gegebenen Möglichkeiten treffen muß, wird der kritische Intellektuelle zum bloßen Störenfried und Nörgler, den man nun auch in seiner legitimen Funktion als Anreger nicht mehr akzeptiert. So bestätigen sich die beiden Parteien gegenseitig in ihrer Abneigung, obwohl nicht schwer zu sehen ist, daß ohne ein Minimum von Respektierung und Kooperationsbereitschaft zwischen Politik und Kritik die Demokratie funktionsunfähig wird. Politik ohne progressive Phantasie ist genauso schlecht wie eine Politik, die nur aus Phantasie besteht. Es liegt in den Zwangsläufigkeiten der Sache, daß die in der Praxis stehenden Politiker sich nicht nur zu einem großen Teil aus Charakteren rekrutieren, bei denen der Realitätssinn stärker entwickelt ist als die Phantasie, sondern daß sie schließlich auch so völlig von der Verwaltung des

Bestehenden okkupiert werden, daß sie die Fähigkeit, das anscheinend selbstverständlich Gegebene immer wieder in Frage zu stellen, nach und nach verlieren.

Die Hauptverantwortung für das evolutionäre Funktionieren der Demokratie liegt bei den Intellektuellen, bei den Theoretikern und Kritikern. Wenn sie in die Utopie und den Radikalismus auswandern, entziehen sie der Demokratie den evolutionären Impuls, entleeren sie sie von allem Fortschrittswillen und sind damit selbst für den Immobilismus verantwortlich, den sie beklagen. In jedem Menschen findet immer wieder der Kampf zwischen der Neigung, sich anzupassen, sich im Gegebenen einzurichten, und dem Willen, sich selbst und seine Situation zu verändern, statt, und dieser Kampf wird entschieden durch unseren Willen und unsere Fähigkeit, genau abmessen zu können, welches Ziel wir mit unseren Kräften tatsächlich noch erreichen können und vor welchem Ziel wir – weil es zu hoch angesetzt ist – kapitulieren und jeden Mut zur Veränderung verlieren müssen.

Nicht anders verhält es sich im politischen Leben: die Wirksamkeit einer evolutionären Dynamik hängt zunächst überhaupt davon ab, daß es politisch engagierte Menschen gibt, die sich mit dem Gegebenen nicht zufriedengeben und politische Phantasie entwickeln, und sie hängt dann davon ab, daß diese Phantasie realisierbare und humane Lösungen anvisiert. Das Unglück unserer Demokratien besteht nicht darin, daß die Pragmatiker Pragmatiker sind, sondern daß die politisch engagierten Intellektuellen die Neigung haben, radikale und utopische Lösungen anzustreben – nicht aber eine Politik der konkreten und begrenzten Fortschritte zu treiben. Nur mit einer solchen Theorie und Praxis des Fortschritts könnten sie wieder Einfluß auf die Pragmatiker und damit Einfluß auf die tatsächliche politische Entwicklung gewinnen. Politische Konzeptionen, die von den gegebenen Verhältnissen ausgehen, müssen deshalb noch keine opportunistischen Lösungen sein. Und die Sorge um das Wohl konkreter Menschen ist humaner und fortschrittlicher als das Durchsetzenwollen großartiger Ideale auf Kosten des

Wohles konkreter Menschen. Eine progressive Politik, die Humanität für ein wesentliches Element des Fortschritts hält, wird immer eine Politik des produktiven Kompromisses sein zwischen dem, was ist, und dem, was sein soll. Wer ausschließliche und endgültige Lösungen anstrebt und die naheliegenden Dinge sich selbst überläßt, dient dem Rückschritt mehr als der Reaktionär, weil er ihm blind dient.

15
Freiheit oder Planung

Jede geistige Aktivität vollzieht sich im Abstrakten, jede handwerkliche, technische und künstlerische Betätigung im Neutral-Stofflichen, alles politische, soziale und ökonomische Handeln zwischen und mit Menschen. Die Ausformung eines gedanklichen oder ästhetischen Impulses in einem philosophischen System oder einem Kunstwerk, die Bearbeitung von Ton, Holz oder Eisen, um daraus einen Gebrauchsgegenstand zu machen, schränkt niemandes physische und geistige Bewegungsfreiheit und Souveränität ein. Wie einseitig und radikal eine Theorie und ein Stil, wie abwegig eine Technik immer sein mögen, sie behindern niemanden in seiner Existenz noch auch in seinen Möglichkeiten, eine andere Theorie aufzustellen und sich in einem anderen Stil und einer anderen Technik zu versuchen. Während also die Fülle geistig-kultureller und handwerklicher Produktivität auf dem uneingeschränkten Prinzip der Freiheit beruht und beruhen kann, ruft die Anwendung des gleichen Prinzips in der Sphäre der gesellschaftlichen und zwischenmenschlichen Beziehungen notwendig Anarchie, Terror und Unterdrückung hervor, denn hier geht die uneingeschränkte individuelle Entfaltung immer auf Kosten des und der anderen. Jenes freie Spiel der Kräfte, das in der Tat Voraussetzung und Motor aller geistig-kulturell-technischen Leistungen der Menschheit ist, wird zu einem Prinzip der Zerstörung, sobald man es in der Sphäre des politischen, sozialen und wirtschaftlichen Lebens wirksam werden läßt.

Wenn man von den die Freiheit jeweils begrenzenden Faktoren

ausgeht, so sind Denken und Dichten nur durch die Gesetze des Denkens und der Sprache gebunden und von der Realität der Sachen und Personen gleicherweise unabhängig. Jede Art von handwerklich-technischer und handwerklich-künstlerischer Tätigkeit ist an das Material und den Zweck gebunden; ob etwas machbar ist, das sagen uns früher oder später die Dinge selbst, und zwar definitiv. Alles, was die gesellschaftliche Ordnung anbetrifft, nach welchen Regeln Menschen ihre moralischen, rechtlichen und wirtschaftlichen Beziehungen ordnen, ist an die «Sache» Mensch gebunden und daher so lange und so weit eine offene Frage, als der Mensch nicht weiß, was er sein und wollen soll. Nur dann, wenn es eine Natur des Menschen gibt, man sie identifizieren kann und entschlossen ist, ihren Urteilsspruch anzunehmen, ergibt sich die Möglichkeit, festzustellen, was man mit dem Menschen machen darf und was nicht.

Nun haben wir bereits in einem früheren Kapitel dargestellt, daß sowohl die primär- als auch ein Teil der sekundärmoralischen Verhaltensweisen für alle bindend sein müssen, wenn die einzelnen Subjekte gleiche Chancen, gleiche Rechte und gleiche Sicherheit für ihre (verschiedenartig geprägte) Existenz haben sollen. Der physisch Stärkere und Tüchtigere kann im sportlichen Wettbewerb alle anderen überflügeln, es ist ihm aber nicht gestattet, diese Überlegenheit auch sonst geltend zu machen. Zu wessen Gunsten ein Streit entschieden wird, hängt nicht von der körperlichen Tüchtigkeit oder Untüchtigkeit der Beteiligten, sondern davon ab, wer tatsächlich im Recht ist.

Die Überzeugung durchgesetzt zu haben, daß jeder Mensch Anspruch darauf hat, unabhängig von seinen Eigenschaften und Lebensumständen gleich behandelt zu werden, ist das Verdienst der bürgerlichen Revolutionen. Die durch Besitz und Macht, Talente und Bedürfnisse voneinander unterschiedenen Individuen sollten ihre Freiheit nur dort begrenzen, wo die sogenannten Grund- und Persönlichkeitsrechte beginnen: jedermann ist gleich vor dem Gesetz, jedermann hat bei Wahlen die gleiche Stimme. Außerhalb dieser Sphäre der moralischen und politischen Gleichheit aber sollen die Menschen sich entfalten, wie es ihnen gegeben ist: der Wettkampf aller mit allen würde dann für alle das Optimum an Lebens- und Entfaltungsmöglichkeiten zwangsläufig hervorbringen.

Die Entstehung der sozialistischen Bewegung und der heutige Zustand der Welt zeigen, daß dies ein Irrtum war und sein mußte. Vom Leitbild des mündigen Menschen aus gesehen, war es richtig und geboten, für den freien Wettbewerb der Glaubensüberzeugungen, Philosophien, Künste, Techniken und schließlich auch der individuellen Lebensweisen zu sorgen. Die für die Entwicklung der industriellen Zivilisation grundlegende Freisetzung auch der ökonomischen Tüchtigkeit hatte aber am Ende den gleichen Effekt, wie es die Freisetzung der rein physischen Überlegenheit haben würde: den auf diesem Gebiet Untüchtigen wurden damit entscheidende politische und menschliche Rechte genommen, sie wurden Unterdrückte. Und sie sind es auch dann und dort, wo die allgemeine Anhebung des Lebensstandards für die Mehrzahl der Menschen materielle Not behoben hat.

Die Voraussetzung der freien Entfaltung der Subjektivität aller ist die allgemeinverbindliche Sicherung der materiellen und sozialen Verhältnisse aller, unabhängig von den verschiedenen Talenten, die die einzelnen haben, und den verschiedenen Leistungen, die sie für die Gesellschaft erbringen. Es ist leicht einzusehen, daß es weder die gleichen Entwicklungschancen noch die gleiche Sicherheit für alle geben kann, solange diejenigen, denen es an speziell kapitalistischen Talenten mangelt, nicht nur zu einem materiell bescheideneren Leben gezwungen sind (was hinzunehmen wäre), sondern auch in ihren gesamten Entfaltungsmöglichkeiten entscheidend beeinträchtigt werden. Zu dieser Beeinträchtigung gehört sowohl die – mehr oder weniger zutreffende – Empfindung der allgemeinen Machtlosigkeit, die in der kapitalistischen Gesellschaft mit Besitzlosigkeit und geringem Einkommen verbunden ist, als auch die Schwierigkeit, ohne große finanzielle Mittel sich tatsächlich den eigenen Fähigkeiten und Bedürfnissen entsprechend entwickeln und behaupten zu können.

Wie der Liberalismus entstand, liegt klar zutage und muß gesehen werden, wenn man bei seiner Kritik mit der Freiheit «an falscher Stelle» nicht die Freiheit überhaupt abschaffen will. Was als Anliegen der die politische Erbschaft der Aufklärung antretenden bürgerlichen Revolutionen seinen demokratisch-universalen Anfang nahm, endete als Forderung des Besitzbürgertums nach der souveränen Verfügungsgewalt über das im kapitalistischen Wirtschaftskampf «rechtmäßig erworbene» Eigentum. Die technisch-industrielle Entwicklung erzwang die Befreiung der ökonomischen Kräfte aus den Bindungen des ständisch-absolutistischen Staates, die Zwangsläufigkeiten des aufkommenden Kapitalismus hinwiederum überformten den demokratischen Ansatz der bürgerlichen Revolutionen, indem nun nicht mehr die Befreiung aller unterdrückten Klassen, sondern nur noch die Sicherung der Freiheit der besitzenden Klassen zur Debatte stand. Der Citoyen wurde im Laufe weniger Jahrzehnte vom Bourgeois überspielt, die Forderung nach gleichem Recht für alle zur Forderung nach Vorrechten für einige. Aus einer progressiven Idee wird ein konservatives Programm, denn die befreite Klasse der Besitzbürger legte nach ihrer Befreiung keinen Wert mehr darauf, die einmal errungenen Machtpositionen zugunsten der Befreiung noch unterdrückter Bevölkerungsschichten aufzugeben. Das Kommunistische Manifest wäre wahrscheinlich niemals verkündet worden oder aber Literatur geblieben, wenn das Bürgertum diese Aufgabe wenigstens in Ansätzen in Angriff genommen hätte. So änderte sich am Schicksal der breitesten Schichten auch der vermeintlich schon ausreichend zivilisierten Völker zunächst nicht eben viel. Es wechselte die herrschende Klasse, der Stil des Beherrschtwerdens und die Art der Abhängigkeit. Die Machtpositionen des Adels besetzte nach und nach das handeltreibende, die industrielle und kapitalistische Epoche heraufführende Bürgertum. Es galten nun nicht mehr Geburt und Titel, sondern nur noch Besitz. Und der einmal zu Besitz und damit Macht gelangte Bürgerliche strebte genauso danach, seinen Besitz zu vergrößern und seine Macht auszudehnen und beides seinen

Nachkommen zu vererben, wie dies vorher der Aristokrat getan hatte.

Bei allen Überlegungen zum Thema «Liberalismus» darf man nicht die Tatsache aus den Augen verlieren, daß das Besitzbürgertum zur Erhaltung seiner Machtposition in der sich entwickelnden parlamentarischen und politischen Demokratie weiterhin auf die Zustimmung und Solidarität des besitzlosen Bürgertums und Kleinbürgertums angewiesen war und ist, also der Beamten und Angestellten, der Lehrer, Juristen und Ärzte, der freien intellektuellen und künstlerischen Berufe. Und diese Schichten der bürgerlichen Intelligenz, die an der Konjunktur des Kapitalismus kaum oder nur sehr mittelbar beteiligt sind, übersehen sonderbarerweise bis heute, daß sie am freien Wettbewerb der kapitalistischen Wirtschaft nur im Geiste teilnehmen (indem sie sich mit den Kapitalisten zum Lobe des Kapitalismus vereinen). Die «freie» Wirtschaft ist zu keiner Zeit und Phase der kapitalistischen Entwicklung jemals eine freie Wettbewerbswirtschaft aller am Produktionsprozeß Beteiligten gewesen. An jenem freien Spiel der sozialen und ökonomischen Kräfte sind optimal 10 % bis 15 % der Bevölkerung beteiligt, da alle anderen in einem abhängigen Lohnverhältnis stehen, das ihnen die Entfaltung irgendeiner nennenswerten merkantilen Initiative mit entsprechenden Gewinnchancen überhaupt nicht erlaubt. Die freie Marktwirtschaft ist ausschließlich eine freie Marktwirtschaft der selbständigen Unternehmer, denn diese allein haben in dem Spiel, in dem alle Arbeitnehmer und Konsumenten Objekte sind, eine Subjektposition inne. Von jedem Arbeiter und Angestellten, jedem Beamten und auch jedem Angehörigen eines freien Berufes wird eine optimale berufliche Leistung erwartet, ohne daß man seiner Initiative jemals eine irgendwie gearbeitete kapitalistische Belohnung in Aussicht stellt. Ausschließlich die dünne Schicht der Unternehmer und Händler scheint außerstande, beruflich-sachliche Leistungen zu erbringen, wenn aus jeder Initiative nicht – zumindest der Möglichkeit nach – ein beachtlicher Profit herausspringt; und zwar in vielen Fällen ein Profit, dessen Höhe zur persönlichen Leistung des Unternehmers – wenn man sie mit den Leistungen anderer Berufe vergleicht – in keinem vertretbaren Verhältnis steht. Der Unternehmer wird also in der liberal-kapitalistischen Gesellschaft zu einem außerhalb aller, für die nicht nur ökonomisch wichtige Relation zwischen Leistung und Verdienst, geltenden Regeln stehenden Leittyp, der alle anderen Tätigkeiten und Begabungen, von denen einige für das zivilisatorische und kulturelle Niveau ungleich wichtiger sind, in die unteren Ränge verweist.

Als der Mensch den Launen der Naturgewalten unterworfen war, weil er noch nicht gelernt hatte, ihre Prozesse zu durchschauen und für seine Zwecke nutzbar zu machen, machte er sich diesen Zustand dadurch erträglich, daß er ihn «Herrschaft der Dämonen» nannte. Der Willkür der ökonomischen Naturgewalten ausgeliefert, redet er sich immer noch und immer wieder ein, daß deren Kontrolle und Planung ein Sakrileg gegen die persönliche Freiheit sei und man die Folgen der uneingeschränkten Freisetzung sozial-ökonomischer Talente als «Gesetz des Schicksals, das den Tüchtigen belohnt und den Untüchtigen bestraft», in Kauf nehmen müsse.

Die Feststellung, daß die liberalistische Wirtschaft eine durch und durch materialistisch orientierte Zivilisation hervorbringt, versteht sich nach allem von selbst: ihr Zentrum ist die Produktion und Konsumtion von Gütern, die sich in Massen absetzen lassen. Dieser Materialismus ist aber ein doppelgesichtiges Phänomen. Er hat nicht nur die Bedeutung von Reduktion der menschlichen Interessen auf die Befriedung sehr elementarer Bedürfnisse, sondern verursacht auch den sich ständig hebenden zivilisatorischen Lebensstandard breiter Bevölkerungsschichten. Die von Marx vorausgesagte Verelendung ist nicht eingetreten, weil der Kapitalismus für die ihn charakterisierende Produktion von Konsumgütern immer neue Abnehmerschichten brauchte und die Bedürfnisse, die er unaufhörlich weckte, schließlich auch befriedigen mußte. Diese für unsere ganze moderne Welt wesentlichen Erfolge leugnen zu wollen, wäre ebenso töricht, wie dem Kapitalismus aus diesen Erfolgen einen

Lorbeerkranz der Humanität zu winden. Wenn auch die historische Entwicklung zwangsläufig «kapitalistisch» verlaufen ist, läßt sich die industrielle Leistungsgesellschaft prinzipiell nicht ohne Wettbewerb, aber ganz gewiß ohne den kapitalistischen Unternehmer denken. Heute jedenfalls wissen wir, daß ein befähigter Generaldirektor für ein Unternehmen wichtiger ist als ein Eigentümer.

Der Sieg des Kapitalismus über Hunger und Elend entspringt nicht sozialen Impulsen, sondern merkantilen Zwangsläufigkeiten. Diesem Ansatz entsprechend schlägt die materielle Armut in der saturierten liberal-kapitalistischen Gesellschaft in eine allgemeine Unzufriedenheit um, mit deren verschiedenen Erscheinungsformen und Konsequenzen wir uns gerade in diesen Jahrzehnten auseinanderzusetzen haben. Nicht nur der Linken führt dieses Unbehagen immer neue Energien zu; in ihm gründet auch der Überdruß der Liberalen an ihrer eigenen Welt.

Die gleiche Zivilisation, die es fertiggebracht hat, einen großen Teil der arbeitenden Massen aus ihrer materiellen Elendslage zu befreien, hat sich als unfähig erwiesen, irgend etwas für ihre menschliche Entwicklung zu tun, da sie auf die Befriedigung von Bedürfnissen, die nur Kosten verursachen, aber keine Gewinne abwerfen – die freie Unternehmerinitiative also nicht durch entsprechende Profite belohnen –, nicht eingestellt ist. Hervorgebracht hat sie außerhalb des Konsumgütersektors eine riesige Freizeitindustrie, deren Produkte die Pause zwischen Arbeit, Essen und Schlafen ausfüllen hilft, aber wiederum nur jene Bedürfnisse erfaßt, die elementar sind und daher massenhaft auftreten.

Eine solche Entwicklung ist in einer Gesellschaft, deren Zentralprinzip der freie Wettbewerb ist, unausweichlich, denn in ihr werden alle Güter, die keinen «Marktwert» besitzen, unaufhaltsam an den Rand der Werteskala gedrängt. Es ist gar nicht anders möglich, als daß eine unter dem Gesetz des Erwerbs stehende Gesellschaft zwar immer mehr industrielle Güter in Umlauf bringt, Erzeugung und Verbrauch kultureller Güter jedoch denen überläßt, die bereit sind, dafür ihren Lebensstandard aufs Spiel zu setzen oder aber schon einen so komfortablen Lebensstandard besitzen, daß sie allen sozialen Anfechtungen enthoben sind. Für die große Masse führt die Konzentration auf Hebung und Erhaltung eines angemessenen Lebensstandards zu einer fortschreitenden Vernachlässigung und Verkümmerung aller geistig-kulturellen Anlagen und Interessen, die nicht mehr als eigentliches Ziel das menschliche Dasein akzentuieren, sondern zu einer etwas abseitigen Unterhaltung für besonders Beflissene entarten. «Wir haben gelernt, daß mit dem Aufkommen der Massengesellschaft die Gewohnheit, den Dingen ihren Lauf zu lassen, nicht das Prinzip wahrer Freiheit darstellt, sondern einfach das kulturelle Erbgut einigen kapitalistischen Konzernen ausliefert, die nur allzu häufig das niedrigste allgemeine Niveau demokratischer Kultur repräsentieren ...» sagt Karl Mannheim.[1]

Der geschlossene Materialismus des kommunistischen Systems verdankt seine Entstehung dem umgekehrten Vorgang: die Freiheit wird nicht unzulässig ausgedehnt, sondern abgeschafft. Da Freiheit im Ökonomischen Willkür, Ungerechtigkeit und Unterdrückung hervorbringt, muß alles durchgeplant und reglementiert werden – auch die geistig-kulturellen Erscheinungen und Bedürfnisse. Auch hier wird – wenn man will – die Ideologie von der Geschichte gestützt. Der Marxismus ist nicht etwa (wie es seiner eigenen Prognose gemäß gewesen wäre) in einem der bürgerlich-kapitalistischen Länder des Westens, sondern im bäuerlich-feudalistischen Rußland Praxis und Wirklichkeit geworden; zwischen den falschen geschichtsphilosophischen Schlüssen des Marxismus und den richtigen realpolitischen Entschlüssen eines Lenin besteht ein historisch logischer Zusammenhang, ohne den der Sieg der Oktoberrevolution nicht verständlich wäre. Wer eine Vorstellung davon hat, bis zu welchem Abstand die zivilisatorische Entwicklung der westeuropäischen Staaten im Verlauf des achtzehnten, neunzehnten

1 Karl Mannheim: *‹Diagnose unserer Zeit›*, Zürich 1951, S. 147.

und beginnenden zwanzigsten Jahrhunderts die in Rußland erreichte Kulturstufe hinter sich ließ, weiß, warum Wladimir Iljitsch Uljanow, lange bevor er sich Lenin nannte, in den neunziger Jahren, als er sich zum erstenmal dem Zugriff der zaristischen Polizei durch die Flucht ins Ausland entziehen mußte und zum erstenmal mit westlichen Lebensformen und Auffassungen in direkte Berührung kam, die Freiheit höhnisch und verächtlich «ein bourgeoises Vorurteil» nannte.

Für das seit Jahrhunderten unter dem patriarchalischen Terror einer dünnen Herrenschicht in der Verlassenheit von Steppen und Wäldern dahindämmernde, von allem westlichen Fortschritt unberührte, in Primitivität und Unmündigkeit gehaltene russische Volk hatte er zweifellos recht: das Problem der individuellen, bürgerlichen Freiheit stellt sich nur dort und erst dann, wenn es Individuen und Bürger gibt, wenn der Mensch sich unter dem Eindruck bestimmter zivilisatorischer Errungenschaften aus archaischen Bindungen löst, das Milieu des Kollektivbewußtseins durchstößt und zum Selbstbewußtsein erwacht.

Was der sozialrevolutionäre Student Uljanow in seinem Vaterland vorfand, waren Verhältnisse, auf die sich die materialistisch-marxistischen Theorien deshalb mit solcher Evidenz anwenden ließen, weil sich die Problematik dieser anachronistischen Zustände zunächst tatsächlich in der Notwendigkeit erschöpfte, die technisch-materielle Rückständigkeit zu beheben. Es ging nicht etwa darum, einer benachteiligten Klasse zu Kulturrechten zu verhelfen, die die Gesamtheit längst besaß oder zumindest postuliert hatte, sondern es mußte vielmehr ein ganzes, auf ungeheure Räume verteiltes Volk in den versäumten Zivilisierungsprozeß hineingetrieben werden; es war eine technisch-materiell-ökonomische Entwicklung nachzuholen, ohne deren Voraussetzungen weder Kultur noch überhaupt so etwas wie eine zivilisierte Gesellschaft zu entstehen vermag.

Solange der Mensch in nomadischer oder bäuerlicher Vereinzelung lebt, den Naturgewalten preisgegeben, von heute auf morgen um Nahrung und Selbsterhaltung kämpfend, steht sein noch geschichtsloses Dasein unter dem Zwang seines biologischen Temperaments und der äußeren Verhältnisse, des Klimas, der Bodenbeschaffenheit; erst die Entbindung vom nackten Daseinskampf, erst die Arbeitsteilung, das enge und erträgliche Nebeneinanderleben und Voneinanderabhängen, mit einem Wort die städtische Lebensform, befähigt und nötigt ihn, sich als selbstverantwortliches geschichtliches und politisches Wesen zu empfinden und als solches zu reagieren. Erst in diesem Stadium geht es nicht mehr um einfache Erhaltung des Daseins schlechthin, sondern um Behauptung und Gestaltung des Menschlichen in diesem Dasein.

Die Französische Revolution fand statt, weil alle Angehörigen und Klassen des bürgerlichen Kulturkreises an den Errungenschaften dieser Kultur teilzuhaben wünschten, die Russische Revolution entsprang dem Zwang und Willen, in einem dieser Kultur nächstbenachbarten, von ihr aber noch gar nicht berührten Gebiet jene zivilisatorischen Verhältnisse zu schaffen, die der bürgerlichen Massenkultur vorauszugehen pflegen.

Es war der Irrtum von Karl Marx – und ist der Irrtum der Marxisten bis zum heutigen Tage –, den westlichen Proletarier nicht nur für antikapitalistisch, sondern für antibürgerlich zu halten, obgleich dieser das Besitzbürgertum nicht bekämpfte, weil es Bürgertum war, sondern weil es seine wirtschaftliche Macht zur Erhaltung übernommener feudalistischer, vor- und unbürgerlicher Praktiken mißbrauchte und dem ökonomisch Schwächeren die bürgerlichen Freiheiten vorzuenthalten suchte. In einer zum Bewußtsein ihrer selbst gekommenen, freiheitlichen Welt besteht der natürliche Forschritt und die auf lange Sicht zwangsläufige Entwicklung nicht in einer Vermassung der schon Individualisierten, sondern in einer Individualisierung der noch Vermaßten, nicht in einer Proletarisierung des Bürgers, sondern in einer Verbürgerlichung des Proletariers. Es war nicht Stalin, sondern Trotzki, den der in Gorki dahinsiechende Lenin als seinen Nachfolger zu sehen wünschte, jener fanatische Intellektuelle, dem es nicht um Rußland, sondern um die Weltrevolution und die Weltdiktatur des Proletariats zu tun war. In Wahrheit hatte sich aber schon in den turbulenten Monaten des Jahres 1919, als Lenin vergeblich auf den Ausbruch der europäischen Revolution, vor allem der deutschen unter der Führung von Karl Liebknecht, wartete, herausgestellt, daß die im Westen stattfindenden kommunistischen Aufstände nicht Signale einer bevorstehenden großen geschichtlichen Bewegung, sondern lokale Revolten waren, die das Gefüge der bürgerlichen Welt weder zu verändern, noch auch nur die Notwendigkeit einer derartigen Veränderung augenscheinlich zu machen vermochten. Und mit dem ein Jahr später an der Weichsel scheiternden polnischen Feldzug der Roten Armee Trotzkis brach auch die Hoffnung auf gewaltsame Entfesselung der europäischen Revolution zusammen. Es war also nur folgerichtig, daß sich der interne Machtkampf innerhalb der bolschewistischen Parteiführung im Jahre 1926, als Lenin schon zwei Jahre in seinem hölzernen Mausoleum auf dem Roten Platz ruhte, nicht zugunsten des internationalistischen Ideologen Trotzki, sondern zugunsten des nationalen Praktikers Stalin entschied, dessen unverbildeter politischer Instinkt den Bolschewismus in der Folgezeit immer mehr der Verquickung mit fruchtlosen Weltmissionsplänen entwand und ihn zu dem machte, was er allein war und sein konnte, zu einer national-russischen Sache.

Um den bei der immer näher aneinanderrückenden und immer mehr voneinander abhängenden Entwicklung aller europäischen Völker unerträglich werdenden, Jahrhunderte umfassenden Vorsprung der westlichen Länder einzuholen, hat sich dieses bolschewistische Rußland zu politischen Methoden entschlossen, die sich jenen Bewegungslinien, in denen sich in der übrigen Welt das langsame und kontinuierliche Wachstum der geschichtlichen Lebensformen vollzog, in nichts vergleichen lassen. Totalitarismus, Kollektivismus, Terrorismus und Überschätzung des Technisch-Mechanischen sind – wie inzwischen noch einmal das Beispiel China zeigt – die unvermeidlichen Kennzeichen und Begleiterscheinungen eines solchen Versuches, Geschichte «planmäßig und komprimiert» zu machen. Es ist die – zumindest aus der Entfernung gesehen – bestechende Präzision dieses rationalgewalttätig ablaufenden Staatsmechanismus, die den Eindruck hervorruft, als sei nicht der Osten dabei, den Westen einzuholen, sondern der Westen vielmehr gezwungen, dem Beispiel des «besser funktionierenden» Ostens zu folgen. Die Reibungslosigkeit und soziale Sicherheit eines materialistisch-kollektivistischen Systems lassen sich jedoch – wie es wiederum die Beispiele der gewaltsam vom Kommunismus okkupierten osteuropäischen Länder zeigen – nur unter Verzicht eben jener Werte erkaufen, die die bürgerliche Kultur von der Barbarei unterscheiden, und die sie nur aufgeben kann, wenn sie bereit ist, zu jener zurückzukehren. Trotz aller Propheten, die den Untergang der bürgerlichen Kultur voraussagen und fordern, kann die Aufgabe des Westens nur darin bestehen, die Werte der bürgerlichen Kultur nicht aufzugeben, sondern einem immer größeren Teil der Menschheit erreichbar zu machen.

In der UdSSR hat die technische Entwicklung wie die Konsumgüterproduktion einen Stand erreicht, der es den kommunistischen Regierungen erlaubt, mit Recht darauf hinzuweisen, daß ihre Bürger sich einem Lebensstandard nähern, der durchaus einen Vergleich mit dem Lebensstandard westlicher Länder aushält. Die Ereignisse gerade der letzten Jahre und Jahrzehnte haben überdies deutlich gemacht, daß die Demokratie in bestimmten Bereichen und auf die Dauer mit den Möglichkeiten, die einer Diktatur zur Verfügung stehen, nicht konkurrieren kann. Ihre Möglichkeit, alle im Lande verfügbaren technischen, finanziellen und personellen Kräfte auf eine Aufgabe zu konzentrieren, führt sehr viel schneller zu Resultaten als die komplizierten und zeitraubenden Entscheidungs- und Koordinierungsverfahren in einem parlamentarisch-liberalen Staatswesen.

Es ist also gewiß, daß auch die kommunistischen Länder dabei sind, in ausreichender Zahl Eisschränke, Fernsehapparate und Autos zu produzieren. Diese Erhöhung des Lebensstandards hat mittelbar auch eine Liberalisierung des gesellschaftlichen Lebens zur Folge. Trotz aller Restalinisierungstendenzen ist das Klima in der UdSSR relativ frei zu nennen. Daß es sogar freier als etwa in der DDR ist, hängt mit dem vorhin besprochenen Faktum zusammen, daß der Sowjetbürger auf einem kontinuierlich-pragmatischen Wege Freiheiten entdeckt, die er nie zuvor besaß, während in allen früher zum Westen gehörenden kommunistischen Ländern jede kleinste Dosis von Freizügigkeit sogleich die Erinnerung und den Wunsch nach jener großen Freiheit weckt, die es dort ja schon einmal gegeben hat. Wenn man festzustellen versucht, was sich denn in diesem Zusammenhang hinter dem Begriff «Freiheit» oder «größere» Freiheit verbirgt, so stellt sich heraus, daß der Unterschied zwischen dem Leben in einem westlichen und einem kommunistischen Staat – wenn wir hier vom nackten Terror absehen, der auch in einem autoritären System nicht unbedingt herrschen muß – in der Anerkenntnis größerer und mannigfaltigerer Bedürfnisse der Menschen besteht und in der Möglichkeit, diese Bedürfnisse tatsächlich auch zu befriedigen. Hier im Westen wachsen wir in einer Welt auf, deren Angebot an zivilisatorischen und kulturellen Gütern so groß ist wie nie zuvor in einer Epoche der Menschheitsgeschichte. Das bezieht sich genauso auf die Mannigfaltigkeit der Autotypen wie auf die Fülle unserer literarischen und allgemein kulturellen Produktion, wie auf die sehr verschiedenen Arten, das private Leben zu gestalten. Der entscheidende Nachteil jedes totalitären Systems besteht darin, daß es sich in allen Bereichen jeweils auf einige wenige Marschrouten festlegen muß und also nicht in der Lage ist, sehr verschiedenartigen und sehr subtilen Bedürfnissen Rechnung zu tragen. Der Mensch ist aber auf sehr disparate Dinge aus, sobald ihn ein gewisser Wohlstand von der Sorge um das bloße Überleben befreit.

Die Chance einer freiheitlich verfaßten Gesellschaft im Wettbewerb mit kommunistisch-autoritären Systemen liegt also in der Weckung und Befriedigung größerer Bedürfnisse. Der sich im Westen ausbreitende Materialismus ist die Folge jener Theorie und Praxis, die man «Liberalismus» nennt. Die höheren Bedürfnisse des Menschen ergeben sich nicht in gleicher Weise von selbst wie etwa der durch den ökonomischen Wettbewerb hervorgebrachte technische und wirtschaftliche Fortschritt. Menschen, deren höhere Bedürfnisse nicht auf der Schule oder im Elternhaus bewußt und planmäßig geweckt werden, sind nur in Ausnahmefällen bereit und in der Lage, sich aus eigenem Antrieb subtileren Freuden zuzuwenden. Die entscheidende, von konservativen und liberalen Gegnern einer solchen Kultur-Demokratie nicht zu beantwortende Frage heißt, mit welchem Argument man irgendeinem Menschen auf dieser Welt die Entwicklung und Befriedigung gerade subtiler Bedürfnisse vorenthalten könnte. Welche Verantwortung für die Entfaltung ihrer Bürger sollte eine Gesellschaft haben, wenn nicht diese? Die liberal-kapitalistische Leistungsgesellschaft bringt – sich selbst überlassen – eine Konsumentenkultur hervor, die sich von der Konsumentenkultur kommunistischer Prägung schließlich nur noch darin unterscheidet, daß ihre Angehörigen quasi freiwillig wählen, was dort verordnet wird.

Alles politische Planen und Handeln ist nicht Selbstzweck, sondern Mittel. Was geschieht, wenn man sich der Planung in einer fundamentalen Sphäre des gesellschaftlichen Lebens enthält, zeigt uns die Entwicklung der liberalistischen Gesellschaft, und was geschieht, wenn man die Planung zum letzten Sinn menschlichen Daseins macht, zeigt uns die Entwicklung des stalinistischen Über-Staates. Das Unbehagen des Kulturmenschen an der Politik hat seinen guten Grund: Er wünscht von den Aufgaben, die ihm seine individuelle Existenz stellt, nicht durch lästige administrative Pflichten abgelenkt zu werden. Aber die Suspendierung von den gesellschaftlichen Pflichten und Aufgaben kann erst erfolgen, wenn wir diese Aufgaben wenigstens annähernd gelöst haben. Das Soziale und Politische ist dem Geistigen und Kulturellen untergeordnet, aber es geht ihm historisch voraus.

Humanität ist kein Zustand, sondern eine Aufgabe, ein ständiger erbitterter Kampf gegen die nicht aufhebbaren Determinationen der physischen, biologischen, physiologischen und psychologischen Kräfte. Daß dieser Kampf zwar niemals siegreich beendet, aber doch immer wieder durchgestanden werden kann (obwohl die niederen Schichten die vital stärkeren sind), ist in der spezifischen Fähigkeit des menschlichen Geistes, die Dinge zu durchschauen und zu ordnen, begründet. «Wodurch der Mensch zuletzt doch herrscht, ist eine Überlegenheit anderer Art. Die Natur verfügt über diese Kategorien nicht, ihre Prozesse verlaufen gleichgültig gegen ihr Resultat, ihre Mächte sind blind. Sie können sich gegen Zwecksetzung des Menschen nicht zur Wehr setzen, wenn er ihr Wesen durchschaut und sie für seine Zwecke einzuspannen weiß.»[1]

Der Geist, der sich selbstgenügsam nur mit sich selbst beschäftigt und auf die Kontrolle und Ordnung alles Vor- und Ungeistigen verzichtet, wird von den Kräften dieser niederen Schichten in mannigfacher Weise seiner eigentlich menschlichen Aufgabe entfremdet. Die Freiheit geistig-kulturellen Seins besteht primär in der Befreiung durch Planung und erst sekundär in der Selbstentfaltung der eigenen Kategorien und Inhalte. Es gibt also auf keiner Ebene menschlichen und gesellschaftlichen Seins die Alternative, «Planung oder Freiheit», sondern immer nur «Freiheit durch Planung». Ein Mensch, der die Triebkräfte seiner biologisch-organischen Natur nicht unter ständiger Kontrolle hält, geht seiner Menschlichkeit ebenso verlustig wie eine Gesellschaft, die sich dem freien Spiel der ökonomischen und sozialen Kräfte überläßt.

Diesen Tatbestand muß der Liberalismus leugnen oder unterschlagen, denn nur indem er – der idealistisch-spiritualistischen Philosophie folgend, der er entstammt – die Unabhängigkeit des Geistes proklamiert, versetzt er sich in die Lage, Kultur und Humanität hochhalten zu können, ohne doch auf das frisch-fröhlich-barbarische Spiel des sozialökonomischen Wettbewerbs verzichten zu müssen. Wenn man die geistig-kulturellen Phänomene säuberlich von allen gesellschaftlichen Vorgängen und Bindungen scheidet, spielen die sich ergebenden sozialen Mißstände die Rolle eines aus dem «Lebenskampf» zwangsläufig resultierenden Verhängnisses, bedrohen aber in keiner

1 Nicolai Hartmann, a. a. O., S. 81 f.

Weise den Anspruch der Gesellschaft, eine Kulturgesellschaft zu sein. Und die Unterstellung, daß Art und Schicksal der «Freiheit» in der geistig-kulturellen wie der sozial-ökonomischen Sphäre «unteilbar» sind, erlaubt es dem Liberalismus, jede Forderung nach ökonomischer Planung und sozialer Gleichheit als Angriff auf die Freiheit des Geistes abzuweisen.

Die Freiheit selbst gibt niemals ein politisches Programm ab; sie ist vielmehr die Frucht, in deren Genuß zu kommen wir uns auf Grund und nach Erfüllung eines politischen Programms (dessen Inhalt immer nur Systeme der Kontrolle, Planung und Bindung sein können) erhoffen. Politik ist Sondierung und Kultivierung des sozialen Terrains, auf dem dann kulturelles und geistiges Leben sich entfalten soll. Erst wenn die nicht in der Person des einzelnen liegenden Hemmungen beseitigt sind, wird Art und Wert dieses einzelnen deutlich werden. Erst die Objektivierung und Rationalisierung dessen, was objektivierbar und rationalisierbar ist, kann den wahren Subjektivismus und Individualismus möglich machen.

16
Freiheit durch Planung

Der «westliche» oder «freiheitliche» oder «demokratische» Sozialismus befindet sich in einer Verfassung, die es festzustellen schwermacht, was hier unter «Sozialismus» zu verstehen sei. Nachdem er sich zu Beginn der sechziger Jahre langsam von dem Schock zu erholen begann, den die stalinistischen Experimente in der UdSSR und ihren Satellitenstaaten verursacht hatten, wurde er am Ende des gleichen Jahrzehnts durch den wütenden Radikalismus der verschiedenen Neomarxismen erneut einer Belastungsprobe unterworfen, die bis zur Stunde anhält. Und auch von einer allgemeinen Depression, die sich erst in diesen Jahren bemerkbar zu machen beginnt, ist der demokratische Sozialismus nicht verschont worden: der Fortschritt selbst ist fragwürdig geworden. Mit der bloßen Bejahung des Fortschritts ist es nicht mehr getan; man muß sagen, wie man mit bestimmten nicht-forschrittlichen Folgen des Fortschritts fertig zu werden gedenkt (falls man überhaupt glaubt, damit fertig werden zu können). Schließlich übt die seit Kriegsende andauernde kapitalistische Konjunktur angesichts der ständigen Wirtschaftsmiseren in den kommunistischen Ländern eine unverminderte Anziehungskraft aus, die schwer zu widerlegen ist.

Alle diese Komponenten haben in den sozialdemokratischen Parteien des Westens zu einer Dauerkrise geführt. Man sah und sieht sich gezwungen, alle programmatischen Fragen offenzulassen und sich auf eine reformistisch-pragmatische ad hoc-Politik einzustellen. Diese Tendenz wurde wesentlich durch die

Tatsache gefördert, daß fast alle demokratisch-sozialistischen Parteien des Westens in die Lage kamen, Regierungsparteien zu werden.

Wo steht nun der demokratische Sozialismus tatsächlich?

Wenn man diese Frage zu beantworten sucht, stößt man auf drei große Komplexe: auf Methode und Weg der Verwirklichung der demokratisch-sozialistischen Gesellschaft, auf die Rolle des Staates in dieser Gesellschaft und auf Art und Umfang der Bestimmung des gesamtgesellschaftlichen Lebens durch eine sozialistische Welt- und Lebensanschauung.

Wir haben gesehen, daß genau jene geschichtlich-gesellschaftlichen Umstände, nämlich niedrige Zivilisationsstufe und mangelnde demokratische Tradition, die die revolutionäre Ausbreitung und Machtergreifung einer sozialistischen Bewegung begünstigen (Rußland, China), seine Verwirklichung erschweren, ja verunmöglichen. Und umgekehrt: Jene geschichtlich-gesellschaftlichen Umstände, die es leichtmachen würden, eine sozialistische Gesellschaft zu organisieren, nämlich hohe Zivilisationsstufe und starke demokratische Tradition, erschweren die evolutionäre Machtergreifung des Sozialismus (dies ist die Situation in allen Ländern der westlichen Welt).

Während es in dem einen Fall mangels breiter, politisch gebildeter Volksschichten und im Hinblick auf die zu bewältigenden großen Aufgaben der Industrialisierung zur Konstituierung einer staatssozialistischen Diktatur kommt, bleibt im anderen Fall der, nach der marxistischen Lehre, eigentliche Impuls des Sozialismus, nämlich die Verschärfung der proletarischen Klassenlage aus. Das Proletariat verbürgerlicht, wird saturiert und damit den sozialistischen Forderungen und Zielen mehr und mehr entfremdet. Die revolutionäre Machtergreifung des Sozialismus findet mangels einer genügend großen Zahl genügend revolutionär gestimmter Teilnehmer nicht statt.

Auf die Frage nach Methode und Weg der Verwirklichung einer sozialistischen Gesellschaft muß also – jedenfalls für den Bereich des zivilisierten Teiles der Welt – eine von der ursprünglichen Konzeption abweichende Antwort gesucht werden: Der Übergang von der liberal-demokratischen zur sozialdemokratischen Gesellschaft erfolgt auf evolutionärem Wege. Der Sozialismus kann in der westlichen Welt nur als Weiterentwicklung der durch die bürgerlichen Revolutionen geschaffenen politischen zur sozialen Demokratie verstanden werden; die sozial-demokratischen Parteien verwandeln sich aus Arbeiter- zu Volksparteien, die ihre Ziele auf parlamentarischem Wege – indem sie bei Wahlen die Mehrheit zu gewinnen versuchen – zu verwirklichen trachten.

Was die Rolle des Staates anbetrifft, so ist bei Marx die Diktatur des Proletariats und die Verstaatlichung der Produktionsmittel nicht schon die Verwirklichung der sozialistischen Gesellschaft, sondern vielmehr die letzte Phase vor dieser Verwirklichung. Es soll dann erst die Aufhebung der Selbstentfremdung des Menschen durch das Absterben des Staates erfolgen. Dieser revolutionäre Weg zum Sozialismus über die totale Verstaatlichung verbietet sich in der westlichen Welt nicht nur deshalb, weil es gar nicht zur Revolution und Diktatur des Proletariats kommt. Da die liberale, privatkapitalistisch strukturierte Demokratie ihrer Tendenz nach antistaatlich ist und ihr das Verdienst zukommt, im Lauf der letzten 100 Jahre einen fortschreitenden Abbau des autoritär-zentralistischen Verwaltungsstaates erzielt zu haben, entspricht es der evolutionären Methode und Taktik eines demokratischen Sozialismus, diesen Abbau der Staatsomnipotenz auf allen Gebieten nicht rückgängig zu machen, sondern mit allen Mitteln zu fördern. Das Mißlingen der Mehrzahl der kommunistischen Experimente ist vor allem darauf zurückzuführen, daß die Diktatur der Parteifunktionäre zu einer Dauereinrichtung wird und der Staat nicht zum Absterben kommt, sondern sich zu einem terroristischen Über-Staat auswächst.

Überall dort, wo der westliche Sozialismus Regierungsfunktionen übernimmt, hätte er also die Aufgabe, alle dezentralistischen politischen und wirtschaftlichen Institutionen der liberalen Demokratie weiterzuentwickeln. Das Bild, das die sozialdemokratischen Parteien in dieser Frage tatsächlich bieten, zeigt

– je nach Land und Situation variierend – eine kleine oder größere Minderheit von Linken, die die marxistische Omnipotenz des Staates anstreben und die Mängel dieser Lösung durch eine umfassende «Demokratisierung» aller Betriebe und Einrichtungen ausgleichen wollen, und eine beherrschende Mehrheit von Gemäßigten, für die die Verwirklichung der sozialen Demokratie weniger eine Frage der Vergesellschaftung der Produktionsmittel als ein Problem der Administration ist. Man braucht nur eine Anzahl wichtiger Schaltstellen der Staatsmaschinerie mit Sozialdemokraten zu besetzen, und schon wird sozusagen auf dem Instanzenweg «Sozial-Demokratie» erzeugt. Er handelt sich um eine Art Behörden- oder Verwaltungssozialismus leicht autoritärer Prägung, der jedoch beileibe nichts mit «Staats-Sozialismus» zu tun hat. Von diesem unterscheidet er sich durch ein fast absolutes Desinteressement an jeder Art von Verstaatlichung. Er hofft vielmehr, daß sich die Wirtschafts- und Sozialordnung ohne wesentliche Änderung der Eigentumsverhältnisse durch eine bloße Stärkung des demokratischen Geistes und der demokratischen Autorität der Behörden im gewünschten Sinne ändern läßt.

Die Vorstellung, die man hier von der Rolle des Staates in der sozialen Demokratie hat, besteht also nur in einer Reihe sehr vorsichtiger Abwandlungen dessen, was auch sozialbewußte Konservative oder Liberale zum Thema der staatlichen Planungs-, Aufsichts- und Interventionspflicht zu sagen haben. Im übrigen aber schweigt man sich aus: man weiß, wie sehr die Mehrheit der Wähler den Staat fürchtet, vermutet aber andererseits doch, daß sich eine soziale Demokratie ohne ihn wird nicht herstellen lassen. Es ist allerdings nicht zu sehen, wie die liberal-kapitalistische, besitzbürgerliche Demokratie ohne staatliche Eingriffe in eine soziale verwandelt und als solche erhalten werden kann. Und wie man diese unvermeidlichen Eingriffe so gestalten kann, daß dabei der einzelne seine Freiheit nicht nur nicht einbüßt, sondern nun erst gewinnt.

Alle kommunistischen Lösungsversuche zeigen, daß der von der Partei beschlagnahmte Staat das freie Individuum nicht dulden kann und zur Rechtfertigung dieses Zustandes eine politische Theorie benötigt, die die universale Reglementierung des Lebens zum Inhalt hat. Ist also der Sozialismus zwangsläufig eine «Weltanschauung» und enthält er strikte Anweisungen und Forderungen für schlechthin alle Bereiche der menschlichen Existenz? Der Sozialismus, und zwar der von Proudhon genauso wie der von Karl Marx oder der der Fabier, glaubt, daß die Bestimmung des Menschen in der freien, ungehemmten Entfaltung seiner individuellen körperlichen, seelischen und geistigen Talente liegt. Der Mensch hat in dieser Welt aus Gründen, die auf der Hand liegen, jedoch nur dann die Möglichkeit, seine Anlagen auszuleben und zu verwirklichen, wenn seine materielle Existenz gesichert ist, ihm alle Bildungs- und Berufsmöglichkeiten offenstehen und er genügend Zeit hat, über die er nach eigenem Ermessen verfügen kann. Das Ziel sozialistischer Politik ist die konkrete Freiheit des einzelmenschlichen Lebens. Sie strebt also eine grundlegende Neuordnung der bestehenden gesellschaftlichen Verhältnisse nicht als Selbstzweck, sondern als Mittel und Voraussetzung eben dieser herzustellenden konkreten Freiheit an. Gerade deshalb aber beziehen sich nun auch die Forderungen einer sozialistisch-demokratischen Politik ausschließlich auf die Regelung der ökonomischen und sozialen Verhältnisse, nicht jedoch auf die kulturellen, weltanschaulichen, religiösen und seine private Existenz betreffenden Vorstellungen, mit denen der einzelne sein persönliches Leben nach eigenem Wunsch und Vermögen füllen muß. Es gilt also klarzustellen, daß der Sozialismus von Haus aus eine politische, keine religiöse und – wenn man unter Weltanschauung wirklich Anschauung der ganzen Welt versteht – auch keine weltanschauliche Bewegung ist. Er hebt sich selbst auf, wenn er nicht nur die wirtschaftlichen und sozialen Verhältnisse planend zu ordnen versucht, sondern dazu übergeht, auch die Inhalte der individuellen Freiheit zu bestimmen und zu erfassen.

Für die Frage, ob man eine grundlegende Neuordnung des gesellschaftlichen Systems für eine Voraussetzung der Entwicklung der politischen zur sozialen Demokratie hält, sind auch weder die verschiedenen Ausgangspositionen – seien sie marxistisch, christlich, liberal – noch auch die diesen Ausgangspositionen entsprechenden geistig-kulturellen Zielsetzungen von Bedeutung. Die Verquickung politischer Probleme mit weltanschaulichen Elementen ist ein Charakteristikum einerseits der konservativen, andererseits der revolutionären Programme, da beide gezwungen sind, ihre sachlich und ethisch nicht zu rechtfertigenden Forderungen durch Ideologien zu stützen. Dies ist der Sinn der Ideologiebildung: den Menschen Taten schmackhaft zu machen, die sich gegen ihre Wünsche und ihre Interessen richten. Die auf den ersten Blick so erstaunlich erscheinende Annäherung, die sich in den letzten zehn Jahren zwischen Christen und Marxisten vollzogen hat, ist durchaus folgerichtig. Beide erwarten den «neuen Menschen»; ihm den Weg zu bereiten, ist kein Opfer (das der hier und heute lebende Mensch zu bringen hat) zu groß. «In diesem letzten Drittel des 20. Jahrhunderts erwarten die Nichtchristen (gemeint sind die Marxisten. G. S.) von den Christen vor allem, daß sie der Botschaft Jesu die Kraft zur Aufbrechung des Gegebenen zurückgeben.»[1]

Sobald sich der Blick des Sozialisten vom konkreten Nächsten weg in eine nebulose Zukunft richtet, in der alles anders wird und werden soll, läßt sich politische Aktivität nicht mehr auf politische, soziale und wirtschaftliche Aufgaben beschränken. Man muß das Leben des ganzen Menschen in den Griff bekommen, um ihn für die Umwertung aller Werte zu präparieren. Die Geschichte des Wirkens gläubiger Marxisten-Leninisten dort, wo sie wirklich Macht hatten und haben, ist tatsächlich nur die auf Jahre oder Jahrzehnte zusammengezogene Wiederholung der sich über die Jahrhunderte erstreckende Geschichte des in den Besitz der absoluten Macht gelangten Christentums: eine Kette von Verbrechen, von Mord und Totschlag. Folterung und Unterdrückung im Namen des «neuen Menschen.»

1 Roger Garaudy: ‹*Kann man heute noch Kommunist sein?*›, Reinbek 1970, S. 258.

Alle Ismen sind tendenziell Verabsolutierungen des jeweils von ihnen entdeckten Sachverhalts. Sie nehmen den ganzen Menschen für ihr Ziel in Anspruch. Der einzige legitime Ismus ist daher der Humanismus, da sein Begriff tatsächlich auch den ganzen Menschen deckt. Die demokratischen Sozialisten wären daher gut beraten, wenn sie zukünftig auf den Begriff «Sozialismus» Verzicht leisteten. Die gängige und bis heute abschrekkende Identifizierung von Sozialismus und Kommunismus liegt im Begriff und ist nicht einfach ein durch bessere Information zu beseitigendes Mißverständnis. Wer nicht den total vergesellschafteten Menschen, sondern die soziale Demokratie als Voraussetzung des ganz konkret zu sich selbst, seiner Individualität und Subjektivität befreiten Menschen will, sollte sich Sozialdemokrat nennen. Das ist eine Bezeichnung, die genau und nüchtern darüber informiert, was derjenige, der sie in Anspruch nimmt, tatsächlich anstrebt. Es ist einfacher zu erklären, daß sozialdemokratische Vorstellungen sich durchaus mit Einzelforderungen, die als «sozialistisch» firmieren, decken können, als den Verdacht zu zerstreuen, daß «Sozialismus» immer auf irgendein totalitäres und utopisches Denken hinausläuft.

Wenn Bebel und Liebknecht die Bezeichnung «sozialdemokratisch» 1869 orthodox interpretiert haben, so hatte das damals seinen Sinn. Die Arbeiter befanden sich in einer Klassenkampfsituation – sie brauchten eine Partei, die sie als Proletariat gegenüber dem Bürgertum zu vertreten entschlossen war.

Heute, im letzten Drittel unseres Jahrhunderts finden diese Parteien sich in einer Welt, in der es weder mehr ein klassenbewußtes, sich von der übrigen Gesellschaft scharf und unversöhnlich abhebendes Proletariat gibt noch auch jenen Typ des ausbeuterischen Feudal-Kapitalisten, der die wütende Glut des Klassenhasses immer wieder entfacht. Die in der liberal-kapitalistischen Entwicklung liegenden zivilisatorischen und demokratischen Tendenzen haben es mit sich gebracht, daß in den Industriestaaten die Grenzen zwischen dem proletarischen und dem kleinbürgerlich-bürgerlichen Lebensstandard fließend wurden.

Die Armut ist im großen und ganzen erträglicher geworden und erfaßt in des Wortes übertragener Bedeutung viel weniger die wirklich werktätigen Massen als vielmehr die große Schicht des besitzlos gewordenen Bürgertums. Es gibt eine große Zahl von Industriearbeitern, die ungleich mehr verdienen als irgendein Angestellter, der seinen Schreibtisch immer noch für ein gesellschaftliches Rangzeichen hält. Die sozialdemokratischen Parteien des Westens sehen sich also einer bürgerlichen Schicht von abhängigen Lohn- und Gehaltsempfängern gegenüber, die sich keineswegs als Opfer der liberal-kapitalistischen Wirtschaft fühlt. Die aus dem Proletariat aufgestiegenen Arbeiter sind es nicht, und das Bürgertum hat auch dort, wo es besitzlos geworden ist, nicht vergessen, daß es Liberalismus und Kapitalismus seinen Eintritt in die Geschichte verdankt; in der vermeintlich auf Kollektivismus, Nivellierung und Planung abgestellten Theorie alles dessen, was «sozialistisch» ist oder zu sein scheint, sieht es einen bedrohlichen Angriff auf jene letzten gesellschaftlichen und spirituellen Privilegien, die ihr aus der großen Erbschaft der bürgerlichen Machtergreifung verblieben sind.

In den Augen dieses liberalistisch-konservativen Bürgertums und Kleinbürgertums stellt sich auch heute noch das Ziel jeder «sozialistischen» Politik, die Errungenschaften der bürgerlichen Gesellschaft allen und allen ganz zukommen zu lassen, als der Versuch dar, diese Errungenschaften für alle aufzugeben. Das Problem, wie es einer sozialdemokratischen Partei gelingen könnte, jene 50% bis 60% der Wähler zu gewinnen, die man in einer Demokratie braucht, um sein Programm verwirklichen zu können, läßt sich also in die Frage kleiden: wie ist der Mehrheit der sich weder objektiv noch subjektiv in irgendeiner Notlage befindlichen Bürger klarzumachen, daß es grundlegender Reformen bedarf, wenn man gleiche Chancen für alle herstellen und die immer umfangreicher werdenden öffentlichen Aufgaben lösen will, und daß diese Reformen die bestehenden Rechte und Freiheiten nicht aufheben, sondern erweitern und vermehren.

Die Schlüsselposition zur Gewinnung dieser bürgerlichen Mehrheit auf dem evolutionären, parlamentarisch demokratischen Wege hat die bürgerliche Intelligenz inne, denn sie artikuliert die Überzeugungen jener breiten Schichten, ohne die die sozial-demokratischen Parteien in absehbarer Zeit die 50%-Grenze nicht überschreiten werden. Wie die Dinge liegen, ist der kleine, politisch engagierte Teil dieser bürgerlichen Intelligenz zum Radikalismus abgewandert, während sich die große Mehrheit um so nachdrücklicher für die Erhaltung des bestehenden Systems ausspricht als die revolutionäre Linke es aus den Angeln heben will.

Hat also die Sozial-Demokratie im nächsten Jahrzehnt eine Chance? Oder wird sich die Alternative: hier Verteidigung der liberal-kapitalistischen Ordnung, dort Forderung nach ihrem – wenn es sein muß, mit Gewalt zu erzwingenden – totalen Umbau noch weiter verschärfen?

Es ist möglich, daß der Gegensatz zwischen den reichen und den armen Ländern und der Radikalismus derer, die innerhalb der reichen Länder die Interessen der armen Länder vertreten zu müssen glauben, zu dieser Verschärfung führt und der Welt ein neues Zeitalter verheerender Kriege und Bürgerkriege beschert – aber es muß nicht so kommen. Die sozial-demokratische Konzeption hätte eine gute Chance – nämlich dann, wenn es gelänge, ihre hinter Klischees und Vorurteilen verborgenen sachlich-pragmatischen Ziele deutlich zu machen.

Eine sozial-demokratische Politik will und kann nicht das persönliche Glück des einzelnen garantieren, und es liegt nicht in ihrer Absicht und Kompetenz, Thesen über die Stellung des Menschen im Kosmos, über die Bedeutung von Raum und Zeit und den Sinn von Liebe und Tod zu formulieren. Sie geht lediglich davon aus, daß sich die Voraussetzungen für das geglückte Leben aller nicht von selbst einstellen, sondern durchdacht und geplant werden müssen. Es ist unbestreitbar, daß die Menschen – aus genetischen Ursachen und Gründen, die sich aus der frühkindlichen Umwelt ergeben – immer ungleich sein werden. Da Art und Ausmaß ihrer Eigenheiten sich aber erst allmählich ausprägen und erkennen lassen, bleibt es die moralische Aufgabe jeder Politik, gesellschaftliche Verhältnisse zu schaffen, die zunächst davon ausgehen, daß sich alles für alle erreichen ließe.

Jene soziale Situation, in der der einzelne sich tatsächlich instand gesetzt sieht, sich eine ihm gemäße Ausbildung und Bildung zu verschaffen und – ohne Furcht vor Arbeitslosigkeit, Krankheit und Alter – ein seinen Fähigkeiten und Interessen entsprechendes Leben aufzubauen, muß erst hergestellt werden. Es ist richtig und kann heute gar nicht oft und nachdrücklich genug festgestellt werden, daß die liberale Demokratie in den westlichen Ländern einen so großen Spielraum für das Individuum geschaffen hat, wie es ihn bisher nicht gab und wie ihn kein kommunistisches System jemals zugestehen kann, aber es ist genauso richtig, daß dieser Spielraum nur von jener relativ kleinen Schicht wirklich ausgenützt werden kann, deren Herkunft und Einkommen die Voraussetzungen dafür schaffen. Für die Mehrheit ist die Freiheit zu jedem und zu allem ein Angebot, das einzulösen ihnen die materiellen Mittel, sozialen und bildungsmäßigen Vorbedingungen fehlen. Dieser Fehler liegt in der sozialdarwinistischen Automatik der kapitalistischen Leistungsgesellschaft. Die Frage nach dem Zusammenhang zwischen Kapitalismus und Demokratie läßt sich sachlich untersuchen und klären. Es wäre heute wesentlich leichter, sie zu stellen und eine allgemein anerkannte Lösung zu finden, wenn es Marx und den Marxismus niemals gegeben hätte. Seine aus Tatsachen, falschen Verallgemeinerungen, Fiktionen und Visionen zusammengesetzte Theorie und die erschreckende Praxis, die ihr folgte, hat zur Bildung so tiefer Ressentiments geführt, daß eine sachliche Diskussion der Frage der Weiterentwicklung der politischen zur sozialen Demokratie auch heute noch kaum möglich erscheint. «Indem er eine Art des Besitzes und der Verwaltungstechnik sakralisiert, verwandelt der Marxismus-Leninismus einen möglicherweise vernünftigen Dialog über die jeweiligen Verdienste verschiedener Sozialordnungen in einen Kampf auf Leben und Tod zwischen dem Guten und dem Bösen.»[1] Die dem Marxismus und allen sich auf ihn berufenden Sozialismen innewohnende (und unausscheidbare) ideologische Tendenz macht nun schon seit einem Jahrhundert innerhalb des linken Lagers jede pragmatische Prüfung unmöglich und treibt diejenigen, die den Dogmatismus und Kollektivismus scheuen, in die liberalistische Tradition, die anderen, die keinen Kompromiß wollen, in die marxistische Orthodoxie zurück. Es ist an der Zeit – und vielleicht noch nicht zu spät –, daß die Sozial-Demokraten in den westlichen Ländern klar zu definieren versuchen, was getan werden muß, um die politische zu einer sozialen Demokratie zu erweitern. Und sie sollten dies ohne Rücksicht darauf tun, ob sie von den Liberalen deshalb für «Kommunisten», von diesen wiederum für «Opportunisten» gehalten werden.

Wenn es möglich wäre, einen Computer mit jenen Daten zu programmieren, die die Hauptmerkmale einer gerecht und vernünftig geordneten Gesellschaft sind: gleiche Ausbildungs- und Bildungschancen, angemessene Entlohnung, angemessene Beteiligung an Kapital und Eigentum, ausreichende Sicherheit für Krankheit und Alter – würde eine Vielzahl der von ihm zur Verwirklichung dieser Forderungen in einer konkreten Situation errechneten Lösungen mit Sicherheit Thesen entsprechen, die man für sozialistisch hält, aber besser sozial-demokratisch nennen sollte.

Auch für administrative, ökonomische und soziale Probleme gibt es zweckmäßige Lösungen, die bei geringstem Aufwand und Risiko den größtmöglichen Effekt versprechen. Solche Lösungen findet man aber nicht durch ideologischen Schlagabtausch, sondern nur durch nüchterne Prüfung und Kalkulation. Die Zielsetzung selbst: «gleiche Chancen und gleiche Sicherheit für alle» ist natürlich keine Computeraufgabe, sondern eine politische Entscheidung. Wenn diese Entscheidung aber einmal getroffen ist (und es dürfte kaum zweifelhaft sein, daß die überwiegende Mehrzahl diese Zielsetzung bejaht), läßt sich die ra-

1 Raymond Aron: ‹*Fortschritt ohne Ende*›, Gütersloh 1970, S. 260.

tionellste Lösung für eine allgemeine Alterssicherung oder Krankenfürsorge genauso errechnen wie der Bau einer Maschine oder einer Fabrikanlage.

Eine am Wohl konkreter Menschen, den Bedingungen der Situation und den Gesetzmäßigkeiten der Sache ausgerichtete Fortschrittspolitik kann – im Rahmen der freiheitlichen Demokratie – nur evolutionär, sie muß aber deshalb nicht zögernd und ängstlich sein. Man soll nicht keine oder kleine Schritte machen, wo große nötig und möglich sind. Die gegenwärtige Lage verlangt auf vielen Gebieten das, was wir oben einen «Evolutionsschub» genannt haben, das heißt strukturelle Reformen.

So kann etwa das Problem der Gefährdung des menschlichen Lebensraumes durch Abfälle und Gifte nur noch durch staatliche Maßnahmen gelöst werden. Der dem freien Wettbewerb überlassene wirtschaftlich-technische Fortschritt produziert mit immer neuem Komfort und Wohlstand zugleich die Vernichtung dessen, für den diese Errungenschaften bestimmt sind. Die in der Produktionsmoral und Rentabilitätsrechnung einzelner Betriebe nicht unterzubringende Verantwortung für die Wohlfahrt der Gesellschaft können nur von dieser selbst formuliert und – gegen die merkantilen Mechanismen – durchgesetzt werden.

Es geht dabei aber nicht – um es zu wiederholen – um die Durchsetzung irgendeiner antikapitalistischen Ideologie, sondern um die nüchterne Untersuchung der für uns alle wichtigen Frage, in welchen Bereichen des gesellschaftlichen Lebens das Prinzip des «Wettbewerbs der Tüchtigsten» unerläßlich, in welchen Bereichen es bis zu einem gewissen Grade und einer gewissen Grenze nötig und in welchen Bereichen es schädlich ist und durch andere Prinzipien ersetzt werden muß.

Selbst ein die Gemüter so erregendes und sogleich zu einer Freund-Feind-Polarisation führendes Thema wie das der Vergesellschaftung von Produktionsmitteln läßt sich auf ein ideologiefreies Sachproblem reduzieren. Wenn man sich vergegenwärtigt, daß sich in fast allen Branchen die Tendenz zu immer größeren Zusammenschlüssen aus Gründen der Rationalisierung von Produktion und Vertrieb zwangsläufig ergibt, daß bei diesen Konzentrationsbewegungen der alte Privateigentümer ohnehin auf der Strecke bleibt und vom Manager abgelöst wird, der zwar ein hohes, aber eben doch nur ein Gehalt bezieht, daß bei auch nur geringfügigen Konjunkturschwankungen in den lebenswichtigen Industrien ohnehin der Staat einspringen muß, dann müßte eine Prüfung der Frage, welche Produktionsmittel auf welche Weise zum Nutzen aller in Gemeineigentum überführt werden sollten, selbstverständlich sein. Es gibt nur einen einzigen Punkt, der klar ausgesprochen werden muß, bevor man hier mit der Diskussion beginnt: daß Vergesellschaftung nur in Ausnahmefällen Verstaatlichung bedeuten sollte, im allgemeinen aber Sozialisierungsformen gefunden werden müßten, die sowohl die Unabhängigkeit von staatlichen wie von privaten Interessen sicherstellen – etwa die von Körperschaften des öffentlichen Rechts. Wie die Geschichte der Kartellgesetzgebungen zeigt, führt der sich selbst überlassene Kapitalismus in der Endphase zur Aufhebung gerade des Prinzips, das ihn legitimieren soll: die Monopole, nicht der Markt bestimmt Angebot und Nachfrage. So kommt der Staat schließlich in die Lage, das Prinzip des Leistungswettbewerbs gegen den Kapitalismus verteidigen zu müssen.

Es hat also keinen Sinn, aus Angst vor einem omnipotenten Staat die Tatsache zu ignorieren, daß niemand anders als die Gesellschaft selbst die Interessen der Gesellschaft wahrnehmen muß. Wir können uns nicht in einen unhaltbaren Liberalismus zurückfallen lassen, sondern dürfen keinen Aufwand scheuen, um herauszukriegen, was für Arten von gesellschaftlicher Eigentumsverwaltung die mit staatlicher Verwaltung verbundenen Mißbräuche auf ein Minimum reduzieren.

Auch die Verhinderung des Entstehens privater Millionenvermögen stellt weder das Leistungsprinzip noch das Privateigentum in Frage. Solange man nicht von vornherein auch im Bereich von Handel und Wirtschaft die Verdienstmöglichkeiten des einzelnen in ein angemessenes Verhältnis zu seiner persönlichen Leistung bringen kann, ist es korrekt, wenn der diese persönliche Leistung übersteigende Profit wieder allen zugute kommt, die ihn hervorgebracht haben. Und die für 95 % der Bevölkerung gültige Einkommensstaffelung würde von der Reduktion des privaten Profits jener 5 % «Kapitalisten» auf die oberste Stufe dieser Staffel überhaupt nicht berührt.

Der Anspruch jedes Bürgers auf eine dem allgemeinen Standard entsprechende Wohnung und die öffentliche Kontrolle unserer Umwelt machen eine klare Begrenzung des Rechtes, mit Grund und Boden und mit Wohnungen nach merkantilen Gesichtspunkten zu spekulieren, unerläßlich. Auch hier muß und kann man Lösungen finden, die die entscheidenden Eigentumsrechte – nämlich nach eigenem Ermessen über eine Wohnung, ein Haus, ein Stück Land verfügen zu können – nicht aufheben. Auch eine von der ganzen Gesellschaft für die ganze Gesellschaft getragene Kranken- und Alterssicherung sollte für einen demokratischen Staat selbstverständlich sein. Krankheit und Alter sind keine Spekulationsobjekte. Eine unideologische Lösung würde wahrscheinlich auf jene Form von Gesundheitsdienst hinauslaufen, wie sie sich in England herausgebildet hat. Eine ausreichende und kostenlose Versorgung für alle – und darüber hinaus die Möglichkeit für den Patienten, Sonderleistungen in Anspruch nehmen zu können, für den Arzt, über sein Gehalt hinaus solche Sonderleistungen honoriert zu erhalten. Überdies sollten Ärzte ohnehin in den oberen Einkommensklassen rangieren, das heißt, das Durchschnittseinkommen des Arztes in einem Staat mit öffentlichem Gesundheitsdienst würde wahrscheinlich wesentlich höher sein als heute für den Arzt als freien Unternehmer. Das Argument schließlich, daß die allgemeine Kranken- und Alterssicherung untragbare Steuerlasten mit sich bringt, ist nicht ernst zu nehmen. Wenn man die riesigen Summen, die heute an private Kranken- und Lebensversicherungen gehen, zusammennimmt, dürfte damit der größte Teil der entstehenden Kosten gedeckt sein. Überdies werden wohl nur wenige Menschen – wie die Beispiele der Länder, in denen es solche öffentlichen Dienste bereits gibt, zeigen – sich gegen Steuern sträuben, die ihnen ein für allemal die Angst davor nehmen, krank und alt zu werden. Und abgesehen von all diesen Zweckmäßigkeitserwägungen: es ist einfach schändlich, daß Bürger, die ein Leben lang gearbeitet haben, sich vor dem Alter fürchten, weil die Rente, die sie sich dann auf unzähligen Ämtern und Behörden erstehen und erbetteln müssen, gerade zum Nichtsterben reicht.

Die immer noch verworrene, aber nun doch in Gang gekommene Reform unseres gesamten Bildungswesens ist ein weiteres Beispiel dafür, daß man weder Marx noch irgendeine sozialistische Ideologie braucht, um zu entdecken, daß gleiche Ausbildungs- und Bildungschancen für alle eine sich aus dem Wesen der Demokratie ergebende Forderung ist. Nur eine obligatorische, vom Elternhaus unabhängige, frühkindliche Erziehung und eine absolute Schulgeldfreiheit für alle Arten von Schulen und Hochschulen, gekoppelt mit einer ebenfalls allgemeinen und ausreichenden Studienrente macht die Entwicklung des einzelnen unabhängig vom Zufall der Geburt und garantiert der Gesellschaft die optimale Nützung der Talente ihrer Angehörigen.

Ein besonders heikles, aber wichtiges Kapitel ist die Frage der Behandlung aller kulturellen Güter in der liberal-kapitalistischen Gesellschaft, denn hier haben wir es zu einem großen Teil mit unrentablen Gütern zu tun. Auch hier – und gerade hier – stoßen wir auf den Grundmangel der nicht sozialen Demokratie: die formalen Voraussetzungen für die uneingeschränkte Entfaltung aller Kulturgüter sind gegeben, dann aber macht das Gesetz von Angebot und Nachfrage diese Voraussetzungen zu einem nicht realisierbaren bloßen Angebot.

Es ist das Charakteristikum einer freiheitlichen Demokratie, daß sie keine totale Mehrheitsdemokratie ist, sondern der Mehrheit – durch die Garantie der Grund- und Persönlichkeitsrechte – ausdrücklich das Recht verweigert, den einzelnen Staatsbürger oder Minderheitsgruppen in den Bereichen der weltanschaulichen, wissenschaftlichen und künstlerischen Betätigung und Diskussion und im Bereich der privaten Lebensführung auf Mehrheitskurs zu bringen. Diese Außerkraftsetzung des Mehrheitsprinzips ist deshalb von entscheidender Bedeutung, weil damit wesentliche Werte und Güter dem unheilvollen Zirkel von Mehrheitswünschen und Mehrheitsbestätigungen ein für allemal entzogen sind. Selbst dann, wenn der Immobilismus der Mehrheit der Bevölkerung die Parteien und die Regierung zwingt, wirtschafts- und sozialpolitisch auf der Stelle zu treten, kann doch das geistige, kulturelle und wissenschaftliche Leben lebendig bleiben.

Diese für einen Kulturstaat entscheidende Einschränkung des Mehrheitswillens wird nun jedoch dadurch, daß man Kulturgüter wie Waren behandelt, über deren Schicksal die Abstimmung der Käufer entscheidet, praktisch wieder aufgehoben. Es ist also an der Zeit, darüber nachzudenken, wie man nicht nur Theater und Museen subventionieren, sondern auch verhindern kann, daß beispielsweise wichtige Zeitschriften oder Bücher nur deshalb nicht erscheinen (oder zu einem vernünftigen Preis angeboten werden können), weil sie sich nur an eine verhältnismäßig kleine Gruppe von Interessenten wenden und daher unrentabel sind. Nur die Gesellschaft als ganze kann durch entsprechende Einrichtungen dafür sorgen, daß auch ökonomisch uninteressante Kulturgüter produziert und in Umlauf gebracht werden.

Hier liegt auch das Problem der Pressefreiheit, genauer: unseres Rechtes auf uneingeschränkte Meinungsäußerung einerseits und Information andererseits. Wenn der Staat seinen Beitrag zur Sicherung dieser Rechte darauf beschränken zu müssen glaubt, keine Zensur auszuüben und selbst keine Zeitungen herauszubringen, ist es selbstverständlich, daß diejenigen den Informations- und Meinungsmarkt beherrschen, die entweder die verkäuflichsten Zeitungen machen oder aber Geld aus anderen Quellen zur Verfügung haben, um Zeitungen zu finanzieren. Wendet man das Wettbewerbs- und Rentabilitätsprinzip uneingeschränkt auch auf den Kauf und Verkauf von Informationen und Meinungen an, ergibt sich eine ständige Benachteiligung aller qualifizierten Minderheitsstandpunkte. Ohne die von merkantilen Erwägungen unabhängigen öffentlich-rechtlichen

Rundfunkanstalten wäre die Lage in diesem ganzen Bereich schon heute katastrophal. Denkt man sich Hörfunk und Fernsehen weg, verschwände damit eine Fülle von Informationen, Themen und Autoren, die das Niveau unseres kulturellen Lebens entscheidend bestimmen, auch wenn sie unmittelbar zunächst nur für Minoritäten bestimmt sind.

Alle diese Forderungen, die man um viele andere ergänzen könnte, würden unsere freiheitlich-demokratische Ordnung nicht aufheben, sondern festigen; alle sind in ihrem Rahmen verwirklichbar. Nicht in einem Zug, nicht von heute auf morgen, aber in durchaus absehbarer Zeit. Alle ergeben sich aus sachlichen Erwägungen, wenn man sich nur einmal dazu entschließt, den demokratischen Ansatz und die inzwischen erfolgten politischen, sozialen und wissenschaftlich-technischen Entwicklungen zu Ende zu denken. Die Stunde für ein sozial-demokratisches Programm ist so günstig wie nie zuvor. Es scheint aber, daß die Sozial-Demokraten Angst davor haben, es zu formulieren, weil sie vermuten, daß es als «Sozialismus» mißverstanden werden könnte. Es gälte also zunächst, dieses Mißverständnis zu beseitigen, indem man einerseits der totalen Vergesellschaftung des Menschen eine klare Absage erteilt und andererseits ein Programm nüchtern begründeter und realisierbarer Einzelschritte vorlegt.

Die Menschen sind nicht gleich, und sie wünschen es auch nicht zu sein. Sie wollen und müssen aber die gleichen Chancen haben, ihre Ungleichheiten voll zu entwickeln und zu sichern. Der für die Umwandlung der politischen in eine soziale Demokratie psychologisch entscheidendste Eingriff ist die Abschaffung der Privilegierung wirtschaftlicher Tüchtigkeit. Eine spürbare weitere Entschärfung der noch bestehenden Klassengegensätze und eine Umorientierung der Wertskala, auf die hin unsere Gesellschaft ausgerichtet werden soll, ist nur möglich, wenn es keine unkontrollierten und unbegrenzten Profite mehr gibt und damit auch die verhängnisvolle Koppelung von wirtschaftlicher und politischer Macht aufgehoben wird. Ein Monatseinkommen von 10 000 oder 20 000 DM verleiht noch keine politische Macht, die die demokratischen Einrichtungen korrumpieren könnte, auch der Besitz eines Mietshauses oder eines Bauernhofes oder von Anteilen einer Fabrik tut es nicht. Die private Verfügungsgewalt über ganze Industriezweige aber ist durch keine noch so großartige persönliche Leistung legitimierbar, sondern ein destruktives und demoralisierendes Element in einer Gesellschaft, die demokratisch und sozial sein will.

17
Vom Vorrang des Unpolitischen

Auch wenn wir im Gegensatz zur Linken nur an die Möglichkeit relativer und langsamer Verbesserungen der gesellschaftlichen Verhältnisse glauben, teilen wir doch ihre Überzeugung, daß sich von der Sorge um die Verbesserung dieser Dinge niemand dispensieren kann. In günstigen Zeiten und in gut funktionierenden Demokratien kann der einzelne seine Aktivität für die öffentlichen Aufgaben auf ein Minimum reduzieren; in Zeiten der Gefährdung wird er sich vielleicht ganz zur Verfügung stellen müssen.

Dennoch bleibt es für den Menschen selbst in solchen Situationen – etwa in einem Kriege – entscheidend, was sich in dem und um den vom öffentlichen Engagement nicht berührten Innenbezirk seiner Existenz abspielt. Keine politische Aufgabe und Zielsetzung befreit ihn von den Problemen seines unmittelbaren Daseins: der Gestaltung der Beziehungen zu den Menschen, mit denen er lebt, arbeitet, kämpft – und der Auseinandersetzung mit persönlichem Versagen, mit Krankheit, Alter, Tod.

Es gibt den Revolutionär, den Söldner und Abenteurer, der vor privaten Lebensproblemen in ein Kollektiv, in den Dienst einer Institution oder Idee flieht. Er ist damit den Schwierigkeiten eines Lebens mit einer Familie, den Anforderungen eines Berufs und selbständiger alltäglicher Entscheidungen enthoben. Bei vielen Linken spielt dieses Motiv eine ausschlaggebende Rolle. Sie sind der Verantwortung für die eigene Person ledig und können dabei gar das Gefühl haben, Großartigeres zu leisten als irgendein Durchschnittsbürger, da sie ja Sachverwalter des Zeitgeistes, Vollstrecker großer geschichtlicher Wandlungen, Kämpfer für Frieden und Freiheit sind.

Aber auch Revolutionäre entgehen der Probe nicht; auch unter Genossen kann man schäbig oder großzügig, verständnisvoll oder brutal, hilfsbereit oder egoistisch, rastlos oder gelassen sein; kann man außer der Dienstvorschrift und dem Parteiprogramm noch Gedichte lesen, kann man über Gott und die Welt nachdenken. Und es sind diese Dinge, die den einzelnen halten oder nicht halten, die ihn zum Mitmenschen machen. Daß zwei Menschen an die gleichen Programmpunkte glauben und bereit sind, auf den gleichen Feind zu schießen, reicht nicht aus, um sie über die Zeiten und Situationen hinaus zu verbinden, in denen nicht geschossen und kein Programm verkündet wird.

Aus all dem folgt, daß eine Politik, die dem Menschen dienen will, nicht nur (was oben zu beweisen war) wissen muß, daß Gleichheit und Gerechtigkeit nur Voraussetzungen sind; sie muß auch wissen, daß selbst dann, wenn sie dabei ist, solche Voraussetzungen zu schaffen, das ungleich Wichtigere die Erziehung und Selbsterziehung des Menschen ist. Sobald jenes Existenzminimum gesichert ist, das den Menschen davon befreit, unablässig auf der Suche nach Nahrung oder auf der Flucht vor Verfolgern zu sein oder sich unter physischen und psychischen Terror behaupten zu müssen, steht er vor jenen Aufgaben, die nur er persönlich lösen oder durchstehen kann.

Von jenen Notständen abgesehen, in denen eine Gemeinschaft, ein Volk, eine Klasse, eine Rasse, eine religiöse oder politische Minderheit um das nackte Überleben kämpfen muß, ist es also Pflicht jeder solchen Gemeinschaft, ihr Mitglied instandzusetzen, seine persönlichen Probleme zu bestehen. Das kann nicht auf den Tag des Sieges oder die Erreichung einer bestimmten Etappe oder gar auf eine ferne Zukunft verschoben werden. Es geht um die hier und jetzt, eine begrenzte Zeit in bestimmten Bedingungen lebende Person. Alle humanitären Versprechungen werden sinnlos, wenn dieser einzelne, der allein Bewußtsein und Empfindung hat, gezwungen ist, sich im kollektiven Funktionieren für kollektive Ziele zu verbrauchen. Ein Kollektiv – ganz gleich, mit welchen emphatischen Namen man es schmückt – weiß nichts und empfindet nichts. Die Anstrengung also, die den Angehörigen eines Volkes, einer religiösen oder politischen Gemeinschaft keinen Zuwachs an persönlicher Reife und Glück bringt, ist vertan.

Die Begeisterung für eine große oder für groß empfundene Sache in einem vaterländischen oder revolutionären Kampf kann zu Taten beflügeln, die den einzelnen über sein normales Alltags-Ich hinaustragen und insofern durchaus moralisieren und humanisieren. Aber dieser Effekt ist im allgemeinen auf die Zeit unmittelbarer kämpferischer Anforderungen begrenzt. Wenn er allein ein Leben oder wesentliche Teile dieses Lebens bestimmt, geschieht dies auf Kosten der vielen anderen Eigenschaften und Bedürfnisse, die der Mensch hat. Eine einzige menschliche Fähigkeit nämlich, der tief verankerte Instinkt, sich für die Gemeinschaft zu opfern, wird zur äußersten Entfaltung gebracht, alle anderen Talente verkümmern. Es ist nicht daran zu zweifeln, daß die Geschichte immer wieder solche Anforderungen an Menschen gestellt hat, und sie diesen Anforderungen nicht ausweichen konnten – aber es ist ebensowenig zweifelhaft, daß eine solche Situation kein wünschenswerter Dauerzustand ist.

Sobald der Mensch von der Sorge um das nackte Überleben befreit ist, stellt sich ihm als primäre Aufgabe, die Welt zu durchschauen und zu genießen, sein Bewußtsein wie sein Empfinden zu entwickeln. Die Gefährlichkeit aller sozialistischen Heilslehren, insbesondere der heute herrschenden, besteht darin, daß sie ihren Anhängern einzureden versuchen, ein uneingeschränktes politisches Engagement für das, was sie Humanität, Fortschritt und eine neue Welt nennen, sei das Äußerste, was der Mensch zumindest jetzt und bis auf weiteres aus sich machen könne. Diesen Politizismus sollte man Illusion oder Lüge nennen, wo immer man auf ihn stößt. Er betrügt die Menschen um ihr Leben. Und er führt auch die gerechtfertigte Revolution ad absurdum, denn ein Haufen von charakterlich, seelisch und geistig unterentwickelten Revolutionären dürfte uns kaum eine Welt bescheren, in der zu leben sich lohnt.

An dieser Stelle ist noch ein anderer Irrtum des alt- und neulinken Utopismus erwähnenswert. Wie ideal immer die soziale Demokratie aussehen mag, die sich wird herstellen lassen; es werden in dieser idealen Gesellschaftsordnung zwangsläufig die in der Person des Menschen liegenden Probleme nicht weniger, sondern mehr Kräfte in Anspruch nehmen. Die Entlastung von der Sorge um die Sicherung seiner materiellen und sozialen Lage wird die bisher dafür benötigten Energien für die Problematik seiner Binnenstruktur frei machen: für das Ungenügen an der eigenen Person, die Konflikte mit den unmittelbar Nächsten, die Bewältigung der Arbeits- und Freizeitprobleme, die Sexualität. Die Sozialisten werden die Erfahrung machen, daß sie die eigentlichen, die privat-existenziell-individuellen Konflikte nicht zusammen mit den vielen äußeren Ungerechtigkeiten aus der Welt geschafft, sondern zunächst potenziert und verschärft haben: durch Verdrängung und durch Energiezufuhr. Und zwar um so mehr, je weniger sie – unter dem Gesichtspunkt: solange wir in einer kapitalistisch-repressiven Gesellschaftsordnung leben, hat alles individuell Pädagogische keinen Sinn – sich um die Persönlichkeitsbildung des einzelnen kümmern.

Auch der voll demokratisierte Staat bringt nicht von selbst reife Charaktere und geglückte Existenzen hervor, auch die leidenschaftlichste Begeisterung für Marx, Mao und Che Guevara ist kein Ersatz für die intensive Beschäftigung mit dem eigenen Charakter und den Fragen der persönlichen Lebensgestaltung. Auch derjenige, der in Armut oder unter dem Terror eines totalitären Regimes existieren muß, hat das Recht, aus seinem Leben etwas zu machen. Das läßt sich nicht verschieben, bis alles endlich ganz anders wird. Die Menschen haben viele Schrekkensregime über sich ergehen lassen müssen – jahre- und jahrzehntelang: sie versuchen sich einzurichten, sich dem unentwegten politischen Anspruch zu entziehen, sich zu unterhalten,

Sport zu treiben, sich mit Literatur, Theater, bildender Kunst, mit Wissenschaft, Philosophie und Religion zu beschäftigen. Auch wenn es möglich wäre, ist es nicht bewunderungswürdig, sondern bedauernswert, wenn Unterdrückte ihre Zeit ausschließlich damit verbringen, den Aufstand gegen das Regime zu planen.

Wer das Opportunismus oder Feigheit oder Bequemlichkeit nennt, will dem Menschen nicht wohl, auch wenn er es noch so sehr beteuert. Menschliches Leben besteht aus beidem: aus dem Versuch, die Lebensvoraussetzungen für alle auf allen Gebieten ständig zu verbessern, und aus der Anstrengung, für sich selbst dazusein. Nur beide Dinge zugleich ergeben Humanität, ergeben jenen relativen Sinn, den der Mensch seinem Leben verleihen kann. Jene Linken, die ihre Tage und Nächte in verqualmten Kellern und Büros verbringen, um die Strategie und Taktik der Revolution in der demokratischen Wohlstandsgesellschaft zu diskutieren, nützen weder der Gesellschaft noch sich selbst: sie reden sich in eine politische Hysterie, in einen Revolutionswahn hinein, der sie an den simpelsten und selbstverständlichsten menschlichen und mitmenschlichen Aktivitäten hindert.

Auch die Humanisierung der eigenen Person und Lebenssphäre macht noch nicht das ganze Leben. Es bleiben jene Fähigkeiten und Bedürfnisse, die außergesellschaftlicher und außermoralischer Art sind: die Beschäftigung mit der Natur, der Wissenschaft, der Literatur, der Kunst, der Philosophie und der Religion. Sollen sie nicht unentwickelt bleiben, bedarf es einer Erziehung, die die Kunst lehrt, auch unter widrigen Umständen Ansprüche zu stellen; sie muß den Menschen trainieren, innere Unabhängigkeit zu wahren und die dauerhaften Freuden in jenen Betätigungen zu suchen, die weder einen großen materiellen noch einen großen zeitlichen Aufwand erfordern, sondern nur Empfindungs- und Erkenntnisvermögen voraussetzen.

Es gibt zwei Bereiche, in denen menschliches Leben ganz zu sich selbst kommt: die Welt der gelebten und die Welt der gestalteten Empfindungen. Was allen Menschen außerhalb gesellschaftlicher Tätigkeit begegnet, ist die Natur. Es ist fast verwegen, in der gegenwärtigen Phase eines anmaßenden und alles austrocknenden Intellektualismus ohne jede Absicherung von der Natur zu sprechen. «Naturschwärmerei» ist verpönt; sie zu äußern, verletzt jenes von den Ideologen über uns verhängte Tabu, das folgenschwerer ist als all die vielen anderen, von denen sie uns befreit haben. Wahrscheinlich werden auch Marxisten auf einer Maiwiese nicht ohne Empfindungen bleiben; aber sie werden sich hüten, davon etwas merken zu lassen. Ob sie es nun zugeben oder nicht, verdrängen oder verhöhnen: von der vom Menschen noch nicht total zersiedelten und verarbeiteten Natur geht für den, der unbefangen genug ist, sich dieser Wirkung auszusetzen, eine außerordentliche Regenerationskraft aus. Der Mensch ist ein soziales Wesen, aber die Sozialität wird zum Fluch und zur Plage, wenn er sich nicht von Zeit zu Zeit der Anstrengung, unter anderen Menschen zu sein, entziehen kann.

Natur als Inbegriff der Lebendigkeit des Lebens ist tragender Grund und Vorstufe auch der Liebe zwischen Menschen. Der Liebende will sich mit dem anderen nicht messen und auseinandersetzen; er will Echo finden und Echo sein; er will seine Einsamkeit durchbrechen: nicht reden, nicht produzieren, nicht funktionieren, nicht dem Fortschritt und der Menschheit – oder was und wem sonst immer – dienen, sondern nur für sich und noch einen einzigen anderen dasein. Der äußerste Punkt des Selbstseins im Füreinanderdasein wird in der Sexualität erreicht, wenn sie nicht nur Sexualität, sondern Eros ist: Für Augenblicke ist die Welt gerettet, die Hoffnung eingelöst, die Angst gebannt. Unterricht in Sexualaufklärung ist eine nützliche Sache. Aber Lieben ist eine Kunst, deren Voraussetzung eine Kultur der Sinne und der Gefühle ist, für die es in unserer westlichen Welt allerdings nur schwache Ansätze gibt. Die antike und die mittelalterliche Sinnenkultur haben niemals eine wirkliche Tradition gebildet, sondern sind ein Reservat für humanistische Bildung und Poesie geblieben.

Auf einer allgemeineren Ebene kehrt die sinnlich-seelische Vergegenwärtigung des Selbst in der Musik und im Tanz wieder. Keine andere Tätigkeit kann soviel Spannung und Aggressivität abbauen wie die in Körperbewegung umgesetzte Musik. Die alle Lebensbereiche, vom Religiösen bis zum Sexuellen umschließende Bedeutung, die der Tanz in allen frühen Kulturen hat, macht es deutlich; daß er in Zivilisationen wie der christlich-abendländischen dann so gut wie gar keine Rolle mehr spielt, weist nicht auf eine höhere Entwicklungsstufe, sondern auf pathologische Verdrängungs- und Verarmungsprozesse hin. Der Sport ist nur ein schwacher und durch vielfältige andere Motive, insbesondere durch Ehrgeiz, verdorbener Abglanz dessen, was Tanz vermag. Aber auch er kann unausgelebte Spannung abreagieren und ein intensives Körperbewußtsein vermitteln.

Wenn sie das gelebte Leben nicht ersetzt, sondern begleitet, hebt die Vorstellungskraft, die das Gelebte erinnert und zum Material für die eigene Schöpfung macht, unser Dasein auf eine höhere Stufe, die nur der Mensch als ein in einer Welt der Ideen und Bilder beheimatetes Wesen erreicht. Literatur und Kunst, Philosophie und Mythos sind dort, wo sie gelingen, Bewußtseins- und Empfindungssteigerungen, die bis an die äußerste Grenze des für den Menschen Erfahr- und Erlebbaren vorstoßen. Sie verleihen dem Augenblick Dauer, dem Konturlosen Gestalt und setzen Zeichen, die unsere Erfahrungen jederzeit rückrufbar machen.

Ein anderer Weg der Lebenserfüllung sind Naturforschung und Wissenschaft, Handwerk und Technik. Der Mensch will den Dingen auf den Grund kommen; er forscht und ist im Forschen aufgehoben. Er berechnet den Lauf der Gestirne, rekonstruiert die Entwicklung des Lebens, den Aufbau der Erde. Und er versucht, sein Wissen anzuwenden. Er macht ein Rad, einen Wagen, einen Tisch, ein Haus; er baut Getreide an, konstruiert Maschinen. Forschen, Erfinden, etwas herstellen sind schöpferische Tätigkeiten wie die Künste. Wer etwas entdeckt und etwas macht, was es zuvor so nicht gab, erlebt sich als zwecksetzende Intelligenz, als Demiurg, der Ordnung ins Chaos bringt und damit – für einen begrenzten Bezirk und eine begrenzte Zeit – Sicherheit für sich und die Welt.

Dies alles kann das Leben eines Menschen füllen, wenn man ihm die Zugänge dazu öffnet. Nur ein kleiner Teil seiner Möglichkeiten und Erwartungen verwirklicht sich im Dienst an der Gesellschaft. Natürlich sind auch Wissenschaft und Philosophie, Kunst und Religion, Handwerk und Technik soziale Phänomene, die man aus der von unzähligen Generationen getragenen Kontinuität nicht herauslösen kann. Aber immer wieder gilt die Feststellung, daß nur der einzelne das Überlieferte nach-denken und neu denken, nach-empfinden und neu empfinden kann. Ohne diesen einzelnen mit seinem einsamen Bewußtsein, Empfinden und Willen wäre die Welt nichts. Und nur von seinen subjektiven Erlebnis- und Ausdrucksmöglichkeiten ergibt sich eine «Sinngebung des Sinnlosen»; – ohne sie bliebe auch eine allseits befriedete und gerechte Welt nur ein absurder und erschreckender Traum.

18
Ein qualitativer Humanismus

Die Gehorsamsforderung aller sich ihm entgegenstellenden Autoritäten: der Mythen, Religionen und Ideologien, der Kirchen, Staaten und Parteien bestreitet der aufgeklärte und mündige Mensch mit Recht. Dabei sollte er jedoch nicht übersehen, daß das der Existenz und Wirksamkeit von Ideologien und Institutionen zugrunde liegende anthropologische Faktum auch dann ein Faktum bleibt, wenn man die Formen, in denen es sich bisher bemerkbar gemacht hat, ablehnt. Die Natur des Menschen ist so vielschichtig und widersprüchlich, daß sie einer regulativen Autorität bedarf, um in ein realitätsbeständiges Gleichgewicht zu kommen.

Natürlich geschieht dies im allgemeinen auch ohne unser willentliches Zutun: die Triebwünsche, die Einsicht in die Möglichkeiten und Konsequenzen ihrer Befriedigung mischen sich mit immer noch unser Verhalten bestimmenden Imperativen aus der traditionellen Moral. Wenn Realitätsbezug und tradierte Moral bewußt verneint werden, haben wir es mit der nur in einer asozialen Situation lebbaren Existenz der Hippies zu tun, mit der ungehemmten Freisetzung des ES. Wird der Wert unmittelbaren Lustgewinns verneint oder bagatellisiert und werden dazu alle überkommenen moralischen Konventionen abgelehnt, muß die Integrationsleistung von neuen Mythen, Ideologien oder Institutionen erbracht werden: der Idee der Weltrevolution, dem kollektiven Über-Ich der Partei, den roten Kadern.

Daß die Geschichte der Menschheit sich – mit wenigen Ausnahmen – als eine Geschichte der Herrschaft zunächst rechter, dann linker Imperative darstellt, ist die unausbleibliche Folge der Tatsache, daß der Mensch Prinzipien und Situationen braucht, die ihn vor der totalen Desintegration bewahren und ihm das Gefühl der Identität und Würde geben. Ohne diesen vorgegebenen Integrationszwang würde kein Diktator jemals die Macht ergreifen und noch weniger sie halten können.

Die alten Integrationsmythen lassen sich nicht restaurieren. So bewegt sich die Geschichte der westlichen Völker auf zwei Extreme zu: einen hedonistischen Humanismus, der die liberale Intention bis zu seiner anarchischen Konsequenz zu Ende zu denken und zu leben versucht und auf einen radikal politischen Humanismus, der zwar auch von der Freiheit spricht, aber zunächst und de facto die autoritäre Tradition rechtfertigen und praktizieren muß. Da Anarchie, wenn sie eine ganze Gesellschaft ergreift, notwendig die Diktatur hervorbringt (weil die Gesellschaft sich sonst auflösen würde), versuchen es die Marxisten erst gar nicht mit der Anarchie, sondern gehen gleich zur Diktatur über – und verlegen den Anbruch des Reiches, in dem jeder nach seinen Bedürfnissen und Fähigkeiten leben kann, in eine Zukunft, die zu erreichen keinem Lebenden versprochen wird.

Wenn es jedoch richtig ist, daß es einen in der Natur des Menschen liegenden Zwang gibt, sich an ein Über-Ich zu binden, um ein Ich zustande zu bringen, dann ist der Motor aller revolutionären Bewegungen nicht die für eine ferne Zukunft in Aussicht gestellte klassen- und konfliktlose Gesellschaft, sondern die Befriedigung, die sie jedem, der sich ihr anschließt, unmittelbar und sogleich verschafft. Der Revolutionär steht unter einem Gebot, das ihn allen Konflikten seiner Subjektivität entzieht. Der Kampf für die gemeinsame Sache verlangt Triebverzichte bis zum Opfer des eigenen Lebens. Aber gerade diese Leistung befreit den Revolutionär aus den tatsächlich oder vermeintlich repressiven Bedingungen seines alltäglichen Lebens, gibt seinem Dasein Bedeutung und Wert.

«... Das kolonisierte ‹Ding› wird Mensch gerade in dem Prozeß, durch den es sich befreit», schreibt Fanon.[1] Was den Unterdrückten befreit, ist nicht – wie Sartre meint – die Vernichtung des Unterdrückers, sondern die seine Person integrierende freiwillige und totale Unterwerfung unter die Anforderungen der revolutionären Bewegung und des revolutionären Kampfes. Auch die Situation des Krieges zeigt: die Würde des Menschen taucht nicht erst dann auf, wenn alle Autoritäten beseitigt sind – sie ist eine durchaus außermoralische, eine «existenzielle» Erfahrung, die sich einstellt, wenn der Mensch sich zu Taten fähig zeigt, von denen er sich nichts träumen ließ. Selbstbewußtsein und Selbstwertgefühl entstehen aus Verzichtleistungen, die man bejaht und aus eigener Kraft erbringt. Der Tugendkatalog, der für uns alle gilt, enthält eine ganze Liste von Eigenschaften, hinter denen sich der Mensch als «Unterdrücker» seiner selbst verbirgt. Mut ist der Verzicht darauf, dem natürlichen Selbsterhaltungs-, Sicherheits- und Fluchttrieb zu folgen, Solidarität, Loyalität und Treue sind nichts anderes als eine Absage an unser natürliches Bestreben, die Bindung an andere zu lösen, sobald damit Nachteile und Opfer verknüpft sind, Aufrichtigkeit der Verzicht auf Verschweigen oder Schweigen, das zu bewahren uns die Vernunft eigentlich rät.

So einsichtig nun aber auch der personale Wert großer Ideen und großer Situationen ist, der Mensch – wie wir ihn seit einem Jahrhundert in der westlichen Welt vorfinden – ist nicht imstande, an Ideen oder Institutionen zu glauben, deren Anforderungen ihm als Unterdrückung erschiene. Revolutionen und Kriege aber sind Ausnahmesituationen, deren Imperative nicht länger vorhalten als diese Situationen selbst.

Was bleibt, ist der Versuch, aus uns selbst heraus eine Wertordnung zu postulieren, die Integrationskraft hat. Der aufgeklärte und mündige Mensch ist nicht ein Mensch, der ungehemmt bejaht und auslebt, was er in sich vorfindet, sondern ein Mensch, der diese seine Bedürfnisse nach einem Modell ordnet, das er ebenfalls seiner Natur, nämlich ihrem Aufbau unter dem

1 Frantz Fanon, a. a. O., S. 28.

Gesichtspunkt optimaler Humanisierung entnehmen kann. Das Sollen läßt sich aus dem Sein nur dann nicht ableiten, wenn man unter Sein lediglich die Summe aller Anlagen versteht. Der Mensch ist aber nicht eine Aneinanderreihung von Eigenschaften, sondern ein System von Schichten, die genetisch aufeinanderfolgen und existenziell verschiedenwertig sind. Es ist diese vorgegebene Wertigkeit, die es möglich macht, ein Bild vom Menschen zu entwerfen, das seine Eigenschaften zugleich bejaht und in eine Rangordnung bringt. Die menschliche Geschichte kann nur weitergehen, wenn die Jahrtausende der Fremdbeherrschung des Menschen durch Religionen und Ideologien, Staaten und Parteien von einem Zeitalter der Selbst-Beherrschung abgelöst werden, wobei Selbst-Beherrschung nicht einfach jene Fähigkeit des Menschen meint, sich in einer konkreten Situation zweckdienlich zu verhalten, sondern sich der Disziplin eines ausformulierten Ich-Ideals zu unterwerfen.

Nomos heißt Gesetz, Autonomie also Selbst-Gesetz, Selbst-Bestimmung. Diese ereignet sich nicht, indem wir uns damit begnügen, unsere Wünsche zu registrieren, sondern indem wir die strukturale Intention der menschlichen Natur zum regulativen Prinzip machen. Dabei geht es nicht darum, zur moralistischen Reglementierung des Lustprinzips zurückzukehren, sondern es ins Konzept eines qualitativen Humanismus, einer qualitativen Glücksphilosophie einzubauen. Der Mensch ist ein körperliches, seelisches und geistiges Wesen, er ist trieb- und gefühls- und vernunftbestimmt, er ist zugleich zur Einsamkeit und zur Sozialität begabt. All dies soll entfaltet, verwirklicht, ausgelebt werden. Aber es können nicht alle Wünsche zur gleichen Zeit erfüllt und alle Fähigkeiten in gleichem Maß erprobt werden und ihr Zum-Zuge-Kommen kann auch nicht ihrer Antriebsstärke oder den zufälligen Bedingungen der Situation überlassen bleiben. Wir benötigen einen Maßstab. Er wird gewonnen, indem man nach der Haltbarkeit und Integrationskraft der menschlichen Erkenntnis- und Empfindungsmöglichkeiten vor dem Horizont der Endlichkeit und Rätselhaftigkeit des Lebens fragt. Ein qualitativer Humanismus bejaht den ganzen Menschen. Seine Körperwünsche nicht minder als seine intellektuellen Talente, postuliert aber zugleich eine Prioritätenliste, die es erlaubt, Entscheidungen zu treffen, und das Chaos der Bedürfnisse zu ordnen; alles zu tun, aber im gegebenen Augenblick zu wissen, was wichtiger und angemessener ist. Es war der Irrtum aller liberalistischen Humanismen, übersehen zu haben, daß die sich selbst überlassene Natur des Menschen zu keiner stabilisierenden Integrationsleistung fähig ist, genauso wie – in einem sozialen Teilbereich – der sich selbst überlassene Ökonomismus schließlich Ungerechtigkeit und ein niedrigstes Niveau an Kultur hervorbringt. Nur die Bindung an eine Gebotstafel gab dem noch nicht aufgeklärten Menschen die Möglichkeit, in sein Leben Ordnung und Sicherheit zu bringen und damit frei zu werden für die Entfaltung seiner Individualität. Der geglaubte Gott wie der geglaubte Staat wie die geglaubte Partei binden und bergen zugleich.

Wer solche Bindungen nicht mehr eingehen kann und will, braucht dennoch – oder gerade deshalb – Werte. Da äußere Autoritäten ihn unüberzeugt lassen, ihre Wertsetzungen – also eine humanisierende Integrationsleistung – nicht erbringen, kann er das Ordnungsprinzip nur der eigenen Natur und Geschichte entnehmen. Daß etwa Intellektualität höher rangiert als Sexualität ist nicht eine willkürliche Setzung, sondern ergibt sich aus der umfassenderen Leistungsfähigkeit des Geistes. Imagination und Reflexion sind unabhängig von Lebensalter und Lebenszustand, sie vermitteln dauerhaftere, von allen äußeren Umständen unabhängigere Freuden, und sie umgreifen – im Nachvollzug – die ganze Existenz des Menschen. Für eine personalistische Ethik ist es jedoch entscheidend, daß der Intellektualität nur dann Vorrang zukommt, wenn es tatsächlich um ein Entweder-Oder geht. Ein Mensch, der seinen Körper durchgehend verdrängt, um nur noch Geistwesen zu sein, ist kein höherer, sondern ein reduzierter Mensch. Nur wenn die Befriedigung sinnlich-körperlicher Bedürfnisse auf Kosten anderer und höherwertigerer Erlebnismöglichkeiten stattfindet, gefährdet sie den Aufbau einer Person, die alle Talente so entfaltet, daß auch für die subtileren Freuden ein Optimum an Verwirklichung gegeben ist.

Natürlich läßt sich aus Aufbau und Schichtung der menschlichen Natur eine Rangordnung der Werte nicht einfach ablesen, aber es bedarf keiner tiefschürfenden Untersuchung, um festzustellen, daß es eine lange Reihe von Eigenschaften gibt, über deren Einschätzung es auch zwischen Menschen sehr verschiedenen Temperaments und sehr verschiedener Gesinnung kaum zu Meinungsverschiedenheiten kommen dürfte: weil sie für ein geglücktes Leben einfach mehr leisten als andere. Wer imstande ist, auch in schwierigen Situationen gelassen zu bleiben, ist demjenigen gegenüber, der dann Mut und Übersicht verliert, eindeutig im Vorteil. Wer zwar keine Scheu hat, sich auszuleben, aber seine Sinne beherrscht, ist unabhängiger, freier und genußfähiger als jemand, der einem Bedürfnis verfällt. Wer gelernt hat, nicht nur Unterhaltungsromane spannend zu finden, sondern auch mit Lyrik etwas anfangen kann, hat zusätzliche und diffizilere Erlebnismöglichkeiten. Wer es ganz allgemein versteht, sich neben irgendeiner die Existenz sichernden Berufstätigkeit mit einer Sache nur dieser Sache wegen abzugeben, ist besser dran, weil er weder auf äußere Ablenkungen noch auf andere Menschen angewiesen ist. Und ein Mensch, der all dies erfährt und weiß, wird auch wissen, wann es sinnlos wird, noch mehr Geld zu verdienen, noch einmal befördert zu werden und noch weniger Zeit für die Dinge zu haben, auf die es ankommt: Selbstverwirklichung durch ein ausgewogenes Neben- und Nacheinander von Glücksbereitschaft und Verzichtleistung, von Sich-Fallen-Lassen, Sich-Zurückhalten und Ergreifen.

Die antik-christlich-humanistische Bildungstradition hat zwar (wenn auch unter Mißachtung der körperlich-sinnlichen Bedürfnisse) eine in den geistigen Freuden gipfelnde Rangordnung postuliert, die Entwicklung der liberal-kapitalistischen wie der sozial-demokratischen Leistungsgesellschaft brachte aber eine Wertskala hervor, die sehr viel bestimmender wurde. Jede Gesellschaft schafft sich Leitbilder, indem die sie prägenden Mechanismen und Regulative bestimmte Berufe, Funktionen und Tätigkeit besonders honorieren – sei es durch Geld, sei es durch Ruhm, sei es durch beides. In der westlichen Zivilisation nehmen die optisch eindrucksvollsten Ränge erfolgreiche Industrielle, Stars des Show-Geschäftes, Sportler und Raumfahrer ein. Welche Maßstäbe für sein eigenes Leben soll der Zeitgenosse diesen Spitzenpositionen entnehmen? Wahrscheinlich doch nur diese: daß man vor allem geschäftstüchtig sein oder gut aussehen oder gut singen oder ein paar Sekunden schneller laufen können muß als andere, und daß alles erreicht ist, was in diesem Leben erreicht werden kann, wenn man regelmäßig in den Zeitungen erwähnt und im Fernsehen gezeigt wird.

Zur Zeit schiebt sich im Osten wie im Westen ein neues Leitbildidol unaufhaltsam in den Vordergrund: der Mann, der die Computer beherrscht (die wiederum nach landläufiger Meinung uns beherrschen werden). Es ist nichts gegen Kybernetik, Datenverarbeitung und Computertechnik zu sagen. Sie werden uns das Leben weiter erleichtern; wir brauchen Leute, die diese Apparaturen beherrschen, und es sollten natürlich möglichst begabte Leute in diese Berufe gebracht werden. Aber es ist Schwachsinn, wenn eine sich scientifizistisch und futurologisch überschlagende Publizistik den Eindruck erweckt, die Kybernetik berge den Stein der Weisen, und die heranwachsenden Scharen von Programmierern würden endlich die letzten Rätsel lösen und die letzten Konflikte aus der Welt schaffen. Sie werden dies so wenig zustande bringen, wie es vor hundertfünfzig oder hundert Jahren den ersten Maschinisten und Elektrikern gelungen ist. Auch Wissenschaft und Technik können ihre Produkte nur mit dem ausstatten, was Wissenschaftler und Techniker ihnen liefern; diese aber können nicht mehr liefern als das, was ihnen selbst an Einsicht zur Verfügung steht. Bisher ist nicht zu erkennen, daß die Angehörigen der wissenschaftlich-technischen Berufsgruppen (Nobelpreisträger mit eingeschlossen) mehr als ein sehr durchschnittliches Niveau an menschlicher Reife, an Erkenntnis- und Empfindungsfähigkeit verkörpern. Was also sollten wir uns von dem «neuen Menschen» versprechen, den sie uns programmieren werden?

Aber der «neue Mensch» ist nicht nur nicht zu erwarten, er ist unnötig, denn die Möglichkeiten des alten sind kaum ausgeschöpft. Weder Liberalismus noch Sozialismus sind imstande, jene Werte zu setzen und jene Methoden zu entwickeln, die den Menschen auf das höchste Niveau seiner Möglichkeiten bringen könnten. Die Schaffung gleicher Chancen, Rechte und Sicherheiten für alle wird letztlich eine nutzlose Anstrengung gewesen sein, wenn man nicht zugleich dafür sorgt, daß die in der Natur des Menschen gegebene Rangordnung bewußt, verbindlich und praktikabel gemacht wird. Es ist an der Zeit, die Anbetung des Fortschritts, der Technik und des Komforts zu beenden und irgend etwas Wesentliches vom weiteren Ansteigen des Bruttosozialprodukts zu erwarten. In dem Konsumverzicht, den wir schon in naher Zukunft erbringen müssen, wenn wir Mittel für die vielen dringenden öffentlichen Aufgaben freimachen wollen, kommt die zu lange übersehene humane Forderung nun als äußere Zwangsläufigkeit auf uns zu. Wenn wir es noch nicht wußten, so werden wir es jetzt einsehen müssen: die Fähigkeit, nicht mehr zu begehren, als man nötig hat, oder doch sowohl von dem, was man hat, als auch von dem, was man nicht hat, unabhängig zu bleiben, ist wichtiger als Ehrgeiz, Leistungsvermögen und Fortschrittswille. Für all die Milliarden von Menschen, die auf unserem Stern geboren wurden und wieder dahingingen, sind die Errungenschaften, die sie ihren Nachkommen hinterlassen konnten, belanglos gewesen. Von Belang war einzig und allein die Frage, ob die kargen oder komfortablen Lebensumstände und die Einstellung, die sie zu sich selbst hatten, es ihnen erlaubten, in ihrer subjektiven Einmaligkeit ein kurzes Leben lang denkende und fühlende Wesen zu sein.

Club Voltaire I

Jahrbuch für kritische Aufklärung
Herausgegeben v. Gerhard Szczesny
Rowohlt Paperback Band 73. 420 Seiten

Hans Albert, Die Idee der kritischen Vernunft
P. B. Medawar, Über Teilhard de Chardin
Julian Huxley, Der Gott des Dr. Robinson
Arnulf Øverland, Drei Artikel des Unglaubens
Margaret Knight, Erziehung ohne Religion
Max Bense, Warum man Atheist sein muß
Alexander Mitscherlich, Thesen zu einer Diskussion über Atheismus
Karl Löwith, Nietzsches antichristliche Bergpredigt
Hermann Wein, Zum Rationalismus-Irrationalismus-Streit der deutschen Gegenwart
Fritz Bauer, Die Schuld im Strafrecht
Adalbert Podlech, Besteht in der Bundesrepublik Gewissens- und Religionsfreiheit?
Max Frisch, Rede zur Verleihung des Georg-Büchner-Preises 1958
Hermann Kesten, Das ewige Exil
Hans Magnus Enzensberger, Die Schnecken
Martin Walser, Ein deutsches Mosaik
Erich Kästner, Über das Verbrennen von Büchern
Karl Schlechta, Das offene Gespräch als Ausdruck der Freiheit
Aldous Huxley, Natur und Erziehung in der pluralistischen Gesellschaft
Ludwig Marcuse, Kultur-Pessimismus
Helle Lambridis, Erdachtes Gespräch mit Wittgenstein
Paul K. Feyerabend, Über konservative Züge in den Wissenschaften, insbesondere in der Quantentheorie, und ihre Beseitigung
Ernst Topitsch, Grundformen vorwissenschaftlicher Seelenvorstellungen
René König, Die Religionssoziologie bei Émile Durkheim
Helm Stierlin, Existenzialismus und Psychotherapie
Karl Steinbuch, Gedanken über Kybernetik
Wolfgang Wieser, Die genetische Utopie

Club Voltaire II

Jahrbuch für kritische Aufklärung

Herausgegeben v. Gerhard Szczesny

Rowohlt Paperback Band 74. 400 Seiten

Ludwig Marcuse, Einige Aufklärungen

Ronald W. Hepburn, Kritik an der humanistischen Theologie

Kathleen Nott, Ist Rationalismus unfruchtbar?

Hermann Wein, Das Christentum und seine Geschichten

Ulrich Sonnemann, Mose oder Die Zukunft der Autorität

Heinz von Cramer, Versuch über die Blasphemie

Herbert Feigl, Modernisierte Theologie und wissenschaftliche Weltanschauung

William Warren Bartley, Das Haus der Wissenschaft

Karl Löwith, Die Entzauberung der Welt durch Wissenschaft

Hans Albert, Tradition und Kritik

Hans Kilian, Das Grundmodell der Verhaltensforschung

Friedrich Schneider, Das Leib-Seele-Problem

Gerhard Szczesny, Die Angst- und Hoffnungmacher

Alex Comfort, Die nackte Frau

Helmut Heißenbüttel, Keine Experimente?

Ernst Topitsch, Staat und Mythos in den archaischen Hochkulturen

Bryan Magee, Politik

Richard F. Behrendt, Gesellschaftliche Dynamik als Aufgabe der Demokratie

Walter Kaufmann, Ketzerei in der Erziehung

Felix von Cube, Demokratisierung durch programmierten Unterricht

Günter Grass, Vor- und Nachgeschichte der Tragödie des Coriolanus von Livius und Plutarch über Shakespeare bis Brecht und mir

Rolf Hochhuth, Offener Brief an Ladislav Mnacko

Jean Améry, An den Grenzen des Geistes

Club Voltaire III

Jahrbuch für kritische Aufklärung
Herausgegeben v. Gerhard Szczesny
Rowohlt Paperback Band 75. 396 Seiten

Eric Hobsbawm, Der Dialog über den Marxismus
Lucio Lombardo-Radice, Sozialismus und Liberalismus in der Geschichte Italiens
Paul Feyerabend, Von den Vorteilen des kalten Krieges
Werner Maihofer, Sozialistischer Gesellschaftsentwurf und demokratische Staatsverfassung
Lewis Coser/Irving Howe, Vorstellungen vom Sozialismus
Agnes Heller, Individuum und Gemeinschaft
Karel Kosik, Individuum und Geschichte
Rudi Supek, Vom staatlichen Totalitarismus zur individuellen Totalität
Wolfgang Abendroth, Das Problem der Planung in einer klassenlosen Gesellschaft
Ludwig Auerbach, Marxismus contra Dogmatismus
Andras Hegedüs, Konfrontation mit der Wirklichkeit. Die soziale Kontrolle in der sozialistischen Wirtschaft
Karl Steinbuch, Gedanken über die Zukunft
Ossip K. Flechtheim, Futurologie und demokratischer Humanismus – Brücke zwischen «Ost» und «West»
Max Bense, Klassenkampf und Intelligenz
Ludwig Marcuse, L'art politique pour l'art politique
Ulrich Sonnemann, Marx oder die Kanalisierung der Zukunft
Hermann Wein, Sartre, Marx und Philosophische Anthropologie
Joachim Israel, Zwei Probleme des Sozialismus
Milan Machovec, Hoffnungen und Befürchtungen der Annäherung
Ernst Fischer, Epilog zu «Kunst und Koexistenz»
Eugene Ionesco, Von den Problemen des Schriftstellers
Alex Comfort, Für Aufrichtigkit und Selbstbejahung
Hermann Wein, Neuer Atheismus und neue Moralität
Ernst Topitsch, Atheismus und Naturrecht
Rudolf Carnap, Andere Seiten der Philosophie